mainbook

Das Buch

Der Frankfurter Student der Zahnmedizin Adrian Palmström beginnt kurz nach der Jahrtausendwende eine externe Doktorarbeit am Franz Weidenreich-Institut für Anthropologie.
Sehr bald fällt ihm das extravagante und wissenschaftlich fragwürdige Verhalten des dortigen Chefs, Prof. Dr. Dr. Fritsch von Blücher, auf, der erst seit Kurzem im Besitz eines zweiten Doktortitels ist.
Palmström kommen Zweifel, ob es beim Erwerb dieses Titels beziehungsweise der hierfür vorgelegten Erstbeschreibung eines fossilen Halbaffen mit rechten Dingen zuging, zumal ihm von einem Institutsmitarbeiter und einem Gaststudenten entsprechende Vorbehalte übermittelt werden.
Während er immer tiefer in ein undurchsichtiges Geflecht aus akademischen Seilschaften, Betrügereien, Fälschungen und Feindschaften eindringt, merkt er nicht, wie er seine eigene, bislang makellose Laufbahn zu untergraben beginnt ...

Davidson Blacks Universitätsroman beruht auf wahren Begebenheiten.

Davidson Black

Schädelfall

Ein Frankfurter Universitäts-Skandal

Roman

ISBN 978-3-947612-01-7

Copyright © 2018 mainbook Verlag
Alle Rechte vorbehalten
Lektorat: Gerd Fischer
Covergestaltung und Illustrationsrechte: Lukas Hüttner

Auf der Verlagshomepage finden Sie weitere spannende Bücher:
www.mainbook.de

1

„*Wer ich bin?* – Ich bin der C4-Professor der Anthropologie und Humangenetik an der Johann Wolfgang Goethe-Universität in Frankfurt am Main!"

Adrian Palmström tat, als würde er den ebenso schrill wie belehrend klingenden Worten, welche aus dem Raum links von ihm an sein Ohr drangen, keine Beachtung schenken. Stattdessen nahm er die Bescheinigung entgegen, die die vollendet vogelscheuchenhafte, aber freundliche Vorzimmerdame ihm über den Tresen reichte, bedankte sich und trat wieder auf den Gang hinaus, um das Institut zu verlassen. Auch wenn er den Gesprächsfetzen, den er zufällig gerade mit angehört hatte, in einem nachgeordneten Bereich seines Kurzzeitgedächtnisses sogleich zu drehen und zu wenden begann, interessierte ihn momentan etwas anderes, nämlich eine der beiden professoralen Unterschriften, die den Genehmigungsbogen in seiner Hand zierten. Es war die von Professor Dr. Dr. Wägerich, der nicht nur der prominenteste Interessenvertreter der deutschen Zahnärzteschaft war, sondern vor allem der *big boss* der zahnmedizinischen Fakultät am Uni-Klinikum. Adrian spürte Erleichterung – bedeutete diese Signatur etwa, dass Wägerich ihm keine Schereien bereiten wollte? Wahrscheinlicher war es wohl, dass der Namenszug *en passant*, aus einem permanenten professoralen Vielbeschäftigten-Modus heraus, seinen Weg auf die vom Unterzeichnenden gar nicht gelesene Bescheinigung gefunden hatte. Wie auch immer, alle von Adrian befürchteten Verzögerungen konnte man damit als hinfällig betrachten.

Die zweite Unterschrift bezeichnete jenen Professor, den er bislang noch nicht gesehen, aber dessen eigenartige Stimme er gerade aus dessen Dienstzimmer gehört hatte. Adrian durchquerte die Glastür, auf der in roten Blockbuchstaben *Franz Weidenreich-Institut* stand, ignorierte den Lift und ging die Treppen ins Erdgeschoss hinunter, während er dem abgeholten Formular einen geeigneten Platz in seinem Rucksack zuwies. Aus seinem Kurzzeitgedächtnis verlagerten sich die beiden soeben aufgeschnappten Sätze in den Vordergrund – ihr semantischer Gehalt ebenso wie die Stimmlage, in der sie ausgesprochen worden waren. Beides irritierte Adrian: zum einen, weil er die eigenartig hohe, vor Selbstbewusstsein nur so strotzende Stimme keinem passenden Menschentypus zuordnen konnte, zum anderen, weil die Aussage »*ich bin der C4-Professor*« ein bedeutungsleeres Element enthielt – Adrian wusste schlicht nicht, was »C4« bedeutete; er war sich sogar nicht einmal sicher, diesem gerade gehörten Phonem die richtigen Satzzeichen zuzuweisen. War das so richtig, wie er es sich in diesem Moment vorstellte – ein Buchstabe, eine Zahl? Oder würde ein Eingeweihter an dieser Stelle eine andere Zeichenfolge visualisieren – zum Beispiel viermal hintereinander den Buchstaben C? Er musste Jana fragen, die er gleich treffen wollte. Oder nein, halt – war ihm unten am Eingang, beim Betreten des Gebäudes, nicht auch schon irgendeine Abkürzung aufgefallen, mit der er nichts anzufangen gewusst hatte? Konnte die so belehrend intonierte Selbstbeschreibung vielleicht damit zusammenhängen?

Adrian blieb vor der Informationstafel im Erdgeschoss stehen, auf der sämtliche im Gebäude verteilten Institutionen, Personen und Raumnummern vermerkt waren. Was er las, und auch bei seiner Ankunft schon gelesen hatte, half ihm nicht weiter:

PROFESSOR DR. (UCLA/USA) A. A. A. FRITSCH VON BLÜCHER

Eben dieses »UCLA« hatte er nicht einordnen können. Ihm kam keine Idee, was das bedeuten konnte – ebenso wenig wie »C4«. Adrian grübelte eine Weile, dann gab er es auf und ging durch die große Flügeltür nach draußen in die Sonne. Er würde schnell genug lernen, was mit diesen Kürzeln gemeint war. Zum Dazulernen waren die vier Wochen schließlich gedacht, in denen er in diesem Gebäude, genauer gesagt oben im dritten Stock, als »Externer« die Datenerhebung seiner zahnmedizinischen Doktorarbeit angemeldet hatte.

*

Jana Rixdorf bemerkte sofort das gelöst wirkende Lächeln auf Adrians Gesicht, als dieser sein Fahrrad abschloss und in ihre Richtung hinübersah. So hatte sie ihn schon eine ganze Weile nicht mehr erlebt – auf der Stelle fühlte sie sich entspannter, lehnte sich in ihrem Stuhl zurück und schob ihre Sonnenbrille nach oben. Adrian zwängte sich auf seine typisch steife Art zwischen den rammelvoll besetzten Tischen der anderen Cafébesucher hindurch und setzte sich mit einem knappen „Hi" zu Jana, die ihm die Karte zuschob.

„Und, Römer oder Merowinger?", fragte sie.

„Römer", antwortete Adrian aufgeräumt, ohne – auch dies leider typisch für ihn – den Blick von der Getränkekarte zu lassen.

„Offenbar zu Ihrer vollen Zufriedenheit, Herr Kandidat Palmström."

„Wie? – Ja, natürlich. Moment noch."

Sein irritiertes kurzes Aufblicken war nur das, worauf Jana gewartet hatte – denn auch wenn sie ihn schon seit Jahren kannte, konnte sie sich an seiner Irisfärbung einfach nicht sattsehen. Dieses besondere Blau kannte sie sonst nur von Flugreisen, vom Schweben über der Wolkenschicht. In der Schule hatte sie von einem philosophisch angehauchten Geschichtslehrer gelernt, das »Existieren« von »ek-sistere« abzuleiten sei, was wiederum so viel wie »heraus-ragen« bedeutet. Das passte gut zu Adrian, fand sie. Rein körperlich war er ziemlich unauffällig, lag von der Größe her eher unter dem Durchschnitt und hatte eine Statur, die sich geradezu in der Normalverteilung auflöste. Aber spätestens wenn man ihn von nahem ansah, lenkten seine fast platinblonden Haare und seine breite, gewölbte Stirn die Aufmerksamkeit des Betrachters unweigerlich auf seine Kopfregion. Und da musste sie dann auch bleiben, denn in seinen hellblau leuchtenden Augen schien seine ganze Existenz konzentriert – dieses intensive Stratosphärenblau überstrahlte den physischen Rest. Der Effekt war so stark, dass man Adrians routinemäßige Gegenmaßnahmen verstehen konnte: Er wirkte oft desinteressiert, vermied dann, einen direkt anzusehen, und hatte sich überdies einen recht müde wirkenden Standardblick mit zugekniffenen Lidern zugelegt. Falls das nicht reichte, griff er auch gerne zu Sonnenbrillen oder tief ins Gesicht gezogenen Caps; umso froher war Jana, dass er gerade nichts von alledem tat und sich ausgesprochen wohl zu fühlen schien. Adrian teilte der an den Tisch herangetretenen Kellnerin seine Bestellung mit, griff in eines seiner Rucksackfächer und legte die unterschriebene Genehmigung zur Aufnahme seiner zahnmedizinischen Dissertationsschrift auf den Tisch.

„Die Unterschrift war schon drauf. Wägerichs Sekretariat muss es so rübergeschickt haben. Bin ich froh, dass ich zu dem nicht mehr hindackeln muss."

„Ist doch super." Jana runzelte die Stirn, als sie den Namen des zweiten Unterzeichnenden las. „Und dieser *von Blücher?* Wie ist der?"

„Ich hab den gar nicht zu Gesicht bekommen. Zuerst hat mich die Sekretärin zu ein paar Mitarbeitern reingeschickt, in 'nen großen Raum mit so langen Reihen von Spülbecken, in dem sich die Knochenkisten bis zur Decke gestapelt haben. Einer von den Leuten da, ein netter Diplomand namens Jens, hatte mich schon erwartet – hat mir Kartons mit Schädel- beziehungsweise Kiefermaterial gezeigt und mich gefragt, ob mir die Römer oder die Merowinger lieber seien. Als das geklärt war, bin ich wieder zu der Vorzimmertussi, die hat mir gleich die Bescheinigung ausgehändigt, und das war's."

„Kein Termin mit dem Prof?"

„Nein, war gar kein Thema. Die Zahnmediziner kriegen einfach ihr Knochen- und Zahnmaterial, können messen und fotografieren, und wenn sie fertig sind, müssen sie nur bestätigen, dass sie eventuell entliehene Stücke zurückgebracht haben. Ganz easy. Ich mach morgen noch meinen Pflichtbesuch beim lieben Onkel, und sobald das Wochenende rum ist, hab ich vier Wochen Zeit für die Datenerhebung."

„Hm. Dann war das wohl doch eine gute Wahl."

„Klar. Alles, was mich auf Abstand von Wägerich hält, ist gut. Übrigens, ich hatte beim Weggehen noch ein komisches Erlebnis. Als ich im Sekretariat gerade die Genehmigung bekam, war aus dem Nebenzimmer die Stimme von dem Prof zu hören. Das klang echt ulkig, wie ein Beschwerde-Anruf. Ungefähr so: *»Wissen Sie, wer ich bin? Ich bin der C4-Professor für Anthropologie in Frankfurt am Main!«.*"

Jana warf laut auflachend den Kopf zurück.

„Den Rest hab ich nicht mitbekommen, ich bin natürlich sofort rausgegangen", ergänzte Adrian. „Aber sag mal – was genau meint der Typ mit *»C4-Professor«*?"

„Das ist seine Gehaltsstufe", antwortete Jana. „C4 ist die höchste, die es für Professoren gibt. Absolut peinlich, das so raushängen zu lassen."

„Okay", murmelte Adrian stirnrunzelnd. „War mir nicht klar. Egal. Und bei dir und Paul geht's nun auch bald los?"

„Ja, auch nächste Woche. Die Chaotengruppe vor uns ist immer noch am machen – haben schon wieder eine Serie vermasselt und müssen ihren letzten Durchgang wiederholen. Aber sobald die fertig sind, übernehmen wir den Raum."

„Na also. Dann ist für uns drei ja alles wieder in der Spur."

Adrian nahm sein Getränk von der Kellnerin entgegen, stieß mit Jana auf erfolgreiches Promovieren an und gab ihr das, was sie schon seit langem als sein Aufmerksamkeitsmaximum kannte: einen stratosphärenblauen Blick, in dem Müdigkeit ebenso fehlte wie jegliches Aufscheinen von Hintergedanken.

2

Es war schon deutlich nach elf Uhr morgens, als Hany Bouhired den Gebäudetrakt am Ende der Siesmayerstraße betrat und im bereitstehenden Lift den Knopf für den dritten Stock betätigte. Seine Arbeitsdisziplin hatte im Verlauf der letzten Tage deutlich nachgelassen, aber als Gastforscher genoss er alle Freiheiten, und außerdem durfte er mit dem, was er in den vergangenen Wochen geschafft hatte, durchaus zufrieden sein. Die letzte Version seines Artikels über den Vergleich nordafrikanischer und europäischer Halbaffenfossilien war praktisch fertig; er hatte ihn vorgestern an seinen Mentor und Mitautoren Arnaud Vergès, Professor für Paläontologie an der Universität Bordeaux, abgeschickt. Nun hatte er endlich Zeit, sich den interessanten nordamerikanischen Primatenfossilien zu widmen, von denen das gastgebende Institut eine ganze Reihe von Abgussmaterial besaß, und die Hany im Gegensatz zum afrikanischen und europäischen Fundmaterial viel weniger vertraut waren. Er verließ den Lift, durchschritt die Glastür mit der Aufschrift *Franz Weidenreich-Institut* und begrüßte Jens Bischwiller, der ihm gerade auf dem langen zentralen Gang entgegenkam, mit Handschlag – Jens war während Hanys nunmehr ablaufender Aufenthaltszeit zur für ihn wichtigsten Bezugsperson geworden. Dann betrat er den großen Raum, in dem er mit anderen Studenten, Diplomanden und Doktoranden seinen Arbeitsplatz hatte, fuhr seinen Rechner hoch und erbat im schräg gegenüber liegenden Sekretariat den Schlüssel für die Vitrinen mit den Gipsabgüssen.

Aus den Glasschränken, in einem seitwärts versetzten Nebenraum, entnahm Hany drei kleine Pappschachteln mit Abgussmaterial, die mit »*Palaechthon nacimiento* (Torrejon, N. A.)«, »*Macrotarsius montanus* (Cold Springs, N. A.)« sowie »*Purgatorius ceratops* (Harbicht Hill, N. A.)« beschriftet waren, trug diese zu seinem Tisch und setzte sich. Das letztgenannte Exemplar interessierte ihn am meisten, aber bevor er es näher betrachtete, kam Hany ins Sinnieren und merkte bald, dass ihm der Gattungs- sowie der Artname des Exemplares im Kopf herumgingen. Als Paläontologe konnte er mit dem Artnamen *ceratops* etwas anfangen – schließlich kannte so ziemlich jedes Kind auf der Welt *Triceratops*, den Dreihorn-Saurier. Aber die Bedeutung des Gattungsnamens *Purgatorius* war ihm nicht klar, und so recherchierte er darüber erst mal im Internet. Er war amüsiert, als er schließlich die Bedeutung fand: „Purgatorium" war in manchen christlichen Glaubensvorstellungen ein reinigendes Feuer, durch das menschliche Seelen hindurchgehen mussten, um in den Himmel zu gelangen. Offenbar hatten die Beschreiber des Tieres das große Massenaussterben am Ende der Kreidezeit vor Augen gehabt, welches oft mit einem Asteroideneinschlag und starker vulkanischer Aktivität in Verbindung gebracht worden war – also einem Flammentod für unzählige Lebewesen. *Purgatorius* hingegen war ein kleines Säugetier, das während dieses Massensterbens nicht ausgelöscht, sondern im Gegenteil hier erst die Bühne der Evolution betreten hatte, also vor etwa 65 Millionen Jahren – es war sozusagen durch das reinigende Feuer hindurch gegangen und hatte sich zu höheren Säugetierformen weiterentwickelt. Der Gedanke daran ließ Hany in nachdenkliche Träumereien verfallen, denn theoretisch bestand die Möglichkeit, dass die gesamte heutige Menschheit nicht existieren würde, wenn bestimmte kleine Säugerarten wie *Purgatorius* beim so verheerenden kreidezeitlichen Massenaussterben keine Wege gefunden hätten, irgendwie durchzukommen und zu überleben.

Der laute Klingelton seines Handys und das darüber entstehende, kollektive Amüsement der anderen im Raum tätigen Knochen- und Zahn-Erkunder riss ihn fast vom Stuhl.

„Eindeutig ein algerisches Handy", bemerkte sein Sitznachbar Jens trocken, während Hany unter einer neuen Welle von Heiterkeit seine Jackentaschen durchwühlte. Bei den sehnsuchtsvollen maurischen Klängen, die sein Mobiltelefon aussandte, handelte es sich mitnichten um das Werk nordafrikanischer Musiker, sondern um das zweier Briten Namens Coleman und Dudley, über die Hany weiter nichts wusste – das Stück hieß *In a timeless place;* er hatte während seines vorangegangenen Gastforscher-Aufenthaltes in London gefallen daran gefunden und es als Klingelton gebucht. Aber angerufen worden war er in dieser ganzen langen Zeit kein einziges Mal, und spätestens als er im Display sah, dass der eingehende Call von seinem Bruder Mahdi kam, fühlte er eine seltsame Angst in sich aufsteigen – wenn Mahdi ihn aus Paris anrief, statt eine Mail oder SMS zu schicken, dann musste es äußerst dringend sein. Instinktiv behielt Hany seine Jacke unter dem Arm, als er den Raum verließ und gangabwärts Richtung Treppenhaus eilte.

Dort angekommen, atmete er tief durch. Das da am anderen Ende der Verbindung war nicht sein kleiner Bruder in Not, sondern sein kleiner Bruder in Hochform. Ein grelles Sprachbild nach dem anderen hervorbringend und ständig von Ironie zu Selbstironie wechselnd entfaltete er seine Story, seine Überraschung, seine *breaking news*. Irgendwann musste Hany sich am Treppengeländer festhalten, weil ihm alles zu viel wurde.

„Moment, Bruder, jetzt warte mal. Die Einzelheiten kannst du mir immer noch erzählen, das wird sonst viel zu teuer. Sag mir einfach nur: bist du sicher, *absolut sicher?*"

Er hätte sich die Nachfrage sparen können, denn Mahdi hatte diesen Punkt gleich zu Beginn seines Berichtes gewürdigt. Aber Hany wurde, während sein Bruder eine Salve betont blumiger Beteuerungen und provokativer Gegenfragen auf ihn losließ, immer schwindeliger zumute, denn vor ihm tat sich langsam das eigentliche Problem auf, um das es hier ging – ein komplexes Problem, für welches keine einfache Lösung in Sicht war.

„Okay, *stopstopstop* Mahdi, ist schon gut, ich glaub dir ja. Ich muss das Arnaud erzählen – ich hab ihm dummerweise vorgestern schon mein Manuskript geschickt. Ich muss ihn irgendwie dazu bringen, den Text nochmal zu ändern. Gut dass du angerufen hast – vorerst nichts Schriftliches darüber, hörst du? Ich gebe dir Bescheid, sobald ich eine Reaktion von Arnaud habe. – Danke, du bist wirklich fantastisch. Alles Gute, mein Lieber. Alles Gute."

Die Verbindung brach ab, und Hany merkte, dass er immer noch nicht begreifen konnte, was er gerade gehört hatte. Er schaute sich um, auf die Glastür mit der Aufschrift *Franz Weidenreich-Institut*. Dann steckte er sein Handy ein, zog seine Jacke an und ging eilig die Treppen hinab. Er war so durcheinander, dass er zunächst nicht zu den anderen in den Arbeitsraum zurückkehren wollte. – Außerdem, war es nicht schon fast zwölf? Gutes Timing für eine kleine Mittagspause.

Unten angekommen entschied Hany sich für eine Route, die er bisher noch nie genommen hatte. Er wollte die Siesmayerstraße vermeiden, um dort nicht den anderen über den Weg zu laufen, sobald diese ihrerseits die Mittagspause antraten. Stattdessen verließ er das Institutsgelände in entgegengesetzter Richtung, den kurzen Streckenabschnitt entlang der Umzäunung des Palmengartens hoch zur Miquelallee nehmend, wo die Fußgängerampel prompt auf Grün schaltete und ihn einlud, einfach weiter geradeaus in die Ditmarstraße hineinzugehen. Er merkte kaum, was er tat, da er bereits im Treppenhaus damit begonnen hatte, im Kopf alle möglichen Formulierungen durchzuspielen, mit denen er Arnaud eine nachträgliche Änderung des gemeinsamen Manuskripts, vor allem aber der verdammten Stammbaumgrafik, überzeugend verkaufen konnte. Mindestens zwei Schwierigkeiten waren hierbei zu lösen: Erstens war Arnaud Vergès ein Fachmann, der sich bestimmt nicht leicht bluffen ließ, und zweitens war er für Hany eine Art Vaterfigur – nicht nur für ihn, sondern auch für seinen Bruder Mahdi. Die Sache war, je mehr man sie durchdachte, außerordentlich verzwickt; es war unvorhersagbar, ob er überhaupt noch irgendeine Kontrolle über die Situation hatte.

An der Kreuzung Am Leonhardsbrunn stehend fiel Hany zum ersten Mal auf, dass er sich in einer Art Villenviertel befand. Niemand war zu sehen, keine Autos fuhren; ohne die Verkehrsgeräusche der hinter ihm liegenden Miquelallee wäre es totenstill gewesen – fast wie in einer Kulissenwelt. Irritiert drehte Hany sich um und sah zurück Richtung Palmengarten und Institutsgebäude, dahin, wo er eben noch vor seinen nordamerikanischen Abgüssen gesessen hatte, bevor Mahdis Anruf seine morphologisch-fachliche Fokussierung so nachhaltig pulverisierte.

Alles wirkte auf einmal unwirklich. Er konnte nicht glauben, dass er hier stand, in Europa, in Deutschland – er hatte keine Ahnung, wie sich all das für ihn ergeben hatte. Es war einfach passiert. Kindheitserinnerungen standen plötzlich vor seinem inneren Auge, und Hany musste unwillkürlich lächeln, als ihm klar wurde, wann er zum ersten Mal in seinem Leben von

Deutschland gehört hatte: im Sommer 1982. Sechs Jahre alt war er damals gewesen. Es war die Zeit, als das erste Gruppenspiel der Fußball-Weltmeisterschaft heranrückte und die Spannung schon Wochen vorher mit Händen greifbar schien. Alle redeten nur über diesen Auftakt, Algerien gegen Deutschland. Gegen die seit Ewigkeiten unbesiegten Deutschen sei nichts zu machen, lernte Hany – er hatte nicht die geringste Vorstellung darüber, was das für ein Land war, wo es lag oder warum seine Bewohner so gut Fußball spielen konnten. Aber alle, die sich in dieser Hinsicht auskannten, ließen ihn unmissverständlich wissen, dass es bei dieser ersten Begegnung nur darum ging, nicht all zu hoch zu verlieren. Danach dann würde es in den beiden anderen Spielen gegen die als eher mittelmäßig geltenden Mannschaften aus Österreich und Chile darauf ankommen, die benötigten Punkte fürs Weiterkommen zu holen.

Was mit dem Anpfiff dieses Spiels heraufzog, waren völlig verrückte sechs Tage, die ihn – so schlussfolgerte er jetzt mit bitterem Lächeln – eigentlich recht gut auf sein weiteres Leben eingestellt hatten. Die Welt kippte mehrfach hintereinander vom Kopf auf die Füße, nichts war so, wie es schien, es gab keine Sicherheiten, keine Autorität von Kennern und Experten mehr. Das Auftaktmatch war bis heute eine der schönsten Erinnerungen seines Lebens, denn das Wunder, von dem er in der Nacht davor heimlich geträumt hatte, wurde Wirklichkeit. Nicht nur, dass die immer mutiger werdenden Algerier bis zu 54. Minute das Null zu Null hielten, nein, Nationalheld Madjer schoss dann sogar das erste Tor. Alles explodierte in ungehemmter Begeisterung – so etwas hatte er noch nie erlebt. Es war zu unglaublich, um wahr zu sein, und deshalb hatte es beinahe etwas naturgesetzliches, als in der 67. Minute das 1:1 fiel – das Universum schien seine angestammte Ordnung zurück zu erlangen. Aber nur dreiundzwanzig Sekunden später krachte es erneut auseinander, und diesmal endgültig: Belloumi traf zum 2:1 für Algerien, und die Mannschaft brachte dieses sensationelle Resultat irgendwie über die Zeit. Was beim Schlusspfiff los war, konnte man nicht in Worte fassen, und Hany sah Dinge, die er beim besten Willen nicht einordnen konnte – jüngere Männer, die mit von irgendwoher hervorgeholten Gewehren Freudensalven in die Luft schossen, und respektable ältere Erwachsene, die vor Glück hemmungslos weinten. Sämtliche Menschen um ihn herum schienen wie auf Flügeln zu schweben, und Hany schwebte mit – tagelang war er wie elektrisiert.

Alles schien jetzt möglich. Wer Deutschland schlug, der konnte auch Weltmeister werden. Aber im zweiten Spiel wurde die enorme neue Erwartungshaltung sofort ad absurdum geführt, denn Österreich gewann völlig verdient mit 2:0. Für das dritte Spiel gegen Chile war nach diesem widersinnigen Hin und Her keine Voraussage möglich, und entsprechend verlief es dann auch: Algerien startete furios und zog in der ersten Halbzeit mit 3:0 davon, die Stimmung kochte ähnlich über wie im Deutschland-Spiel. Aber in der zweiten Halbzeit kam Chile rasch auf 3:2 heran, und die letzten dreißig Minuten wurden ein grausames Zittern, bevor endlich Schluss war. Beim Abpfiff glaubten alle, es sei vollbracht: Zwei Siege aus drei Spielen, damit musste man doch weiterkommen?

Nein. Die Sache wurde ein Präzedenzfall für die Ewigkeit, denn dies war die letzte WM der Geschichte, in der die finalen Gruppenspiele nicht zeitgleich stattfanden. Deutsche und Österreicher, die später als Algerien und Chile antreten mussten, konnten sich das für beide Seiten benötigte 1:0 vorher ausrechnen und schoben sich, nachdem das Pflichttor gefallen war, den Ball in einem achtzigminütigen Nichtangriffspakt nur noch zu – das Dauerpfeifkonzert der empörten Stadionbesucher schamlos ignorierend. Das war's. Was so wundervoll begonnen hatte, endete in einer großen Farce, einer abgrundtiefen Enttäuschung.

Dieses schmerzhafte Gefühl führte Hany zurück in die Gegenwart. Seine spontanen Erinnerungen passten wirklich gut. Es ging um ein falsches Spiel – nur mit dem Unterschied, dass er diesmal Bescheid wusste und keinesfalls zu den Betrogenen gehören wollte.

3

„Bei einem Anthropologen?"

Onkel Willy hatte sich verwundert umgedreht und sah Adrian mit missbilligend zusammengezogenen Brauen an.

„Ja", erwiderte sein Neffe, der bereits am Kaffeetisch Platz genommen hatte. „Ich denke, Paläoanthropologe wäre die genauere Bezeichnung. Da liegt wohl der Schwerpunkt an seinem Institut. Ist jedenfalls nach einem Forscher benannt, der einst in China den *Homo erectus* untersucht hat: »Franz Weidenreich-Institut«."

„Warum machst du deine Doktorarbeit nicht bei einem Zahnmediziner? Und was sagt dein Vater dazu?"

Onkel Willy hatte sich wieder dem Schrank mit dem teuren Kaffeeservice zugewandt und fuhr fort, Tassen und anderes Geschirr hervorzuholen. Adrian fühlte Ärger in sich aufsteigen und hätte beinahe genervt den Kopf geschüttelt, aber er ließ es bleiben, denn möglicherweise war er ja in irgendeinem Spiegelbild sichtbar – sei es im Glas des Geschirrschrankes, für das sein Onkel immer das seltsame Wort „Durchsicht" gebrauchte, oder in den blankgeputzten Silbertellern, die darin aufgereiht waren. Dafür, dass er seinem Ärger kein mimisch-gestisches Ventil verschaffen konnte, erlaubte er sich, eine gewisse Schärfe in seine Antwort zu legen:

„Onkel Willy, jetzt mal ehrlich: Wenn man in unserem so geliebten Familienstudium irgendwo gewisse künstlerische Freiheiten hat, dann bei der Doktorarbeit, oder? Du hättest die Anthropologen mal sehen sollen – die *lachen* über das, was wir Zahnmediziner machen. In vier Wochen die Datenerhebung für die gesamte Dissertation, das ist für die ein Scherz. Die Biologiestudenten planen *Jahre* für ihre Doktorarbeit ein."

„Ich hoffe, du lässt dir auf diese Weise nicht suggerieren, dass deine Berufung weniger wert sei als die ihre", antwortete sein Onkel in Verteidigung der gemeinsamen Zunft, während er Adrian eine Tasse zuschob und Kaffee eingoss. „Das Medizinstudium ist sehr viel anspruchsvoller als das Biologiestudium, und nach dem Erwerb der nötigen Kenntnisse geht es darum, so schnell wie möglich für die Patienten da zu sein. Deshalb ist es höchst sinnvoll – und hat nichts mit geringerer Leistung zu tun! – dass die Struktur der letzten Qualifikationsschrift auf einen vergleichsweise kurzen Zeitraum berechnet ist."

„Natürlich", nickte Adrian. „Und genau das meine ich ja: Nur in diesem kurzen Zeitraum hat man endlich mal thematische Freiheiten. Vom Wissen her sind wir nach den Abschlussprüfungen auf einem sehr einheitlichen Stand, das muss so sein als Mediziner. Aber dieses Standardwissen in einem ungewöhnlichen Kontext anzubringen, bevor es in die Berufsroutine geht – die Chance wollte ich mir nicht entgehen lassen. Ungefähr fünf bis zehn Prozent der Zahnmediziner fertigen an anderen Orten als dem Klinikum ihre Doktorarbeit an. Ich hab sofort zugegriffen, als die Rede von diesem Anthropologischen Institut war. Wahrscheinlich würden es noch viel mehr machen, wenn medizinische und biologische Institute nicht so weit voneinander entfernt lägen. Aber aus purer Bequemlichkeit am Klinikum zu bleiben, nur weil man da alles schon kennt und weiß, wo welche Labore und Geräte stehen oder was für Macken die Betreuer haben – das ist für mich nun wirklich kein Argument. Und übrigens, Papa stört das gar nicht. Der ärgert sich eher darüber, dass ich immer noch nicht klar gesagt habe, wo ich praktizieren will."

„Ist mir bekannt – er hat sich bei mir schon beklagt", bekam Adrian wie zur Bestätigung seiner vorangegangenen Gefühlsaufwallung zu hören. „Und, hast du wenigstens eine Präferenz? Urbaner oder ländlicher Raum?"

„Ich weiß es wirklich nicht. Zwei meiner besten Freunde haben sich auch noch nicht festgelegt. Ich würd gern in ihrer Nähe bleiben, wenn's geht."

„Das klingt, als sei mindestens eine der beiden besten Freunde eine Frau", lächelte Willy versonnen.

„So ist es", antwortete Adrian mit der sanftmütigsten Stimme, die er gerade hinbekam. Sein Onkel war seit zwei Jahren Witwer, also ging es bei diesem Thema darum, positiv zu bleiben. Dass sein Verhältnis zu Jana etwas komplizierter war, als es gerade anklang, war jetzt nicht von Belang.

„Es ist seltsam", murmelte Willy zwischen zwei Schlucken Kaffee und nach einigem Sinnieren. „Als du Anthropologe gesagt hast ... ja ... und vor allem, Anthropologe in Frankfurt! Jetzt fällt's mir wieder ein. Ich war vor zwanzig Jahren mit Rita im Tennisverein, da spielte eine Dame, deren Namen ich leider vergessen habe. Es hieß, sie sei Ingenieurin, aber vielleicht war es irgendetwas Spezielleres. Jedenfalls war sie bald darauf weg, um in der Schweiz Karriere zu machen – bei SIPUNC."

„Mit SIPUNC-Bohrspitzen hab ich mein halbes Studium verbracht", antwortete Adrian.

„Das Unternehmen war damals noch nicht so groß, kein Vergleich zu heute. Galt aber damals schon als äußerst innovativ und aufstrebend. Jedenfalls, was ich sagen wollte: Die Frau hatte, bevor sie die Uni verließ, gewaltigen Ärger mit einem Professor. Kein Zahnmediziner, das weiß ich genau. Sondern mit einem aus dem biologischen Fachbereich – mit einem Anthropologen."

„Was denn für einen Ärger?"

„Ich hab das nicht von ihr direkt erfahren. Rita und ich kannten sie nur von ganz wenig Smalltalk, dann war sie schon nicht mehr im Verein. Vielleicht war übertriebenes Gerede dabei, bei dem, was mir dann später zu Ohren gekommen ist. Jedenfalls ging es um die Bearbeitung von fossilen Knochen mit sehr feinen Bohrspitzen, auf dem damals technisch neuesten Stand. Mit dem abgebohrten Material sollte man Alter oder Fundlage der Knochen bestimmen, oder beides, ich weiß es nicht mehr. Der Witz war jedenfalls, dass sie an dem betreffenden Institut eine höchst anspruchsvolle Apparatur aufgebaut hatte, ihre Arbeit daran aber aus Sicherheitsgründen für längere Zeit unterbrechen musste, weil die Bruchfestigkeit der verwendeten Spitzen noch nicht ausreichend erprobt war. Genau, es ging um spezielle Inkrustationen der Knochenoberfläche – bombenharte mineralische Beläge, in denen irgendwelche Mikrofossilien eingeschlossen waren, die beim Abbohren nach Möglichkeit nicht zerstört werden durften. Jedenfalls war die ganze Installation eine Zeit lang technisch deaktiviert, und angeblich wusste nur sie, wie man sie wieder zum Laufen bringt. Später hat sie dann aber erfahren, dass in mehreren Publikationen dieses Professors behauptet wurde, es seien Bohrungen plus Analysen der abgelösten Beläge mit ihrer Apparatur vorgenommen worden – also in dem Zeitfenster, in dem das Gerät gar nicht einsatzfähig war. Das hat sie dann wohl irgendjemandem in der höheren Universitätshierarchie gemeldet, als Verdacht auf wissenschaftliches Fehlverhalten."

„»Verdacht« klingt aber etwas dünn, oder?"

„Es hatte wohl mehr den Charakter einer Schlammschlacht. Hörte sich irgendwie so an, als ob sie erst mal alles zusammengetragen hätte, was sich sonst noch finden ließ – unter anderem, dass besagter Professor Ergebnisse bei anderen Forschern einfach abschreiben und als eigene ausgeben würde. In der Kombination waren das jedenfalls sehr schwere Vorwürfe – mögliche Datenfälschung plus Plagiarismus, das überschreitet natürlich jede Grenze."

„Und was ist draus geworden?"

„Nichts, soweit ich weiß. Der Tenor war, dass sie aus Enttäuschung dem Unibetrieb den Rücken gekehrt habe und in die freie Wirtschaft gegangen sei. Von einer Entlassung oder Sanktionierung dieses Professors war jedenfalls nicht die Rede. – Wie heißt denn dieser Anthropologe, bei dem du gelandet bist? Wenn ich den Namen höre, fällt's mir vielleicht wieder ein."

„Professor von Blücher."

„Nein, auf keinen Fall." Onkel Willy schüttelte entschieden den Kopf. „Nein, dann kannst du beruhigt sein, der war es nicht. *Den* Namen hätte ich mir weiß Gott gemerkt."

„Warum?"

„Adrian, ich bitte dich! Von Blücher, eine unserer ganz großen geschichtlichen Figuren! Die napoleonischen Kriege haben mich als Schüler ungeheuer fasziniert – an die Epoche kam für mich vorher und nachher nichts heran, so spannend fand ich die. Da habe ich zum ersten Mal verstanden, was *Idealismus* bedeutet.

Häufig wird das ja sehr individuell ausgelegt. Aber streng genommen geht es um allgemeine höhere Ideen, für die jeder Einzelne bereit sein muss, sein Leben zu geben. Die Opferzahlen damals waren ja geradezu maßlos ... Völkerschlacht bei Leipzig zum Beispiel, ach ... aber alle hatten diese Idee des Fortschritts vor Augen, für die zu sterben sich lohnte – erst die Franzosen, weshalb sie so motiviert und erfolgreich kämpften, dann auch die Deutschen. Idealismus, das bezeichnet, wenn man es in diesem Zusammenhang durchdenkt, eine Stufenleiter von Ideen, von unten nach oben. Die jungen Männer damals waren sozusagen bereit, für eine der mittleren Stufen zu sterben, damit nachfolgende Menschengenerationen dann für die nächsthöhere kämpfen können, und so weiter. Weil sie fest daran geglaubt haben, dass es am Ende diese letzte, oberste Stufe gibt – das von Gott gewollte Ziel der Geschichte, bei dessen Erreichen die Menschheit so tief geläutert und gerecht organisiert ist, dass es nie wieder Krieg und Elend geben wird."

„So hab ich das nie gesehen ... Die späteren Kriege standen aber nicht mehr in diesem Geist, oder?"

„Nun, man hat wohl immer wieder versucht, diesen Geist heraufzubeschwören. Aber angesichts der schrecklichen Opferzahlen will man natürlich auch irgendwann mal greifbare Fortschritte erleben, und die blieben spürbar aus. Der Geist der Restauration nach den napoleonischen Kriegen war ein Tiefschlag für wahrhaft idealistisch empfindende Menschen. Nein, ich denke es war nie wieder so stark wie damals. Die Kriege blieben, aber die Stufenleiter, die war weg. Oder anders gesagt – ja, ich glaube, das ist ein gutes Bild, das mir gerade einfällt: Die Stufenleiter erwies sich als *in sich zurückgebogen* – sprich, als ein Hamsterrad. Ein sinnloser Krieg nach dem anderen, aber kein höheres Ziel mehr. – Schau dir jetzt den Angriff auf den Irak an, eine furchtbare Schande. Unterstützt von Ländern, die vorgeben, für Demokratie und Fortschrittlichkeit zu stehen – wer glaubt denen das?"

„Ich bestimmt nicht", bestätigte Adrian grimmig.

„Ich auch nicht – nein, wie könnte man auch. Keiner würde das heutzutage glauben. Sogar die, die sich für solche Eroberungskriege positionieren, wissen um die Lügen – nehmen sie aber aus diesen oder jenen Gründen billigend in Kauf, aus Gier, aus Hass auf andere Nationen und Kulturen, warum auch immer. Da waren die Franzosen unter Napoleon oder die Deutschen zu Zeiten der Fürstentümer ganz anders. Ich glaube, wir können uns heute gar nicht mehr vorstellen, was die tief in ihrem Innersten empfunden haben müssen. Die meisten werden den Krieg ja aus tiefster Seele verabscheut haben, verstehst du – er ist schließlich das, was überwunden werden sollte, für immer. Aber trotzdem sahen sie sich gezwungen, an einem beispiellosen Kriegsgeschehen teilzunehmen: alles für die Idee des ewigen Friedens. – Ja, an so etwas, an diese ganze geschichtliche Tragik muss ich stets denken, wenn ich einen Namen wie »von Blücher« höre."

„Seltsam", sinnierte Adrian. „Ich bin mir sicher, dass wir in der Schule immer nur »Blücher« gesagt haben, nicht »*von* Blücher«. Ich sehe es geradezu gedruckt vor mir: »Der Herzog von Wellington und Feldmarschall Blücher besiegen Napoleon in der Schlacht bei Waterloo«."

„Kann gut sein, das glaube ich dir gerne – der Adel wird hierzulande ja nicht mehr sonderlich geschätzt", lachte Onkel Willy. „Nein, ganz sicher: der Mann war ein *von* Blücher. Kennst du den Satz nicht: *»Der Rittmeister von Blücher kann sich zum Teufel scheren«?*"

„Nein – von wem ist der?"

„Von niemand geringerem als Friedrich dem Großen! Bevor von Blücher später ein Kriegsheld wurde, ist er nämlich in hohem Bogen aus der Armee geflogen."

„Wieso das?"

„Nun, er hatte sich gegenüber seinem obersten Dienstherren respektlos verhalten. Er konnte erst in die Armee zurückkehren, nachdem Friedrich gestorben war – der kannte in der Angelegenheit kein Pardon."

Adrian kratzte sich am Kopf. Mit einem unguten Gefühl im Bauch fiel ihm wieder ein, was er weder seinen Eltern noch seinem Onkel erzählt hatte – die wahren Gründe, warum er nicht am Uni-Klinikum promovieren wollte und stattdessen an das Anthropologische Institut in der Siesmayerstraße ausgewichen war.

4

„Er ist völlig ausgerastet", sagte Jana matt.
„Adrian ausgerastet? Wie soll ich mir das denn bitte vorstellen?" lachte die Stimme ihrer besten Freundin Yvette, genannt Yvi, am anderen Ende der Leitung. Yvi hatte Zahnmedizin nach zwei Semestern abgebrochen, und Jana hatte sie erst kurz danach im gemeinsamen Tennisverein richtig kennengelernt.
„Du sagst es, Yvi", erwiderte Jana. „Ich hätte das so auch niemals erwartet. Vor allem nicht einem Großkopferten wie Wägerich gegenüber."
„Wägerich, echt? – Jetzt erzähl schon, was passiert ist."
„Ich sollte mit Paul zusammen den Raum beziehen, in dem dieser neue Rechner und die 3D-Modelliereinheit für Zahnersatz stehen. Die Zweiergruppe vor uns hatte ja schon seit Wochen überzogen, weil sie mit dem Programm immer wieder Fehler gemacht haben und ihre Reihen x-mal wiederholen mussten. Paul und ich sollten an dem Morgen eigentlich neue Komponenten für Modelliermassen aus dem Labor holen und in dem Raum deponieren, damit wir für unsere eigenen Versuchsreihen alles am Ort haben und demnächst loslegen können. Aber dann hat Paul mich angerufen, dass er krank ist, und so habe ich Adrian gefragt, ob er Zeit hat mir zu helfen. Wir haben also zu zweit das ganze Zeug rübergetragen; ein Assistent hat uns den Raum aufgeschlossen und das Computerprogramm gestartet, um es uns zu erklären. Ich habe ihm aber gesagt, dass Adrian nicht zum Promotionsteam gehört und dass es besser wäre,

wenn man uns die Bedienung zeigen könnte, sobald Paul wieder gesund ist. Er war natürlich einverstanden und wollte den Rechner schon wieder herunterfahren, aber Adrian hat ihn gebeten, ihn anzulassen, damit er sich selbst noch ein wenig mit dem Modellierprogramm beschäftigen kann. Jedenfalls war der Assistent irgendwann weg, Adrian hat am Rechner gesessen und rumgeklickt, und ich war damit beschäftigt, die verschiedenen Modelliermassen in den richtigen Schubladen unterzubringen. Und da ist es dann passiert."

„Was denn?"

„Eigentlich eine totale Slapsticknummer. Wägerich ist vorbeigekommen, hat uns beide in dem Raum gesehen und gedacht, wir wären die beiden Planlosen, die seit Wochen so viele Fehler gemacht und Unmengen Material verschwendet hätten. Er stand plötzlich in der Tür und hat auf Adrian eingeschimpft – du weißt ja, einer seiner typischen Alphamännchen-Auftritte. Jedenfalls ..."

Jana unterbrach sich, da sie Yvi laut auflachen hörte.

„Er hat Adrian mit einer anderen Person verwechselt?", fragte ihre Freundin ungläubig.

„Adrian hatte ein Cap auf, vielleicht lag's daran", antwortete Jana. „Aber Wägerich war sowieso länger im Ausland, ich glaube, er wusste gar nicht, wer genau vor uns in dem Raum gearbeitet hat. Er muss an dem Morgen irgendwas über Materialverschwendung am Modellierer erfahren haben, ist kochend vor Wut vorbeigekommen, und bevor Adrian und ich noch wussten, wie uns geschieht, war's auch schon zu spät. Dabei wäre die Situation ganz einfach zu lösen gewesen, wenn wir ihm sofort erklärt hätten, dass es sich um eine Verwechslung handelt, aber dummerweise habe ich gerade in einer Ecke des Raumes vor einer Schublade gekniet, als das Gezeter losging. Deshalb hat Adrian geantwortet – aber leider nicht so, wie es ein vernünftiger Mensch tun sollte."

Yvi prustete los, obwohl Jana die Details erst noch zu liefern hatte.

„Ich weiß, das klingt alles komisch – war es in dem Moment aber gar nicht. Adrian war am Anfang wohl genau so erschrocken wie ich über das plötzliche Gemecker, aber dann hat er wie aus dem Nichts volles Programm zurückgekartet. Hat Wägerich glatt ein »*Sind Sie endlich fertig? Ich kann Ihre dumme Wichtigtuerei nicht mehr ertragen!*« vor den Latz geknallt."

„Oh nein!", entfuhr es Yvette.

„Wägerich war natürlich perplex. Dann hat er irgendwie ein »Was haben Sie da gerade gesagt?« vom Stapel gelassen, ein ziemlich Drohendes natürlich, aber Adrian hat nur »Die Wahrheit, Herr Professor« geantwortet, sich von ihm weggedreht und den Rechner heruntergefahren. Und dann ging's erst richtig los. Ich selber war so erschrocken über Adrians Verhalten, dass ich wie gelähmt war und nichts sagen konnte."

„Oh weh – und was ist dann passiert?"

„Wägerich hat geschrien, dass Adrian sich sofort wieder zu ihm umdrehen soll, dass sein Verhalten Folgen haben werde und er »hier nicht promovieren« kann. Adrian hat ungebremst zurückgeschrien »Begreifen Sie endlich, dass ich hier gar nicht promovieren will!« – und dann kam noch irgendetwas mit »bestimmt nicht bei jemandem, der öffentlich behauptet, dass soundso«, den Teil habe ich leider akustisch nicht mitbekommen. Er hat das Wägerich aus nächster Nähe ins Gesicht gefaucht, während er sich an ihm vorbei gedrängt und den Raum verlassen hat. Der war natürlich sprachlos. Adrian hat ihm dann noch ein »Ihnen gehen ja schnell die Argumente aus, aber bei Ihrer Fernsehshow hatten Sie ja auch keine« an den Kopf geknallt und ist den Gang runter abgehauen."

„–Wie? –Was?" Yvette konnte sich vor Lachen kaum einkriegen.

„Das mit der Fernsehshow erklär ich dir gleich. Jedenfalls kam jetzt mein peinlicher Auftritt. Ich bin aufgesprungen und habe Wägerich erklärt, dass wir nicht die aktuelle Gruppe, sondern die Nachfolgegruppe in diesem Raum sind, genauer gesagt, dass nur ich zu der Nachfolgegruppe gehöre, Adrian aber nicht. Ich fürchte, ich habe mich da ziemlich egoistisch verhalten. Ich hab das nämlich irgendwie so formuliert, als hätte Adrian nur zufällig am Rechner gesessen und als ob ich ihn gar nicht richtig kennen würde. Dafür schäme ich mich, muss ich sagen. Ich hab mich verhalten wie jemand, der um jeden Preis den *mighty big boss* beschwichtigen und einfach nur seinen eigenen Arsch retten will. Ich hab Wägerich dann sogar angelogen, von wegen Adrian hätte gerade familiäre Probleme, und er solle von daher bitte Verständnis haben und ihm alles nachsehen. – Kannst du dir das vorstellen?"

Yvette schwieg einige für Jana qualvolle Sekunden, dann aber antwortete sie sehr nüchtern:

„Weißt du, wenn Adrian dich völlig unnötig in eine dermaßen peinliche Situation bringt, dann ist es irgendwo auch verständlich, wenn du dich in dem Moment erst mal von ihm distanzierst. Da mach dir jetzt bitte nicht mehr Vorwürfe als nötig – und die Ausrede mit den »familiären Problemen« ist keine Schande, denn damit hast du versucht, Adrian zu schützen. Das war keineswegs völlig egoistisch von dir. – So. Und nun erklär mir mal, was mit Adrian los ist. Warum flippt der einfach aus, und was war da mit Wägerich und Fernsehen?"

„Ach, ich habe keine Ahnung", stöhnte Jana. „Also, was Adrian angeht: er hängt seit Wochen ziemlich eng mit dieser peinlichen Nervensäge Alexander von Korf zusammen, falls der dir noch was sagt."

„Das ist doch dieser Posertyp, der damals das Parodontitis-Referat bei uns gehalten hat – der promoviert jetzt in der Dermatologie, oder?"

„Er hat die Absicht, ja – falls er vor lauter Beschäftigung mit seinen Egoproblemen jemals dazu kommen sollte. Über den von Korf-Kanal jedenfalls hat Adrian was über chinesische Billigimplantate herausgefunden, die angeblich im großen Stil von deutschen Dentallaboren eingekauft werden. Und dann natürlich von den Zahnärzten auch eingesetzt – angeblich mit Vergiftungsfolgen bei den betroffenen Patienten. Das ist der Grund, warum er so einen Hass auf Wägerich hat und den jetzt sogar ganz offen zeigt. Wägerich hat kürzlich in 'nem TV-Interview bestritten, dass das Zeug aus China gesundheitsgefährdend sei; er soll sinngemäß gesagt haben, das Billigimport-Problem sei existent, aber die Qualitätsunterschiede seien gering und die Patienten bräuchten sich keine Sorgen zu machen. Adrian meint, er hätte Beweise dafür, dass in Wahrheit jede Menge Grund zur Sorge besteht – und er ist sich anscheinend sicher, dass Wägerich das ebenfalls klar sein muss. Was summa summarum bedeuten würde, dass Wägerich die Öffentlichkeit wissentlich belügt."

„Au weia. Ist da was dran?"

„Das wüsste ich auch gern. Von Korf ist ein totaler Wichtigtuer, ein spätpubertierender Blödmann – so einem würde ich erst mal kein Wort glauben. Aber Adrian ... Ich weiß nicht. Er ist manchmal etwas weltfremd. Ich hab mich kürzlich mit ihm unterhalten, da wusste er zum Beispiel nicht, dass »C4« die höchste Besoldungsstufe für Professoren ist. Was fachliche Dinge angeht, ist er riesig, aber um alles, was nach dem Studium kommt und mit dem konkreten Berufsleben zu tun hat, scheint er sich nicht zu kümmern – das interessiert ihn kein Stück."

„Er verlässt sich auf seine Eltern", mutmaßte Yvi.

„Ja, in dem Punkt macht er es sich bequem", stimmte Jana missmutig zu. „Aber zurück zu der von Korf-Story. Da es hier letztendlich um medizinische Inhalte geht, gibt es mir natürlich zu denken, dass Adrian von der Sache offenbar fest überzeugt ist. Er würde sich wohl kaum so aufführen, wenn er nicht ganz sicher wäre, dass die Vorwürfe wahr sind. Jedenfalls halte ich es für undenkbar, dass von Korf ihm mal eben ein Haufen Lügenmärchen auftischen könnte und Adrian ihm alles abnimmt – einen solchen Einfluss hat er nicht auf ihn. Es ist genau umgekehrt, ich hab die beiden ja erlebt. Von Korf hat einen Narren an Adrian gefressen und will ihm gefallen. Ich fürchte, er klaut in der Dermatologie Patientendaten und breitet sie dann mit stolzgeschwellter Brust vor Adrian aus. – Das kann ich förmlich vor mir sehen, was da zwischen den beiden abläuft."

„Hm. Und du meinst, Adrian würde solche illegalen Aktionen dulden – oder gar unterstützen?"

„Darüber habe ich natürlich nachgedacht. Falls ja, hätte ich damit ein echtes Problem. Du weißt, dass wir gut befreundet sind, aber an dem Punkt würde ich ihm ungefiltert die Meinung geigen, das garantiere ich dir."

„Warum sprichst du mit ihm nicht mal drüber?"

„Werde ich. Demnächst, er hat es mir schon zugesagt. Adrian stand ziemlich unter Stress, weil er nach der Auseinandersetzung mit Wägerich befürchtet hat, dass der ihm die Erlaubnis für die externe Dissertation an diesem Anthropologischen Institut verweigern könnte. In dem Zustand wollte ich ihm natürlich nicht noch mehr Druck machen. Aber heute hatte er dann Wägerichs Unterschrift auf dem Genehmigungs-Wisch und war wie verwandelt; er wirkte zum ersten Mal seit Wochen total entspannt. Deshalb haben wir uns im Café nur über's Promovieren unterhalten. Beim Verabschieden hat er dann aber doch noch seinen Ausfall gegen Wägerich angesprochen und angekündigt, dass er mir demnächst etwas zeigen würde, damit ich sein Verhalten nachvollziehen kann."

„Echt? Hat er gesagt was?"

„Nein, aber ich fürchte, es läuft auf unerlaubt kopierte Patientendaten aus der Dermatologie hinaus. – Ich habe Angst davor, Yvi. Ich habe Angst, dass das zwischen Adrian und mir alles kaputtmachen könnte."

5

Adrian saß in seinem Lieblingscafé in Bockenheim – einem, das Jana nicht gefiel, vor allem aufgrund der notorisch unaufmerksamen Bedienung – und sah den Menschen draußen zu, wie sie bei gutem Wetter in allen vier Himmelsrichtungen an dem Bockenheimer Wartetürmchen vorbeiströmten. Eigentlich wollte er sich an diesem Sonntag ein paar angenehme Nachmittagsstunden machen, denn morgen sollte die Datenerhebung für seine Doktorarbeit beginnen, und er hatte sich als Vorbereitung ein wenig Fachlektüre mit ins Café genommen. Jana war gerade nicht in Frankfurt, sie war auf der »Medenrunde« – eine Art hessische Sonderveranstaltung, über deren Bezeichnung der aus Hamburg zugezogene Adrian sich damals, als sie sich kennenlernten, halb kaputtgelacht hatte, weil er dachte, dass es »Mädchenrunde« bedeuten würde. Auch nachdem die reichlich pikierte Jana ihm erklärt hatte, dass es um Tennis-Punktspiele ging, hatte Adrian sich kaum beruhigen können – Janas befremdeter Gesichtsausdruck hatte alles für ihn nur noch komischer gemacht. Diese Episode war ein wenig bezeichnend für ihr Verhältnis, und letzteres war der Grund, warum Adrian seine Bücher mittlerweile beiseitegelegt hatte und stattdessen über seine persönlichen Defizite nachdachte.

Es gab eine Reihe von Gründen, sich gedanklich auf dieses unangenehme Thema einzulassen. Der Hauptgrund war, dass mit der anstehenden Doktorarbeit nunmehr die Krisis seiner Studienjahre heraufzog, der baldige Wendepunkt hin zum Berufsleben – was bedeutete, dass der Spaß für ihn ein jähes Ende haben sollte. Denn seinen Spaß hatte er, soweit es ihm danach verlangte, mit dem Umzug nach Frankfurt stets gehabt. Das Studium war ihm nicht schwer gefallen, die familiäre Vorbelastung – die diese Bezeichnung in seinen Teenagerjahren durchaus noch verdient hatte – war in seiner Frankfurter Zeit ins angenehme Gegenteil umgeschlagen und erleichterte ihm bis zum heutigen Tage alles. Aber eine Praxis aufzubauen bedeutete etwas anderes, und Adrian spürte, dass er hierfür mit keiner besonderen Begabung gesegnet war. Die Erfahrung und das Geld seiner Eltern würde ihm wieder einmal nützlich sein, sicherlich, aber was er für die Zukunft wirklich brauchte, waren ein paar fähige Partner – oder eben eine fähige Partnerin.

Jana war hierfür gewiss die richtige Person: bodenständig und von durch und durch pragmatischem Wesen. Aber genau das störte ihn auch an ihr, und so hatte es sich in den vergangenen Jahren zu seinem Lieblingsspielchen entwickelt, sie auf Distanz zu halten. Er wusste, dass sie auf ihn angewiesen war, wenn sie die Härten des Studiums abmildern wollte, und auf dieser Ebene hatte er ihr alles gegeben, was er zu bieten hatte. Ihre Bewunderung auf fachlich-medizinischem Gebiet war ihm sicher – und weitaus mehr als lediglich diese Form von Aufmerksamkeit hätte er mit sehr überschaubarem Aufwand haben können. Zwar war Jana zu stolz, um ungeduldig oder aufdringlich zu werden, aber von Zeit zu Zeit sendete sie gewisse Signale aus, die unübersehbar waren. Eines davon bestand darin, erkennbar vor Wut zu kochen, wenn irgendein weibliches Wesen es wagte, Adrian genauer zu betrachten. Er fand das äußerst komisch, aber gleichzeitig war er auch gerührt über diese Form des »Beschütztwerdens«.

Nun aber stand ihm vor Augen, dass sich all dies ändern würde, wenn es darum ging, nach Abschluss der Promotion einen Praxisbetrieb aufzubauen. Hier lag das Potenzial für eine klar gegenläufige Bewegung, eine fundamentale Änderung der Verhältnisse, und Adrian hasste den Gedanken, sich in eine Entwicklung hineinziehen zu lassen, die ihn zwangsläufig unglücklich machen würde. Die Dreierkonstellation mit Paul kam ihm so gesehen gerade recht, und die eigentliche Frage, die stets im Raum schwebte, war, wann Jana es aufgeben, Adrian Adrian sein lassen und Pauls zögerlichen Avancen nachgeben würde. Dann wäre die Angelegenheit erledigt gewesen, und es hätte ihm sogar das gute Gefühl eingebracht, Paul, den er durchaus mochte, einen Gefallen getan zu haben.

Aber Jana war keine, die sich leicht entmutigen ließ, und so blieb bis zum heutigen Tage alles in der Schwebe. Sogar seine Eskapaden mit Alex von Korf hatten sie nicht abschrecken können, obwohl sie ihm deutliche Zeichen gab, dass sie diese Bezugsperson als für Adrian beschämend empfand. Der Höhepunkt war natürlich sein kürzlicher Ausraster gegenüber Instituts-Alphamännchen Wägerich gewesen, doch auch mit dieser ungeplanten und durchaus peinlichen Sondernummer schien Adrian seine Studienfreundin nicht nachhaltig abgeschreckt zu haben. Vielmehr ertappte er sich allzu bald bei der Wunschvorstellung, wieder einmal beim direkten Gegenteil, nämlich Janas Bewunderung, angekommen zu sein – er fing an, sich imaginierten Eitelkeiten hinzugeben, als müsse er mit diesen Einbildungen all jene Risse überdecken, die in ihm schon immer da gewesen waren und sich momentan bedrohlich ausweiteten. Was bedeuteten diese Gedankenspiele, diese aufdringlichen Tagträumereien – dass er Jana doch haben wollte, auch wenn ihm gar nicht richtig klar war, wozu?

Eines jedenfalls stand für ihn fest: Er musste die einmal angefangene Sache gegen Wägerich durchziehen. Dann würde sich alles entscheiden – die Haltung seiner Eltern und Janas Haltung würden darüber bestimmen, welche Lebenswege offen bleiben und welche für immer verbaut sein würden. Was Jana anbelangte, war er zu dem Schluss gekommen, dass dies den Lackmustest bedeutete. Sollte sie ihn hierbei nicht so unterstützen, wie er es für geboten hielt, dann brauchte man über alles andere nicht weiter nachzudenken. Er wollte kein nützlicher Idiot sein, der keine anderen Seiten zeigen durfte als hohe zahnärztliche Begabung und das daraus resultierende exorbitante Einkommen. In ihm wuchs hier und jetzt etwas heran, was er mindestens genauso wichtig fand. Möglicherweise würde Jana dahinter zurückbleiben. Möglicherweise würde er sie nur noch als nett und funktional, aber eben auch als genau so langweilig wahrnehmen. Möglicherweise würde er seine Isolation komplettieren und den Rest seines Lebens diesem Gefühl des Hasses und der Verachtung widmen, die er Wägerich gegenüber empfand, wenn dieser das kleine dumme Patientenvolk nach Strich und Faden belog. Das Leben war wohl so oder so ein Parabelflug, bei dem es ab einem bestimmten Punkt nur noch abwärts ging. *Vielleicht also besser ohne Jana*, ging es Adrian durch den Kopf. Vielleicht war es einfach nur grenzenlos schlecht, sie in seine Obsessionen hineinzuziehen und von ihr auch noch ungebrochene Bewunderung für all das zu erhoffen. Vielleicht war der Punkt gekommen, nicht mehr auf andere zu sehen und vordringlich sich selbst zu reinigen – weil es letztendlich ja doch nur *darauf* ankam.

Ich will nicht so ein Dreckschwein werden, das fröhlich und routinemäßig die Leute bescheißt. Ich will keine verkommenen Lobbyisten, kein elendes

Pharmariesen-Fußvolk, das mit mir Rotwein säuft und vor mir den Katalog bewährter Bestechungs-Traumreisen und -Traumautos ausbreitet. Keep this fuck away from me – *ich werde Wägerich saudumm aussehen lassen für das, was er in seiner Arroganz in aller Öffentlichkeit abzuziehen meint, und dann erwarte ich, dass das Schicksal mich dafür belohnen wird.*

Adrian winkte einer Kellnerin zu und war nicht böse, dass sie ihn übersah. So konnte er noch eine Weile den draußen vorbeigehenden Menschen zuschauen und sich angenehm getrennt von ihnen fühlen – ein Zustand, den er, wenn er es recht bedachte, über alles liebte.

6

Jens Bischwiller unterhielt sich mit einer Zahnmedizinerin, die gerade ihre Untersuchung an archäologischem Fundmaterial aus der Merowingerzeit abgeschlossen hatte. Gemeinsam mit ihr brachte er die Kartons mit den Kieferfragmenten wieder an die richtige Stelle zurück, dann verabschiedete er sich von der Gast-Doktorandin und wünschte ihr alles Gute. Den freigewordenen Arbeitsplatz sollte gleich der nächste Zahnmediziner besetzen, nämlich Adrian Palmström, den Jens bereits beim ersten Besuch am Institut kurz instruiert hatte. Tatsächlich dauerte es keine Viertelstunde, bis Adrian eintraf; es wurde eine ziemlich punktgenaue Übergabe.

Gemeinsam holten sie drei vorbereitete Kartons, die separierte Schädelfragmente aus römischen Grabstätten enthielten, und breiteten das Material auf dem vorgesehenen Arbeitstisch aus.

„Der Fundort ist ein Kaff in Rheinland-Pfalz", erklärte Jens, als er merkte, dass Adrian mit dem Ortsnamen und den Abkürzungen auf den Etiketten nichts anfangen konnte. „Es handelte sich um die Überreste einer römischen Villa. Dort lebten hochstehende römische Bürger zusammen mit ihren Bediensteten, und anhand von Grabbeigaben kann man den letzten sozialen Status der Toten auch ziemlich gut einschätzen. Bei christlichen

Gräbern zum Beispiel hat man diese Möglichkeit meist überhaupt nicht, da waren Grabbeigaben verpönt."

„Waren die Gräber nach all der langen Zeit denn noch so gut erhalten?", fragte Adrian.

„Nicht immer, genau das ist das Problem. Du siehst, wir haben das Material in drei Gruppen eingeteilt. Gruppe eins sind eindeutig hochstehende Personen, Gruppe zwei ist unklar, weil die Gräber gestört waren, Gruppe drei sind mit großer Wahrscheinlichkeit Bedienstete. – Also, über deine Aufgabenstellung hatten wir uns ja letztes Mal schon kurz unterhalten: den Abrasionsgrad der Zähne feststellen, und am Ende beurteilen, ob es da zwischen den drei Gruppen signifikante Unterschiede gibt. Die Abnutzung der Kauflächen korreliert nämlich nicht nur mit dem Lebensalter, sondern manchmal zusätzlich auch noch mit dem sozialen Status. Aber vielleicht ist es besser, wenn ich darüber erst mal nichts erzähle – so kannst du deine Datenerhebung möglichst unvoreingenommen durchführen. Noch Fragen?"

„Nein, eigentlich nicht. Danke, Jens."

Adrian wollte sich bereits hinsetzen, dann aber erinnerte er sich an etwas.

„Warte – eine Frage habe ich doch noch, wenn du kurz Zeit hast."

„Natürlich. Worum geht's?"

„Ich frage nur aus Interesse – ich habe gerade unten, an der Informationstafel im Erdgeschoss, gesehen, dass der Professor von Blücher mit zwei Doktortiteln aufgeführt ist. Als ich letztes Mal hier war, stand da aber nur einer – ich kann mich deshalb so genau erinnern, weil hinter seinem Doktor die Abkürzung »UCLA/USA« stand, mit der ich nichts anfangen konnte."

„Das steht für University of California, in Los Angeles", erklärte Jens.

„Das habe ich mittlerweile auch herausgefunden. Hinter dem zweiten Doktortitel steht jetzt aber etwas anderes, nämlich die übliche »rer. nat.«–Abkürzung."

„Er hat diesen zweiten Doktortitel erst kürzlich erworben. Professor von Blücher hat vor einiger Zeit den Schädel eines fossilen Halbaffen der Gattung *Adapis* als neue Art erkannt und diese Artbeschreibung in Form einer Doktorarbeit vorgelegt. Er hat das so begründet, dass sein amerikanischer Doktortitel ihn nur als Anthropologe ausweist, aber dass er gerne auch auf zoologischem Gebiet als qualifiziert gelten will. Vielleicht kannst du ja mal in eine seiner Vorlesungen gehen, er erzählt ziemlich gerne von diesen ganzen Besonderheiten des Faches und von den Unterschieden zwischen der amerikanischen und der europäischen Forscherszene."

„Das würde mich interessieren", gab Adrian erfreut zurück. „Wenn's nicht nur um Menschen, sondern auch um Tiere geht, finde ich das durchaus spannend – das würde meinen Horizont erweitern. – Arbeitest du auch an zoologischem Material?"

„Nein, ich bin nur mit Humanmaterial beschäftigt. Aber warte – für die fossilen Halbaffen haben wir zufällig gerade einen Gastforscher aus Algerien hier. He, Hany – *do you have a minute?*"

Hany Bouhired war soeben mit zwei kleinen Pappschächtelchen zu seinem Arbeitsplatz unterwegs und blickte überrascht herüber, als Jens ihn zu sich rief. Er schritt auf ihn und auf Adrian zu und begrüßte beide mit einem Nicken. Ihre weitere Konversation fand auf Englisch statt.

„Hany, Adrian ist eigentlich Zahnmediziner, interessiert sich aber auch für die zoologischen Themen, die wir hier bearbeiten. Ich habe gerade die Adapiden erwähnt, aber ich bin ja leider kein Experte – kannst du ihm vielleicht kurz beschreiben, woran du arbeitest? Du bist ja leider schon in wenigen Tagen nicht mehr hier."

„Nun, wenn es gewünscht ist", sagte Hany, der sich aus irgendeinem Grunde, den er in diesem Moment selbst nicht hätte angeben können, von Adrians Anblick irritiert fühlte. „Meine Arbeit, in sehr allgemeiner Form, nehme ich an?"

„Ja, natürlich", bestätigte Adrian. „So allgemein wie möglich, ich bin ja Laie auf dem Gebiet."

„Gut", sagte Hany und stellte seine beiden Pappschächtelchen auf dem Tisch ab, um die Hände zum Gestikulieren frei zu haben. „Nun, im Grunde genommen geht es um den Ursprung der höheren Primaten, also jener Tiergruppe, zu der auch wir, die Menschen, gehören. »Höhere Primaten« ist eine Sammelbezeichnung, die im Grunde alle gewöhnlichen Affen umfasst, also die Formen des südamerikanischen Dschungels ebenso wie all die afrikanischen und asiatischen Vertreter, und damit auch die Gruppe der sogenannten Menschenaffen, also Schimpansen, Gorillas und Orang-Utans. Aber der Ursprung der höheren Affen liegt im Dunkeln, und alles, was man im ersten logischen Schritt machen kann, ist, ihnen die Gruppe der Halbaffen gegenüberzustellen. Genauer gesagt hofft man, dass man bei irgendeiner Gruppe fossiler Halbaffen Hinweise auf einen evolutiven Übergang zu den höheren Affen finden kann oder gar eine echte Zwischenform, ein *missing link*. Das wäre einer der ganz großen Funde der Paläontologie, aber noch ist er niemandem gelungen."

„Halbaffen gibt's doch vor allem auf Madagaskar, oder?", fragte Adrian.

„Madagaskar ist sehr artenreich in dieser Hinsicht, ja – aber es gibt sie auch außerhalb davon, also auf dem afrikanischen Kontinent wie auch in Asien. Ausschließlich im südostasiatischen Raum finden wir zum Beispiel die Koboldmakis. Es hängt außerdem ein wenig davon ab, wie man die Gruppe definiert – letztendlich ist »Halbaffen« genau so eine unscharfe Sammelbezeichnung wie »höhere Affen«, beide Gruppen sind sehr heterogen. Und wenn man sich das Fossilmaterial anschaut, wird es noch sehr viel schwieriger."

„Warum?"

„Weil dann noch nordamerikanische und europäische Halbaffen dazu kommen, die heute ausgestorben sind. Wir haben es also mit einer praktisch weltweit verbreiteten, sehr heterogenen Tiergruppe zu tun. Jede Untergruppe der heute lebenden und mehr noch der ausgestorbenen, nur fossil nachweisbaren Halbaffen ist eine potenzielle Informationsquelle, um den evolutiven

Übergang zu den höheren Primaten nachzuvollziehen, und damit auch jenen langen Sonderweg, der letztendlich zu uns Menschen geführt hat. Aber leider lebten die meisten dieser Frühformen in Biotopen, in denen die Chancen auf Fossilisation sehr schlecht sind. Oft findet man nur ein paar Bruchstücke von Kiefern, oder gar nur einzelne Zähne. Deshalb ist der Stand der Dinge leider der, dass es mehrere konkurrierende Hypothesen darüber gibt, welche Untergruppe von Halbaffenfossilien in dieser Frage zu bevorzugen ist. Von den Adapiden hast du ja eben, wie Jens sagte, schon gehört – das ist eine dieser verschiedenen Halbaffengruppen."

„Ist das die, die der Professor von Blücher entdeckt hat?"

Hany grinste ein wenig sehr breit angesichts dieser Frage und fuhr sich mit Daumen und Zeigefinger seiner linken Hand über seine Unterkieferseiten.

„Nicht wirklich", antwortete er nach einer kurzen Pause. „Die fossile Gruppe der Adapiden ist seit langem bekannt, mit mehreren Arten. Es handelt sich um eine äußerst wichtige Gruppe ausgestorbener Halbaffen mit umfangreichem europäischen Fundmaterial. Professor von Blücher hat kürzlich eine neue Art der Adapiden beschrieben, anhand eines Schädelfundes aus – ja, woher eigentlich? Aus der Schweiz, wenn ich mich recht entsinne. Jedenfalls ein kompletter Oberschädel, das bedeutet ohne Unterkiefer."

„In der Humananatomie nennt man es ebenso", antwortete Adrian augenzwinkernd.

„Oh, Entschuldigung – ja, als Mediziner weißt du das natürlich. Jedenfalls war es ein recht schönes *Adapis*-Exemplar. Professor von Blücher hat diese neue Art *Adapis wegneri* genannt – ich muss aber gleich dazu sagen, dass ich mit dieser Arbeit nicht vertraut bin. Seine Erstbeschreibung des Schädels erfolgte bisher nur in deutscher Sprache, das kann ich leider nicht lesen. Aber natürlich werden bald wohl auch englische Fassungen erscheinen, dann können ich und mein Chef uns ein genaueres Bild machen – mein Chef ist Franzose, musst du wissen, und kann ebenfalls kein Deutsch."

„Ist der Fund denn wichtig für die Beantwortung dieser Frage, wie aus Halbaffen höhere Affen wurden?"

„Hmmm ... also wenn du meine ehrliche Meinung hören willst, ich glaube es nicht. Aber vergiss nicht, was ich gerade gesagt habe, es gibt verschiedene, momentan in etwa gleichberechtigte Hypothesen. Was genau Professor von Blücher denkt, weiß ich nicht. Mein Chef und ich sehen in den Adapiden eigentlich nicht unsere Urahnen. Das klingt jetzt wahrscheinlich alles sehr engstirnig, sehr lokalpatriotisch, aber unsere Favoriten in dieser Frage sind nordafrikanische Halbaffenfossilien."

„Okay. Gibt es dafür eine Begründung, die auch ein Nicht-Experte wie ich verstehen könnte?"

„Oh ja. Durchaus. Die ältesten Halbaffenfossilien der Welt sind tatsächlich aus Nordafrika bekannt. Zum Beispiel *Algeripithecus* aus dem unteren Eozän, und noch älter ist *Altiatlasius* aus dem oberen Paläozän, also mehr als fünfundfünfzig Millionen Jahre alten Schichten. Das wäre Teil eins der Begründung: Möglicherweise sind die Halbaffen in dieser Region entstanden. Teil zwei ist aber viel wichtiger, denn aus Nordafrika stammen auch die ältesten Fossilien der höheren Primaten. Sie sind in der Oase Fayyum in Ägypten gefunden worden, etwa hundert Kilometer südwestlich von Kairo. Ich denke das Argument leuchtet unmittelbar ein, oder? Die ältesten höheren Affen an einem ägyptischen Fundort und relativ nahe dran auch sehr alte fossile Halbaffen: Da liegt es natürlich nahe, eine Beziehung zu vermuten. In den Details ist die Argumentation natürlich komplexer, wenn spezielle morphologische Merkmale herangezogen werden, also signifikante Ähnlichkeiten und Entwicklungstendenzen, mit denen man die Stammbaumlinien rekonstruieren kann."

„Ich verstehe. In der Tat einleuchtend, sich bei so einer Faktenlage auf Nordafrika zu konzentrieren."

„Mein Chef hat mit mir bisher nur Fundorte in Algerien und Libyen bearbeitet, das aber jahrelang und sehr intensiv. In Tunesien und Marokko war er auch schon. Ebenso lange verhandelt er schon mit den ägyptischen Behörden über eine Grabungserlaubnis in Fayyum, die wird er demnächst bekommen; es sieht alles sehr gut aus. Fayyum ist jedenfalls sein großer Traum – er hat in Algerien und Libyen zwar interessante Sachen entdeckt, aber nicht die erhoffte Übergangsform, das *missing link*. Jetzt will er diesen Treffer in Ägypten landen, er brennt darauf – er sieht darin die Expedition seines Lebens. Mal sehen, ob es gelingt. Es ist letztendlich reine Glückssache, aber du kannst dir vorstellen, was es für mich bedeuten würde, dabei zu sein – oder vielleicht ja sogar als erster den entscheidenden Knochen oder Zahn in der Hand zu halten. – Tja, im wesentlichen ist es das, woran ich gerade arbeite: meine theoretischen Kenntnisse auf diesem Gebiet zu erweitern. Ich kenne längst noch nicht alles Material. Da ist noch viel zu tun."

„Hany, das klingt unglaublich spannend. Danke für diese Einführung. Ich wusste darüber gar nichts, dabei habe ich mich in meiner Schulzeit sehr für evolutionsbiologische Fragen und auch ein wenig für Fossilien interessiert. Aber die Sache mit den Halbaffen – viel zu speziell für mich."

„Gern geschehen", nickte Hany und nahm seine beiden Pappschächtelchen wieder an sich. „Wenn es weitere Fragen gibt – ich stehe jederzeit zur Verfügung."

„Danke dir", sagte Jens und wandte sich an Adrian. „Also, wie du siehst – vom Halbaffen bis zum modernen Menschen ist hier potenziell alles ein Thema. Ich kann dir gerne Bescheid geben, wenn die Vorlesung von Professor von Blücher wieder beginnt, dann kannst du dich da mit reinsetzen."

„Ja, das wäre nett! Danke für das Angebot."

Adrian nahm vor seinem römischen Fundmaterial Platz, während Jens und Hany sich entfernten und ihren eigenen Beschäftigungen nachgingen. Für die nächsten Stunden arbeitete er mit höchster Motivation; er vermaß Kieferstrukturen und Zähne, und beurteilte den Abrasionsgrad der Kauflächen mittels eines Schemas, in dem ein Bewertungscode von 1 = »*keine Abnutzung*« bis 7 = »*nur noch offene Wurzelkanäle vorhanden*« benutzt wurde. Irgendwann merkte er, dass er sich über zwei Stunden in einem Zustand völliger Versenkung befunden hatte, nicht mehr wahrnehmend, was links und rechts neben ihm geschah. »Wow, so habe ich mir die gute alte Wissenschaft immer vorgestellt«, ging es ihm durch den Kopf. »Schade, dass es so Typen wie Wägerich gibt, die das alles nur benutzen, um sich vor anderen wichtig zu machen und die in Wirklichkeit zu reinen Industrie-Lobbyisten verkommen sind.«

Bei diesem Gedanken fiel ihm ein, dass Professor Wägerich in Überbetonung seines Wissenschaftlertums mit zwei Doktortiteln gesegnet war, und dass es eine etwas seltsame Anhäufung akademischer Auszeichnungen darstellte, dass nun auch der Leiter des hiesigen Institutes, Professor von Blücher, einen Doppel-»Dr.« besaß. Aber zwei Doktortitel hin oder her – dem Mistkerl Wägerich würde er demnächst eine verdammt unangenehme Überraschung bereiten. Adrians Plan stand längst fest, und er freute sich darauf, Jana, mit der er heute Abend zum Pizza essen verabredet war, endlich genaueres darüber erzählen zu können.

*

Jana erwartete Adrian in einer Pizzeria im Ostend, in der sie sich schon so manches Mal getroffen hatten – sehr oft zu dritt mit Paul, wenn mal wieder eine der vielen Hürden in den Fächern Anatomie, Physiologie, physiologische Chemie und Zahnersatzkunde erfolgreich genommen worden war und dies gefeiert werden durfte. Aber heute spürte sie nichts von Feierstimmung. Absichtlich war sie deutlich zu früh eingetroffen, um bei einem ersten Drink ihre Aufregung in den Griff zu bekommen. Der Gedanke, dass Adrian ihr heute Abend einige höchst inakzeptable Dinge gestehen könnte, hatte sie den ganzen Tag über in eine Stimmung versetzt, in der sie zwischen Traurigkeit und Ärger hin und her schwankte. Diese abstoßende Witzfigur Alexander von Korf! Wie um alles in der Welt konnte Adrian sich mit so einem peinlichen Wichtigtuer abgeben, auch nur eine Sekunde lang?

Nicht ohne Wehmut dachte sie daran zurück, was sie und auch Paul Adrian alles verdankten. Das erste Semester hatte für Jana katastrophal begonnen; ihr damaliger Freund hatte sie nach einem heftigen Streit mitten in Frankfurt aus dem Auto geschmissen und sie buchstäblich im Regen stehen gelassen. Auch Paul machte schwere Zeiten durch – er hatte eigentlich in Heidelberg Medizin studiert, war dort aber unter der enormen Belastung eines absurd elitär aufgezogenen Studienprogrammes zusammengebrochen und musste fast ein Jahr lang pausieren, bevor er in Frankfurt einen Neuanfang wagte. Jana war entsetzt gewesen, als Paul ihr schilderte, was für einen überflüssigen Blödsinn die Studis in Heidelberg vom ersten Semester an pauken mussten – es wurden von den Profs und den Betreuern immer neue Schippen an Lernstoff draufgepackt, sodass man quasi gezwungen war, von einem Tag auf den anderen durchzulernen und im Grunde schon als junger Mensch kein richtiges Leben mehr hatte. Natürlich war einsichtig, dass man als Mediziner gewisse Kenntnisse in nicht-medizinischen Bereichen wie Chemie oder Physik aufweisen sollte – aber war es wirklich nötig, Studenten, die allein mit den Anforderungen in Anatomie schon an der Belastungsgrenze standen, auch noch mit Quantenphysik und deren mathematischen Hintergründen zu drangsalieren? Paul jedenfalls war auf diese Überbelastung nicht eingestellt gewesen, schnell aus dem Tritt gekommen und nach seinem Durchfallen in einigen Prüfungen so sehr unter Druck geraten – ein mehrfaches Nichtbestehen hätte das unwiderrufliche Studienende zur Folge gehabt – dass er eines Tages einfach zusammengeklappt war. In der bittern Bilanz, die er Jana gegenüber zog, zeigte er sich davon überzeugt, dass in Heidelberg zahllose Studenten, die das Zeug dazu hatten, gute oder gar sehr gute Ärzte zu werden, sinnlos verschlissen und aus dem Studium gedrängt wurden – zum Schaden einer Gesellschaft, die sich lauthals über Ärztemangel beklagte, aber über diesen völlig unnötigen, „lehrplanbedingten" Dezimierungsfaktor offenbar nicht Bescheid wusste.

Die Wende in dieser angstbesetzten Atmosphäre kam mit Adrian. Der etwas introvertiert und abwesend wirkende Blondschopf mit den intensiv blauen Augen war Jana früh aufgefallen, und bei einem ersten Praktikum, das in Dreiergruppen absolviert werden musste, hatten Jana und Paul sich mit ihm zusammengetan, was sich als absoluter Glücksgriff erwies. Adrian war fachlich auffallend sicher, auch wenn er oft gar nicht richtig interessiert wirkte. Die Gründe dafür fanden Jana und Paul bald heraus, als man sich etwas besser kannte und offener über persönliche Dinge zu reden begann: Adrian kam aus einer Zahnarztfamilie, in der sowohl seine direkten Vorfahren als auch ein Teil der weiteren Verwandtschaft diesem Beruf nachgingen oder einst nachgegangen waren. Er war von klein auf mit zahnmedizinischen Dingen groß geworden, hatte zahllose diesbezügliche Stories seiner praktizierenden Eltern, Großeltern, Onkeln und Tanten verinnerlicht und wirkte manchmal wie jemand, der nicht gegen sein Schicksal aufbegehren wollte und einfach nur das fortsetzte, was ihm per Familienchronik vorgeschrieben war. Beklagen konnte er sich über diese Quasi-Determiniertheit sicherlich nicht, denn auch lernintensive Studieninhalte forderten ihn kaum, und da Adrian von seinen Eltern finanziell großzügig versorgt wurde, vermochte er seine Uni-Jahre mit einer Leichtigkeit zu durchlaufen, von der andere Studenten nur träumten. Dieses Privileg jedoch gab er gegenüber x-beliebigen Kommilitonen oder gar Professoren niemals zu erkennen, und er bat Jana und Paul ausdrücklich, nichts davon herumzuerzählen. Beide hielten sich daran, und auch sonst funktionierte ihr Teamwork: Der jederzeit fachliche Souveränität ausstrahlende Adrian war beim gemeinsamen Lernen das Beste, was Jana und Paul, die völlig verunsichert gestartet waren, passieren konnte. Aufgrund seiner manchmal etwas eingesponnenen Art mochte sich Adrian zwar stets eine gewisse Distanziertheit bewahrt haben, aber ihre Freundschaft hatte von Anfang an Bestand, und als Dreierteam, in dem jeder den anderen respektierte, funktionierten sie bald ausgezeichnet.

Jana hatte sich mehr als einmal gefragt, ob diese so gut funktionierende Dreierkonstellation abrupt zerbrechen könnte, falls sie mit Adrian eine engere Beziehung eingehen würde. Paul schämte sich vor Adrian über seine schlimmen Erfahrungen und das Scheitern in Heidelberg und hatte sich diesbezüglich nur Jana ganz geöffnet. Jana wiederum kamen Bedenken, dass Paul sich irgendwie als »Schwächling« aussortiert fühlen könnte, falls sie und Adrian sich näher kommen würden. Es gab zwischen dem ersten und dem zweiten Semester einige etwas wirrere Tage und Nächte in ihrem Leben, in der sie ernsthaft darüber sinniert hatte, wie es sein könnte, fortan als Jana Palmström durch die Weltgeschichte zu laufen. Dieser neue Nachname wäre ihr durchaus genehm gewesen, denn schon als Kind hatte sie eine Vorliebe für schwedische Tennisspieler gehabt – eine der legendärsten Stories in ihrer Familie war, wie sie beim Wimbledon-Finale 1988 für Stefan Edberg gejubelt hatte, und nicht, wie es ihre im heimischen Wohnzimmer versammelte und durchaus verstimmte Verwandtschaft angemessen fand, für den zweifachen Champion Boris Becker, der als Favorit in diesem Match unter die Räder kam. Doch wie auch immer, all diese Gedankenspiele erwiesen sich als kurze, bald abzustellende Träumereien – Adrian blieb freundlich-distanziert, wahrte Grenzen, interessierte sich nicht für Tennis und hatte überdies auch keine aktuellen oder sonstigen Verbindungen nach Schweden vorzuweisen, da sämtliche in diese Richtung gehenden Aufzeichnungen in den Hamburger Bombennächten des Zweiten Weltkrieges zu Asche geworden waren.

Auch wenn sie aus ihm niemals ganz schlau geworden war, musste Jana doch anerkennen, dass aus Adrians Art eine gewisse frühe Lebensklugheit sprach, die zum mindesten dazu geführt hatte, dass sie alle drei reibungslos durch ihr Studium gekommen waren. Emotionale Verwirrungen hätten hier viel zerstören können, und manchmal schien es, als würde erst mit Beendigung des Studiums die Zeit für gewisse Dinge reif werden – warum also all das durch unbedachte Handlungen gefährden? Jana hatte diese Haltung, die sie letztendlich auch in Adrian zu erkennen glaubte, seit einiger Zeit verinnerlicht – aber dann fing diese eigenartige von Korf-Geschichte an, und Jana erkannte zu ihrer Bestürzung, dass sie von Tag zu Tag mehr an Adrians Vernunft zweifeln musste. Zum ersten Mal hatte sie ihn unbedacht handelnd und übermäßig aggressiv erlebt, und es schien nicht besser zu werden. Irgendwann aber, und nach einigen Vier-Augen-Gesprächen mit Paul, war ihr klar geworden, dass Adrian Angst vor dem baldigen Ende seines angenehmen Studentendaseins hatte und sich wahrscheinlich deshalb etwas sonderbar zu verhalten begann.

Als das Objekt ihrer Grübeleien die Pizzeria betrat, konnte Jana ihre Sorgen zunächst verdrängen, denn Adrian wirkte gut gelaunt. Er nahm Platz und begann, ausführlich von seinem ersten Tag am Anthropologischen Institut, von seiner Bearbeitung des römischen Fundmaterials und seinem anregenden Austausch mit einigen der dort arbeitenden Studenten zu erzählen. Nachdem sie gegessen hatten, wurde Adrian aber deutlich ruhiger und erschien zunehmend nachdenklich. Irgendwann schließlich war er so weit, jenes Thema anzusprechen, das Jana sofort wieder in einen Zustand böser Vorahnungen versetzte.

„Gut – ich schulde dir jetzt natürlich noch ein paar Erklärungen zu dieser Geschichte mit Wägerich. Tut mir leid, dass ich mich da anfänglich ausweichend verhalten habe, aber ich wollte erst mal auf ein wenig konkretes Datenmaterial warten, das mir erst gestern zugeschickt wurde."

„Von Herrn von Korf, ja?", fragte Jana schärfer, als sie es eigentlich beabsichtigt hatte. Ihre Wut auf diesen Typen brach sofort wieder hervor.

Adrian schien es nicht bestätigen zu wollen. Er zögerte, bevor er antwortete.

„Jana, dass du ihn nicht magst, darüber müssen wir nicht lange diskutieren. Aber bei dieser Geschichte hier war sein Handeln durchaus wichtig, und das sollte man anerkennen – ich jedenfalls tu's."

Jana merkte, dass sie am liebsten gar nicht hören wollte, was sie jetzt wohl erwartete: eine verquere, im Ton fairen Lobes vorgetragene Story über den herrlich unangepassten, immer für eine Überraschung guten adligen Vollkasper von Korf, der an der Dermatologie Patientendaten für Adrian absammelte. Sie schüttelte den Kopf, und es platzte aus ihr heraus:

„Ich kann schon lange nicht fassen, dass du dich mit so einem peinlichen Typen wie Alexander von Korf abgibst. Ganz ehrlich – das geht über meinen Verstand."

Adrian war das Thema sichtlich unangenehm. Er vermied es, Jana anzusehen, und dachte ein wenig nach. Dann blickte er sie mit leicht zusammengekniffenen Augen an.

„Was soll ich groß sagen? Ich bin eben zu freundlich, das ist mein Fehler. Er hat mich mehrfach angesprochen, erst Studienkram, dann zunehmend persönliches, und ich hab mich immer mehr vereinnahmen lassen. Im ersten Impuls will man ja immer helfen, wenn jemand signalisiert, dass er da und dort ein paar Problemchen hat. Das hat er bald angefangen ziemlich dreist auszunutzen. – Du hast es da besser, du hast ihm von Anfang an klare Signale gegeben, dass du ihn scheiße findest. Das war klug. Aber ich bin dummerweise in die Rolle eines Zuhörers und Problemberaters hineingezogen worden, und da einen harten Schnitt zu machen und zu sagen *fuck you*, lass mich endlich zufrieden mit deiner ganzen Kacke – das ist nicht so einfach. Man hat wohl Angst davor, ein schlechtes Gewissen zu bekommen, nach dem Motto, »hier, du hast den Typen mitten drin im Stich gelassen, das war nicht okay«. Darauf setzen so Leute wie er. Sie ziehen einen planmäßig in ihre Psychoscheiße hinein und steigern es dann immer mehr, wollen immer nur noch etwas mitleiderregender sein und deine uneingeschränkte Aufmerksamkeit. – So ist das eben gelaufen."

Jana merkte, wie jeder Satz, den sie da hörte, ihre Verwirrung steigerte. Sie atmete tief durch, bevor sie etwas sagen konnte.

„Adrian, wenn du das so klar durchschaust – warum triffst du dich dann immer noch mit ihm?"

„Weil er mir gerade nützlich ist."

„Meinst du so in der Art eines nützlichen Idioten, oder wie soll ich das verstehen?"

„Ja, das trifft es ganz gut. Er ist de facto ein Idiot, und er macht sich gerade nützlich."

Jana wollte etwas erwidern, aber sie musste feststellen, dass ihr die Worte fehlten. Sie hatte schon oft genug das Gefühl gehabt, aus Adrian nicht schlau zu werden, aber eigentlich war er ihr immer auf recht angenehme Weise rätselhaft gewesen. Sogar seinem Wutausbruch gegen Wägerich hatte sie positive Seiten abgewinnen können – bei allem Unverständnis für sein unkontrolliertes Auftreten schätzte sie doch die völlige Respektlosigkeit, mit der Adrian dem überall gefürchteten Institutssilberrücken Contra gegeben hatte. Doch das hier war etwas anderes. Sie sah Adrian zweifelnd in die Augen und vermied es nicht, sich ihre Gefühle anmerken zu lassen – das Gefühl, auf eine unangenehme Seite in Adrians Charakter gestoßen zu sein.

Adrian unterbrach den Blickkontakt kurz, wie es seine Art war. Einen Moment lang wirkte er genervt bis gelangweilt, dann straffte er sich und wandte sich Jana wieder zu.

„Ich weiß, das kommt jetzt alles wahrscheinlich sehr unsympathisch rüber. Aber weißt du, ich bin schon seit längerem ziemlich enttäuscht über die Nummer, die Alexander meint, mit mir abziehen zu müssen. Wir hatten durchaus gute Gespräche am Anfang, über alles Mögliche. Ich hab ihn als Freund angesehen, und dann fängt dieser Vollidiot aus lauter Langeweile an, alles mit seiner Egokacke zu ruinieren. Das ärgert mich wahnsinnig. Er verliebt sich in irgendeine Praktikumsbetreuerin, die ist natürlich schon vergeben, und er lädt alles bei mir ab, bis hin zur höchstmöglichen Steigerung, dass er suizidgefährdet sei. Das genießt er ganz besonders – andere mit solchem Kram maximal belasten zu können und so die ungeteilte Aufmerksamkeit für seine Person zu erzwingen. Das ist alles, worum es ihm geht – Aufmerksamkeit um jeden Preis. Ich hab dir und Paul bisher nichts davon erzählt, einfach, weil's so wahnsinnig peinlich war – wirklich zum Fremdschämen. Die Sache war dann irgendwann langsam überstanden, nach zigtausend Gesprächen, aber was passiert – natürlich verliebt sich Herr von Korf so schnell wie möglich in die nächste und meint wieder das gesamte Affentheater durchexerzieren zu müssen. Interessant war übrigens seine Reaktion, als ich ihn auf die vorangegangene Verliebtheitsepisode angesprochen habe, sprich, was er daraus gelernt hätte – das hat er einfach so weggewischt, nach dem Motto, »ach, das war ja damals nicht so schlimm, aber das hier, das hier jetzt, das ist ganz schlimm, oh Mann ich krieg's nicht geregelt, ich pack's nicht, du ich glaub, ich bring mich um, blablabla.« – Eine absolut elende Scheißnummer. So. Und wenn du das alles zweimal mitgemacht hast, dann willst du's bestimmt kein drittes Mal erleben. Das ist der Grund, warum ich für diesen Vollidioten jetzt eine höchst nützliche Beschäftigung aufgetan habe. Er liefert mir wunderbares Rohdatenmaterial darüber, dass Professor Doppeldoktor Wägerich ein elender Lügner ist, und ich beklatsche und lobe ihn ausgiebig dafür. Das macht mir entschieden mehr Spaß als der ganze Mist davor, wie du dir unschwer vorstellen kannst. Und wenn ich alles bekommen habe, was ich haben will, dann hat er seine Schuld bei mir abbezahlt. Das werde ich ihm dann rechtzeitig sagen, sobald er sich anschickt, mit der dritten Ausgabe seiner »unglücklich verliebt«-Nummer anzukommen. Dann werde ich ihm krachend in den Arsch treten und die Sache ein für alle Mal beenden. Aber jetzt noch nicht. Ich brauche diese amoklaufende, ichbesoffene Nervensäge noch."

Jana schwieg. Adrians hellblaue Augen schienen ihr noch unnatürlicher zu leuchten, als sie es ohnehin schon von ihm kannte – er war voller Zorn. Es musste dieser funkenstiebende Blick gewesen sein, der selbst das Alphamännchen Wägerich kurzzeitig aus der Fassung gebracht hatte, und sie verstand nur zu gut, warum. Adrian konnte offenbar hassen, maßlos hassen – wenn man ihn reizte. Und nach dem, was er erzählt hatte, konnte Jana ihn sogar verstehen, auch wenn ihr sein Blick und die übermäßig offene Art und Weise, wie er alles erzählte, entschieden unheimlich war.

„Und was sind das für Rohdaten?", fragte Jana schließlich. Einerseits interessierte sie diese Frage schon länger, aber im Moment war sie so verstört, dass sie den Punkt eher vorbrachte, um das Schweigen zu brechen und Adrians unangenehmer Ausstrahlung etwas entgegenzusetzen.

„Hochinteressante", erwiderte Adrian, wobei er schlagartig zu der nüchternen, fast distanzierten Sprechweise zurückkehrte, die Jana aus der gemeinsamen Zeit des Studiums so vertraut war. Er griff in seinen Rucksack und schob ihr einen fotokopierten DIN A4-Bogen herüber.

„Hier, bitteschön – das hier ist, wie du siehst, ein durchaus vorzeigbarer Zahnersatz."

Jana las, was Adrian ihr vorgelegt hatte. Es war die Produktbeschreibung eines Dentallabors – eine im Unterkiefer einzusetzende Brücke, die für eine auf dem Formular namentlich genannte Patientin angefertigt worden war. Mit Leuchtstift angestrichen war eine Konformitätserklärung, in der es hieß: »*Die vom Zahnarzt festgelegten Legierungen und die übrigen Materialien wurden den Herstellerangaben entsprechend verarbeitet.*« Diese Aussage lenkte Janas Blick auf die Zusammensetzung des Zahnersatzes, welche tabellarisch aufgelistet war: ein Goldanteil von 77,4%, dann Platin 18%, Rhodium 0,5%, Silber 2,0%, Titan 0,3%, und schließlich Zink 1,8%. Genau wie Adrian gesagt hatte, war das vollkommen okay. Sie blickte ihn fragend an.

„Die Frau, der diese Brücke eingesetzt wurde, hat sofort massive Probleme bekommen", erklärte Adrian zu Janas Überraschung. „Es war so unerträglich, dass sie sie schon ein paar Tage später wieder herausnehmen lassen wollte. Ihr Zahnarzt hat sie aber abgewimmelt, auf ziemlich freche Weise – hat sie gefragt, ob sie psychische Probleme hätte, und ihr am Ende auf 'nem Zettel, also nicht mal auf 'nem richtigen Rezeptformular, irgendein Mittelchen aufgeschrieben, das sie sich in der Apotheke holen solle. Sie ist dann in ihrer Verzweiflung zu einem anderen Zahnarzt gegangen, der natürlich irritiert war und ihr gesagt hat, dass die Brücke nach dem Herausnehmen deformiert sein würde und nicht mehr zu gebrauchen sei – aber das war der Frau in Anbetracht ihrer Situation egal. Die Schmerzen müssen wirklich schlimm gewesen sein, ihre Zunge und ihre Mundhöhle brannten so sehr, dass sie Nachts nicht mehr schlafen konnte. Mit der

Entfernung der Brücke hat sich ihr Zustand dann schnell gebessert, aber da auf ihrer Zunge an der Seite, an der sie die Brücke getragen hatte, Veränderungen in Form von Bläschen und Rissen zu sehen waren, ist sie zum Hautarzt gegangen. Interessanterweise hat der sie, genau wie der Zahnarzt, der ihr das Ding eingesetzt hatte, ebenfalls wie einen höchst unwillkommenen Besuch behandelt, nämlich sich die Sache nur kurz angeguckt und sie anschließend nach Allergien ausgefragt. Als Krönung hat er ihr am Ende die Brücke auf den Arm geklebt, als angeblichen Allergietest, und sie so nach Hause geschickt. Und viel mehr ist bei der Sache nicht herausgekommen, zumal auch ihre Hausärztin einige Tage später nur mit Ablenkungsmanövern reagiert hat, als die Betroffene ihre Geschichte schilderte – die Frau Ärztin hat sie prompt zugelabert, dass sie mal schön in Urlaub fahren, sich entspannen und alles vergessen solle. Dass es sich um eine ältere Patientin handelte, brauche ich hoffentlich nicht extra zu betonen. Mit alten Leuten kann man so witzige Spielchen ja treiben, nicht wahr?"

Jana verspürte einige Empörung angesichts dieser Schilderung, aber sie vergaß darüber ihre Befürchtung nicht, dass Adrian und Alexander von Korf all das auf unerlaubtem Wege erfahren hatten.

„Und woher weißt du das alles?", fragte sie ziemlich kühl.

„Na, über Herrn von Korf natürlich. Der hat die Frau einige Monate später an der Dermatologie im Klinikum gehabt, wegen einer anderen Sache. Bei der Frage nach Vorerkrankungen hat sie die Geschichte mit der Brücke erzählt. Alexander hat sie dann gebeten, die Brücke mitzubringen, damit er sich die mal anschauen kann. Manchmal ist sein Neugierverhalten doch ganz nützlich, ich sagte es dir ja. Man muss ihm nur eine sinnvolle Beschäftigung geben und dafür sorgen, dass er sich nicht langweilt."

„Er wollte sich die Brücke anschauen? Was meinst du damit?"

„Ich meine das hier", erwiderte Adrian und schob einen weiteren DIN-A4-Bogen über den Tisch. Jana las irgendetwas von »Metallurgischer Technik«, dann fiel ihr Blick schon auf eine

Probennummer und eine Probenbezeichnung namens »Zahnersatz« – offenbar handelte es sich um dieselbe Brücke, von der gerade die Rede gewesen war. Als sie die in einer Tabelle aufgeführte Zusammensetzung der Legierung studierte, merkte sie schnell, dass diese deutlich von den Angaben des Dentallabors abwich. Gold war mit 78,6% vertreten, dann kam Platin mit 21,8%, Wismut mit 0,17%, Zink mit 0,82%, Eisen mit 0,19% und schließlich Silizium mit 0,01%.

„Wismut, Eisen und Silizium statt Silber, Titan und Rhodium", murmelte sie kopfschüttelnd.

„Tja, könnte billiger sein", kommentierte Adrian ironisch. „Und wer weiß, vielleicht ja auch ein wenig gesundheitsschädlich."

„Das war also tatsächlich in der Brücke, die die Frau eingesetzt bekommen hat?"

„Das ist die Scheiße aus China, die gerade sehr vielen Leuten eingesetzt wird – mit Wissen von allen möglichen geldgierigen Zahnärzten und willig kooperierenden Hautärzten, die sich danach in der hohen Kunst des Alte-Leute-Abwimmelns üben. Also genau der heilkundige Abschaum, den Wägerich meint, mit seiner Expertise öffentlich schützen zu müssen, damit auch er weiterhin von irgendwelchen Lobbyistengeschenken profitiert. Gib dem Deutschen ein teures Auto und ein paar tolle Reisen, und er tut *alles* dafür, inklusive unschuldige Omas und Opas vergiften."

„Moment mal. Wo habt ihr diese Analysedaten denn her? Wie wurden die ermittelt?"

„Per Röntgen-Fluoreszenzanalyse. Wir haben das privat in Auftrag gegeben, bei Leuten in Aachen, die darauf spezialisiert sind. Die Messwerte sind absolut sicher, falls du irgendwelche Zweifel haben solltest."

„Privat? Und was hat das gekostet?"

„Der Preis war sehr fair, nicht ganz hundert Euro."

Jana überlegte ein wenig, dann schüttelte sie den Kopf.

„Gut. Du – oder auch ihr – ihr habt jetzt diesen einen Fall. Das klingt zugegebenermaßen sehr hässlich, und mich macht das auch wütend, wenn ich so etwas höre. Aber wie soll's jetzt weitergehen?"

„Na ja, aus dem schreiend absurden Verhalten dieses Hautarztes und der Hausärztin kann man ja folgern, dass beide genau über das Spielchen Bescheid wissen, das Freund Zahnarzt in dem Städtchen treibt, in dem sich die Geschichte zugetragen hat. Sprich, da werden noch mehr Dinger gelaufen sein. Alexander hat sich der Sache mit Begeisterung angenommen und meinte, er wäre schon an zwei bis drei ähnlichen Fällen dran. Die werden wir genau so überprüfen wie den vorliegenden Fall, und wenn das Muster sich erhärtet, dann wenden wir uns an die Presse und sorgen dafür, dass nicht nur gewisse kriminelle Zahnarztschweine, sondern auch ihr altersweiser Fürsprecher Dr. Dr. Johannes Wägerich alle miteinander in Grund und Boden gestampft werden. Du kannst dir vorstellen, was mir das für ein Vergnügen bereiten würde."

„Was heißt das, ihr prüft all diese Fälle – ihr wollt mehrere solcher metallurgischen Analysen privat bezahlen?"

„Oh, zahlen muss eher ich alleine – Herr von Korf ist gerade ein wenig blank. Das gehört zu seiner Rolle als degenerierter Adliger dazu, wie du dir vorstellen kannst. Aber solange er mir weitere Vergiftungsfälle durch chinesischen Billigmist besorgt, zahle ich sehr gerne. Ich habe dafür extra meinen Urlaub heruntergefahren – ein paar Tage in Wien, mehr wird es nicht werden dieses Jahr."

„Du willst mehrere hundert Euro ausgeben, nur um Wägerich ..."

Jana verstummte wütend – wütend vor allem auf sich selbst.

„Ja, will ich", murmelte Adrian scheinbar ungerührt.

„Gut", erwiderte Jana, nachdem sie eine Weile geschwiegen hatte. „Du musst wissen, was du tust. Wenn Wägerich wirklich klar ist, dass er gesundheitsgefährdende Machenschaften öffentlich verharmlost hat, kann ich deine Wut auf ihn verstehen. Aber es besteht immer noch die Möglichkeit, dass er gar nichts von all dem weiß und seine Einschätzung in gutem Glauben getroffen hat."

„Das kann ich mir nicht vorstellen. Zumal doch gerade Wägerich immer seine exzellenten Verbindungen nach Ostasien groß herauskehrt. Der kennt die Szene wahrscheinlich besser als jeder andere. Und »guter Glauben«, ich bitte dich – wem bitteschön soll er da irgendetwas geglaubt haben? Nein, bei diesem Typen kannst du drauf wetten: Er hat entweder rein reflexartig alles verharmlost oder aber mit echter Vertuschungsabsicht. Im ersten Fall wäre er der übliche Lobbyisten-gelenkte Wichtigtuer, der in Wirklichkeit inkompetent ist, und im zweiten Fall – nun, da fehlen mir die Worte. Weißt du, ich finde es ja bezeichnend, wie sehr man Trickbetrüger verachtet, die alten Menschen ihre Ersparnisse klauen wollen. Aber unsere Zahnärztezunft ist noch schlimmer: Wir haben Trickbetrüger, die nicht nur das Geld aus der Wohnung holen, sondern der Oma aus Jux und Dollerei auch noch einen kleinen Giftcocktail in den Tee hauen. Aber alles null Problemo, stimmt's: Mit der Nummer kommen wir durch, denn unsere sogenannten Krankenkassen sind ja in Wirklichkeit Ärztekassen und wollen so lange wie möglich nichts peilen, wenn mal etwas gemeldet wird. Zu diesem Arschlochsystem werden wir gehören, sobald wir mit unserer Promotion durch sind und irgendwo 'ne Praxis aufziehen."

„Du weißt, dass wir eine Wahl haben, ob wir so tief sinken wollen oder nicht."

„Ja, und diese Wahl nicht nur zu haben, sondern auch zu treffen, ist mir verdammt wichtig. In diesem Sinne würde ich gerne, gleich zu Anfang meines Berufslebens, ein kleines, aber deutliches Zeichen setzen. Also, stößt du mit mir drauf an?"

Er hob sein Glas und wartete geduldig. Jana machte ein höchst unschlüssiges Gesicht, rang sich dann zu einem Lächeln durch und führte ihr Glas an das ihres Gegenübers. Immerhin hatte Adrian nicht, wie seit Tagen von ihr befürchtet, unerlaubt kopierte Patientendaten benutzt – wenigstens das war ein kleiner Grund zum Feiern.

7

Hany Bouhired änderte zum x-ten Male eine Formulierung in der kurzen Mail, die er gerade an seinen Chef und langjährigen Mentor Professor Arnaud Vergès schrieb, sah aus dem Fenster in die von zahlreichen Lichtern erleuchtete Frankfurter Nacht hinaus und versuchte, sich die Wirkung seiner Worte an den Adressaten so genau wie möglich vorzustellen. Er tat dies schon seit gut zwei Stunden, aber immer wieder schweiften seine Gedanken ab. Sobald er wieder zu sich kam und auf den Monitor sah, empfand er die wenigen vor ihm flimmernden Zeilen als wenig zielführend und begann, sie leise fluchend wieder zu löschen.

Arnaud würde sich über seine Nachricht wundern, soviel stand fest. Die Frage war, was dieser Verwunderung folgen würde. Am besten wäre, wenn es bei bloßer Verwunderung bliebe, und man alles weitere mündlich, nach seiner Rückkehr nach Bordeaux, besprechen könnte. Dieses Gespräch in allen Einzelheiten vorzubereiten würde noch einmal eine Sache für sich werden, eine äußerst schwierige Aufgabe. Aber jetzt musste er zunächst diese vorbereitende Mail abschicken.

„Verdammtes, verfluchtes Weidenreich-Institut", dachte Hany, legte eine Hand vor die Augen und schüttelte den Kopf. Bis zu Mahdis Anruf war alles so gut gelaufen; erst der Aufenthalt in Paris, dann der in London, und jetzt in Frankfurt. Er hatte sein Wissen zu fossilen Primaten auf vielfache Weise vertieft und fühlte sich auf diesem Gebiet so sicher wie nie zuvor – er hatte dies in starker Form gespürt, als er heute diesem interessierten Zahnmediziner seinen kleinen, aus dem Stegreif entwickelten Übersichtsvortrag gehalten hatte. Zwar ging es da nur um die didaktisch gelungene Vermittlung von Basics, und im Grunde bestand fast jede Formulierung aus Dingen, die Hany schon vor Jahren von Arnaud gelernt hatte. Aber im Gegensatz zu seinem Wissensstand noch vor wenigen Monaten wusste er diesmal darum, dass er auf jede noch so spezielle Nachfrage eine fundierte, dem aktuellen Forschungsbetrieb angemessene Antwort hätte geben können – viele Fundstücke, die ihm bisher nur aus einschlägigen Fachbüchern bekannt waren, hatte er sich in den letzten Wochen in Form von Abgüssen oder gar Originalmaterial ansehen können, und er verstand durch diese Anschaulichkeit die zahlreichen, unter den Experten diskutierten Theorien weitaus besser als vorher. Daran merkte man unmittelbar den Effekt der systematischen Sammlungsarbeit, zu der Arnaud ihn immer wieder mit kurzen, präzisen Instruktionen angeleitet hatte. Er verdankte ihm viel – er verdankte ihm einfach alles.

Wie war er in diese Geschichte bloß hineingeraten? Was hatte ihn so weit gebracht, dass er in diesem Moment drauf und dran war, seinen verehrten Mentor in die Irre zu führen, ja sogar zu belügen? Offensichtlich dieser Artikel, den Professor von Blücher über seinen neu entdeckten *Adapis*-Schädel geschrieben hatte. Er war auf Deutsch, ohne englische oder französische Zusammenfassung, sodass Hany die Fotokopie, die Jens Bischwiller ihm überreicht hatte, nicht lesen konnte – aber die im Text aufgeführten Tabellen und der kleine Stammbaum am Ende des Artikels waren ihm trotz der Sprachbarriere zugänglich gewesen. Auf diese Weise hatte Hany erfahren, dass Professor von Blücher seine neu beschriebene Art *Adapis wegneri* als evolutives Verbindungsglied zwischen zwei bereits bekannten *Adapis*-Formen interpretierte, nämlich *Adapis ruetimeyeri* und *Adapis sudrei*. Hany hatte diese Information sogleich in den eigenen Artikel eingebaut, den er gerade zusammen mit Arnaud vorbereitete, und zwar sowohl im Haupttext als auch in der wichtigsten Abbildung, nämlich der zusammenfassenden Stammbaumgrafik. Er hatte getan, was er als Wissenschaftler für richtig hielt – mit dem Ergebnis, dass er es jetzt zutiefst bereute.

Ein anderes Bild, ein anderer Gedanke schob sich in den Vordergrund und lenkte Hany erneut von den Zielen ab, die er mit seiner Mail an Arnaud verfolgte. Dieser Doktorand aus der Zahnmedizin, dieser Adrian, hatte einen verdammt intelligenten Eindruck auf ihn gemacht. Hany hatte das von Anfang an gemerkt, und früher wäre er gegenüber solchen Leuten, Europäern vor allem, äußerst befangen gewesen. Umso mehr, als Hany in dem Moment, als Jens ihn mit Adrian bekannt machte, wirklich irritiert gewesen war, denn mit seinen sehr hellblonden Haaren und diesen intensiv hellblauen Augen erinnerte Adrian ihn stark an irgendeine andere Person. Es hatte nur etwas gedauert, bis Hany sich darüber klar wurde, an wen.

Es war kein reales Individuum, sondern ein fiktionales, das er erst kürzlich via TV kennengelernt hatte. Bei Aufenthalten im Ausland genoss Hany es, wenn er in seinem Hotelzimmer den Fernseher einschalten und die Sender des betreffenden Landes, in dem er zu Gast war, durchzappen konnte. In London zum Beispiel hatte er festgestellt, dass das Fernsehprogramm vor 21:00 Uhr ziemlich langweilig war: Keine Chance auf nackte Frauen. In Frankreich und auch in Deutschland war das anders; da war deutlich mehr los. An seinem ersten Abend in Frankfurt war er allerdings nicht bei den Schönheiten des weiblichen Körpers hängengeblieben, sondern bei Fernsehbildern, die er so noch nie gesehen hatte – auch im Kino nicht. Es handelte sich offensichtlich um einen sehr alten Spielfilm, in Schwarzweiß gedreht – Hany schätzte, dass er mindestens aus den sechziger Jahren sein musste, wenn nicht sogar aus den Fünfzigern. Diese optische Altertümlichkeit stand in krassem Kontrast zu der Handlung, die Hany, auch wenn er kein Deutsch verstand, einigermaßen nachvollziehen konnte: In dem Film ging es um eine Gruppe hellblonder Kinder, die in einem kleinen Dorf lebte und dort die Erwachsenenwelt nach Belieben in Schach hielt, indem sie diese – einschließlich der eigenen Eltern – mit übernatürlichen Fähigkeiten terrorisierte.

In ganz Nordafrika wären solche Bilder vollkommen undenkbar gewesen. Kleine Jungen und Mädchen als gefühllose Monstren, und das auch noch in einem so betagt wirkenden Streifen – das Motiv war Hany vollkommen neu, und er war tief beeindruckt darüber, wie das Ganze optisch in Szene gesetzt worden war. Der mörderische Nachwuchs verhielt sich sehr unnatürlich, sehr handlungssynchron und steif, und ging, wenn er sich provoziert fühlte, sofort zum Gegenangriff über. Diese Szenen waren schon rein visuell die besten, denn immer, wenn sie gereizt waren oder Gefahr witterten, fingen die Augen der Kinder hell zu leuchten an. Auf diese Weise schienen sie allen anderen ihren Willen aufzwingen zu können, und das taten sie mit absoluter Konsequenz: Beispielsweise, indem sie jemanden, der sie mit einem Gewehr bedrohte, durch ihre hypnotischen Kräfte dazu brachten, sich an Ort und Stelle selbst zu erschießen.

Hany wurde wieder von der tiefen Faszination gepackt, die er bei dieser denkwürdigen Stunde vor dem Fernseher verspürt hatte, und er musste lächeln. Der Anführer jener zwölf anomalen Kinder hätte ein direkter Vorfahre von diesem Adrian sein können, den er heute kennengelernt hatte. Die Assoziation drängte sich in machtvoller Weise auf, und sie wirkte besonders deshalb so beunruhigend, da Adrian mit seinen hellen Augen quasi das Monsterkind im Angriffsmodus verkörperte. Gleich vom ersten Moment an, als Adrian und er sich anblickten, hatte Hany gespürt, wie er innerlich aufgeschreckt wurde – als ob sein Unterbewusstsein die abgespeicherten Filmbilder sofort abgerufen und mit dem Aussenden diffuser Warnsignale begonnen hätte.

Aber diese Reaktion erzeugte nur ein anfänglich negatives und zudem sehr flüchtiges Gefühl, denn gegenläufig dazu wurde ihm Adrian im Verlauf des Gespräches schon nach kurzer Zeit recht sympathisch. Bewusst an sein TV-Erlebnis erinnert hatte Hany sich eigentlich erst am Ende seines kleinen Vortrages, und da hätte er über diesen Gedanken fast gelacht. Jetzt fragte er sich, ob Adrian den eigenartigen Film sogar kennen könnte. Als Hany von der unerwarteten Wirkung der Fernsehbilder so vollständig überrollt wurde, hatte er geglaubt, gerade eine deutsche Produktion zu sehen. Dies aber erwies sich als falsch – wie er später herausfand, war *Village of the Damned*, so der Originaltitel, 1960 in England gedreht worden. Nichtsdestotrotz gab es einen bedeutenden Bezug zu dem Land, in dem Hany sich gerade aufhielt, denn der Regisseur – ein gewisser Wolf Rilla – war Deutscher gewesen. Hany hatte nicht die geringste Ahnung, wie bekannt dieser Rilla und sein kleines Meisterwerk hierzulande waren, und er verspürte von Anfang an große Lust, dies im Gespräch mit einem Kenner der Materie herauszufinden. Jens, seine Bezugsperson am Franz Weidenreich-Institut, wäre hierfür vielleicht in Frage gekommen, aber nie hatte sich eine passende Gelegenheit ergeben, und dann hatte Hany sein Filmerlebnis aufgrund der vielen neuen Eindrücke in Frankfurt wieder vergessen – bis Adrian, dieser unheimliche Nachgeborene eines fiktionalen Negativ-Helden, auf der Bildfläche erschien. Vielleicht war es möglich, nicht nur von Jens, sondern auch von Adrian etwas über diesen Film zu erfahren, zumal Hany eine optisch eindringliche Schlüsselszene kurz vor dem Ende des Dramas – bei der Vernichtung der Kinder durch eine in einer Aktentasche versteckten Zeitbombe – nicht verstanden hatte. Dies war nur einer von vielen Momenten, über die er ein Gespräch mit einer cineastisch bewanderten Person als erstrebenswert empfand.

Als wäre es das unheimliche Pupillenleuchten der Monsterkinder, fühlte Hany plötzlich wieder das Monitorlicht in seine Augen dringen, in seinen müden Kopf. „Diese verdammte Mail", dachte er verzweifelt. Er kam sich furchtbar verloren vor.

8

„Viel Spaß", wünschte Jens, als Adrian sich in der letzten Reihe des dicht besetzten Seminarraums niederließ. Kurz zuvor hatte Jens den Gastdoktoranden aus der Zahnmedizin, mit dem er sich mittlerweile gut verstand, auf die erste Vorlesung von Professor von Blücher in diesem Semester aufmerksam gemacht. Jetzt plauderte er, an der nahegelegenen hinteren in den Raum führenden Tür stehend, mit ein paar hinzukommenden Studenten, verabschiedete sich aber bald von ihnen und verschwand auf dem Gang, während Adrian sich in seinem Stuhl zurücklehnte und den Veranstaltungsort genauer betrachtete. Von links fiel das Sonnenlicht durch eine durchgehende, hohe Fensterreihe in den Raum, während die rechte Wand fast ebenso durchgehend eine Vitrinenreihe aufwies, hinter deren Glaswänden alle möglichen Schädel und Knochen ausgestellt und mit kleinen Schildchen versehen waren. Diese Vitrinenfront endete am von Adrian aus gesehen anderen Ende des Raumes, an der vorderen Tür, und dort stand, mit Metallstiften gestützt, ein menschliches Demonstrationsskelett aufgebaut. An der Farbe des Skelettes und der Natürlichkeit seiner Struktur konnte man auch auf die Entfernung erkennen, dass es wahrscheinlich echt war, und kein koloriertes Imitat.

Während Adrian noch seinen Blick über die plaudernd vor ihm sitzenden Studenten schweifen ließ – er schätzte, dass etwa zwei Drittel von ihnen weiblichen Geschlechts waren – kam auch schon ein kräftig gebauter, mittelgroßer Mann mit einem hellen Fedora-Hut durch die vordere Tür geschritten, an dessen selbstbewusstem Auftreten sowie teuer wirkendem Kaschmirpullover und Jackett man unschwer den Institutsleiter Professor von Blücher erkennen konnte. Er lächelte breit, nahm seinen Hut vom Kopf und setzte diesen dem Demonstrationsskelett auf den Schädel, um sich dann ebenso routiniert seines beigen Jacketts zu entledigen und es dem Gerippe um die Schultern zu hängen. Damit hatte er nicht wenige Lacher auf seiner Seite.

„So ist der auch noch zu was gut, nicht!", gab der Professor unter anhaltender Heiterkeit in die Runde. „Das ist übrigens ein Inder! Der wurde irgendwann mal aus dem Ganges gezogen, und von deutschen Anthropologen bearbeitet!"

Die Worte des Vortragenden entfalteten die beabsichtigte Wirkung, einfach, indem sie die Vorstellungskraft der Studenten anregten. Alle sahen in Richtung des Skelettes, aber anders als noch wenige Sekunden vorher.

„Darüber werden wir später noch ausführlich reden, aber in anderen Lehrveranstaltungen als dieser hier", fuhr der Professor fort. „Nun wollen wir klären, wofür der Begriff »Anthropologie« überhaupt steht – für den gibt es nämlich verschiedene Bedeutungen. Was wir hier am Institut machen, ist größtenteils natürlich *Physische Anthropologie*, nicht wahr – für uns sind zum Beispiel Knochen wichtig, aber selbstverständlich auch Zähne! Und zwar nicht nur die des anatomisch modernen Menschen, sondern auch aller unserer Vorfahren innerhalb der Säugetiere! Genauer gesagt beschäftigen wir uns hier mit der Gruppe der Primaten, ja sogar mit frühen Primatenvorläufern. Und damit wären wir auch schon auf den Gebieten der Paläoanthropologie und Paläoprimatologie, bei denen es, wie Sie sich vorstellen können, um das fossile Fundmaterial geht. – Ich habe schon überall auf der Welt Fossilien ausgegraben – sogar in der Antarktis! Das war 1964, mit den Russen, nicht! Und erst kürzlich habe ich eine fossile, frühe Primatenart beschrieben, einen ausgestorbenen Halbaffen, den *Adapis wegneri*. – Doch ich greife viel zu sehr vor! Bevor wir all das besprechen, sollten sie zunächst einmal wissen, dass es in Deutschland gar nicht so viele Paläoanthropologen gibt! Nun, was schätzen Sie, wie viele mögen es wohl sein?"

Im Publikum herrschte ratlose Stille. Der Vortragende jedoch schien diese Reaktion zu kennen und zögerte nicht lange, die Antwort selbst zu geben:

„Es gibt genau zwei – nämlich mich und Alfred Czarnetzki aus Tübingen! Das kommt ihnen vielleicht ein bisschen wenig vor, aber Sie müssen schon bei einem Paläoanthropologen ausgebildet worden sein, wenn Sie sich so nennen wollen. In Deutschland wird das häufig gar nicht beachtet – das liegt auch daran, dass schon die Berufsbezeichnung als Anthropologe hier gar nicht geschützt ist. *Jeder* darf sich hier so nennen! – In den USA ist das ganz anders. Nicht wahr, ich bin dort ausgebildet worden, an der UCLA, der University of California. Wenn Sie in den USA behaupten, dass Sie ein Anthropologe sind, und das stimmt aber gar nicht, dann kommen Sie..." Der Professor baute eine stimmungsvolle Pause ein und sah links und rechts in die Runde, bevor er mit Nachdruck weitersprach: „... INS GEFÄNGNIS, nicht!"

Adrian spürte eine deutliche Reaktion in seinem Zwerchfell und fragte sich, ob es trotz seiner Position in der hintersten Sitzreihe allzu auffällig sein würde, ein unterdrücktes Lachprusten von sich zu geben. Er ließ es nicht darauf ankommen und blieb stumm, aber er fand diesen Mann dort vorne reichlich seltsam – die breite, maskuline Figur und der sorgsam rasierte graue Schnurrbart bildeten einen eigenartigen Kontrast zu den kleinen, hinter ihren Brillengläsern etwas verschlagen wirkenden Augen, und vor allem zu der recht hohen Stimme, die im Vortrag etwas geradezu Singsangartiges entfaltete. Gerade erzählte der Professor etwas zur Geschichte des Institutes, welches 1928 als Forschungseinrichtung für Physische Anthropologie gegründet wurde und bis 1933 der Leitung von Franz Weidenreich unterstand – also jenem Anthropologen, nach dem es nunmehr benannt war. Ab dann, während des Dritten Reiches, hatte ein Freiherr von Verschuer daraus ein »Institut für Rassenhygiene und Erbbiologie« gemacht. Nach Beendigung des Krieges wiederum hatte ein Anthropologe Namens Kramp die Geschäfte übernommen, bis 1973 der jetzige Leiter als dessen Nachfolger berufen wurde.

„Mit mir haben die Leute so ihre Probleme, nicht – was ich ihnen kaum übel nehmen kann!", erläuterte der Professor zu seiner Person. „Kein Wunder, wenn ich so einen langen und komplizierten Namen habe – ich heiße *Anton August Adalbert Fritsch von Blücher!* Und dann steht auch noch ein »Professor Doktor Doktor« davor, da wird's dann noch länger. Promoviert habe ich zunächst, wie Sie sich nach dem vorhin gesagten denken können, in den USA, und dort ist bekanntlich alles ganz anders, nicht! Das Studium drüben können Sie mit dem in Deutschland – ach was sage ich, in Europa! – schwerlich vergleichen! Deshalb habe ich auch immer großen Wert darauf gelegt, dass man sehen kann, wo ich meinen Doktortitel erworben habe – an der UCLA, der *University of California!* Aber über so etwas brauchen meine europäischen Gesprächspartner jetzt nicht mehr nachzudenken, denn meinen zweiten Doktortitel, einen Dr. rer. nat., habe ich nach hiesigen Standards erworben! Da können sich nun sowohl Amerikaner als auch Europäer besser vorstellen, was ich für einen akademischen Background habe, nicht wahr! Ist ja besser so für alle! – Nun, damit Sie nicht zehn Minuten brauchen, um meinen Namen aufzusagen, wenn

Sie mich ansprechen, sagen Sie bitte einfach »Professor von Blücher« zu mir, das genügt!"

Einige der anwesenden Studenten wechselten ob dieser Selbstbeschreibung irritierte Blicke. Indessen hatte der Professor einen Zettel hervorgeholt und schrieb eine Übersicht zu den am Institut laufenden Forschungsarbeiten an die Tafel, wobei er laufend weitersprach und jeden Punkt mit weiteren Erläuterungen ergänzte:

1. Anatomisch-morphologisch-morphometrische Analysen speziell von *Homo sapiens neanderthalensis* und *Homo sapiens sapiens*.

2. Chemisch-physikalische Datierungen: Radiokohlenstoff und Aminosäure-Datierung

3. Ausgrabungen von *Homo sapiens neanderthalensis* und *Homo sapiens sapiens*

4. Präparatorische Analysen und Abgüsse von osteologischem und Dental-Material

Während der Professor die Anwesenden wissen ließ, dass es in der Vorlesungsreihe dieses Semesters um die Fossilgeschichte des Menschen gehen würde, konnte Adrian nicht umhin, ihn im Geiste mit Professor Wägerich vom Uniklinikum zu vergleichen. Beiden war unbestreitbar gemeinsam, dass sie ihre Rolle als Chef und Fachkoryphäe mit großer Leidenschaft spielten, und doch gab es in ihrem Auftreten spürbare Unterschiede. Wägerich war jemand, der sich gerne öffentlich in Szene setzte, besonders in TV-Interviews, wenn er als Interessenvertreter der deutschen Zahnärzteschaft auftrat – in seinen Vorlesungen, gegenüber den Studenten, gab er sich hingegen viel sachlicher und distanzierter. Beispielsweise war Wägerich nicht der Typ, der in der Kommunikation mit Studenten Witze riss, während hier offenbar anderes üblich war. Professor von Blücher hatte gerade erläutert, dass der Fachbegriff »plesiomorph« auf Urtümlichkeit von Merkmalen verweise, und dass ferner »Prosimier« die systematische Bezeichnung für Halbaffen sei, sowie »mikrocephal« der anatomische Fachbegriff für Kleinschädeligkeit. Aus diesen Zutaten fabrizierte er sogleich einen ähnlichen Lacher wie ganz zu

Anfang bei seinem unkonventionellen Umgang mit dem Demonstrationsskelett:

„Wenn Sie jemanden beleidigen wollen, ohne verklagt zu werden, dann ist das ganz einfach – sagen Sie einfach *»Sie plesiomorpher, mikrocephaler Prosimier«* zu ihm!"

Der guten Laune unter den Zuhörern war dies höchst förderlich, und auch Adrian musste kurz auflachen. Trotzdem ging ihm sogleich durch den Kopf, wie undenkbar so eine temporäre Karnevalsstimmung am Klinikum bei einer Wägerich-Vorlesung sein würde. Und auch einen weiteren, diesmal etwas feineren Unterschied bemerkte Adrian im Laufe der folgenden Minuten immer deutlicher: während Wägerich bei Fernsehauftritten regelmäßig seine internationalen Verbindungen betonte, blendete er solche wichtigtuerischen Verweise auf die eigene Person in seinen Vorlesungen fast vollständig aus. Der Mann, der jetzt dort vorne im Raum stand und sprach, war in diesem Punkt entschieden anders. Es schien ihm auch während einer reinen Lehrveranstaltung über alle Maßen wichtig zu sein, die Zuhörer über seine internationale Präsenz auf dem laufenden zu halten, und so kamen nicht nur der Ganges, die University of California und die Antarktis, sondern im Verlauf der weiteren Dreiviertelstunde noch alle möglichen anderen Lokalitäten quer über den Globus zur Sprache. Einige Zuhörer mochte dies faszinieren, aber Adrian merkte schnell, dass ihn diese billige Art der Selbstdarstellung abstieß, und so ließ er die restliche Vorlesung, die im wesentlichen aus Zusatzinformationen zu den vier an die Tafel geschriebenen Aufgabenfeldern bestand und dabei keinen sehr strukturierten Eindruck machte, eher unwillig über sich ergehen. Anstelle der Ausführungen des Professors begann er sich für die in der langen Vitrinenreihe rechts von ihm aufgebauten Abgüsse zu interessieren, und als irgendwann das Dankklopfen der Studentinnen und Studenten zeigte, dass die Vorlesung vorbei war, blieb Adrian absichtlich hinter den zu den beiden Ausgängen strebenden Zuhörern zurück und wartete, bis alle den Raum verlassen hatten.

Auch Professor von Blücher war nicht mehr da, doch konnte man seine Stimme auf dem Gang hören, wo er sich mit einigen Studentinnen über die Ausstellung bestimmter Leistungsnachweise unterhielt. Da niemand Anstalten machte, die beiden Eingangstüren abzuschließen, begann Adrian, sich in Ruhe die Knochen- und Schädelabgüsse in der Vitrinenfront anzusehen. Ein ausgesprochen bösartig wirkender Schädel von *Australopithecus africanus* beeindruckte ihn am meisten, und er musterte ihn minutenlang, um sich über die verschiedenen Einzelmerkmale klar zu werden, welche in ihrem Zusammenspiel diesen Effekt hervorriefen. Als auf dem Gang schon längst wieder Stille eingekehrt war und Adrian sich anschickte, den Raum zu verlassen, blieb er vor dem menschlichen Skelett stehen, das Professor von Blücher zu Beginn der Vorlesung als Kleider- und Hutständer benützt hatte. Erst jetzt bemerkte er, dass an dem hölzernen Sockel, auf dem das Gerippe stand, ein kleines Schild angebracht war. Darauf konnte man lesen:

Bitte rücksichtsvoll mit mir umgehen. Ich war auch mal ein Mensch.

9

Arnaud Vergès, Professor für Paläontologie an der Universität Bordeaux, staunte nicht schlecht, als er die kurze, etwas abgehackt formulierte E-Mail, die er heute früh von Hany Bouhired erhalten hatte, wieder und wieder durchlas. Sie war fast im Telegrammstil abgefasst, und Hany entschuldigte sich in seinem Schlusssatz, dass er gerade in Eile sei und ein andermal ausführlicher schreiben wolle. Es ginge ihm nur darum, die letzte Version ihres in gemeinsamer Autorschaft verfassten Artikels zur Evolution europäischer Halbaffen – und damit gewissermaßen das Endresultat seiner Sammlungsbesichtigungen in Paris, London und Frankfurt – doch noch einmal zu ändern: weshalb er recht nachdrücklich darum bat, den fossilen Halbaffen *Adapis wegneri* ersatzlos aus dem Text zu entfernen, und ebenso aus einer Abbildung, nämlich einem (zuvor in mühevoller Kleinarbeit erstellten) Stammbaumschema.

Vergès fühlte etwas Warmes an seinem Bauch, blickte erschrocken an sich hinab und begann zu fluchen – er hatte seine frisch gefüllte Kaffeetasse zu schräg gehalten und mit dem überlaufenden Heißgetränk sein Hemd besudelt. Verärgert stellte er die Tasse ab, ging zum Handwaschbecken hinüber und versuchte, die Sache so gut es ging in Ordnung zu bringen. »Was ist hier los«, schoss es ihm durch den Kopf. »Will Hany jetzt mal ganz schnell erwachsen werden?«

Ohne die fachkundigen Anweisungen, mit denen Vergès dessen regelmäßig eintrudelnde Fortschrittsberichte beantwortete, hätte Hany gut die Hälfte des angesprochenen Stammbaumschemas gar nicht verstehen können. Das lag keineswegs daran, dass Hany ein schlechter Student war, sondern hatte schlicht damit zu tun, dass er einige der betreffenden Primaten-Teilgruppen noch nicht gut genug kannte – es war Sinn seiner mehrmonatigen Sammlungsbesichtigungen, einen Teil dieser Erfahrungslücken auf systematische Weise zu schließen. Aus ihrem regelmäßigen Gedankenaustausch hatte Vergès ersehen können, dass Hany, wie üblich bei ihm, solide Fortschritte machte, wenn er auch stets einer gewissen Führung bedurfte. Positiv ausgedrückt, war Hany nicht der Typ, der zu voreiligen Schlussfolgerungen neigte – er pflegte seine neuesten Wissensfortschritte mit einigen meist recht sinnvollen Verständnisfragen zu verknüpfen, und nahm dann die Antworten und weiterführenden Hinweise seines akademischen Lehrers dankend entgegen, um streng nach diesen Vorgaben die nächsten logischen Schritte anzugehen. Dass er nun die Resultate mehrwöchiger, detaillierter Besprechungen an einer bestimmten, wenn auch eher unwichtigen Stelle korrigiert sehen wollte, war ein neues Verhalten, das Vergès von seinem langjährigen Schüler nicht erwartet hätte.

Er setzte sich wieder an den Rechner, nippte an seinem Kaffee und ließ sich das einzige kurze Argument, das Hanys Mail zu entnehmen war, durch den Kopf gehen – *Adapis wegneri* sei das

Resultat eines »extremen Splittings«, also einer unberechtigten Zerlegung eines Formenkreises in mehrere Arten; dieser Vorbehalt gegen die von Professor von Blücher beschriebene neue Spezies sei bei internen Diskussionen in der Frankfurter Arbeitsgruppe aufgekommen. Im gemeinsamen Manuskript, das Vergès noch vor Hanys Rückkehr nach Bordeaux bei einer Fachzeitschrift einzureichen gedachte, solle der Stammbaum wie geraten geändert werden, ergänzt mit der Streichung einer kurzen, den *wegneri* erwähnenden Textpassage – dies seien »nur kleine, aber wissenschaftlich gebotene Korrekturen«. Genaueres würde Hany dann später mitteilen, er sei aber nicht sicher, es vor der Einreichungsfrist des Artikels schaffen zu können, und hätte deshalb seine Bitte jetzt schon formuliert, damit Vergès die gewünschten Änderungen ohne Zeitdruck ausführen könne. Vor allem sei nicht einschätzbar, wann die besagten Mitarbeiter am Institut das nächste Mal für ein ausführliches Gespräch zur Verfügung stünden, und Professor von Blücher selbst sei generell noch viel schwieriger zu erreichen.

Arnaud schickte sich an, eine Antwortmail zu schreiben, in der er Hany für den Hinweis danken, aber genauere Informationen über das vorgebliche »Splitting« verlangen wollte. Dann sah er auf den Kalender: Bis zur Einreichung der Arbeit waren noch drei Tage Zeit. Sofern Hany nicht das Glück haben würde, schon heute oder morgen mit den von ihm erwähnten Mitarbeitern ein vertiefendes Gespräch zum Status von *Adapis wegneri* führen zu können, war es richtig, dass er sich mit seinen Zweifeln sofort gemeldet hatte – sicherlich war es bequemer, die Änderungen sofort auszuführen, statt alles auf den letzten Drücker zu erledigen. Die Erstbeschreibung des *Adapis wegneri* lag bisher nur auf Deutsch vor, und wenn es an diesem Frankfurter Institut tatsächlich nachträgliche Diskussionen über die Gültigkeit der neuen Art gegeben hatte, dann war es möglicherweise töricht, eine Arbeit zu zitieren, die mangels Deutschkenntnissen weder Arnaud noch sein Schüler lesen konnten. Außerdem wollte er dieses unerwartete Zeichen selbständigen Denkens honorieren, statt Hany durch sofortiges autoritäres Nachfragen zu entmutigen – die betreffende Passage war für ihre eigentliche Argumentationslinie unwichtig und daher keiner übertriebenen Diskussion wert. Arnaud öffnete das Textdokument des Manuskriptes, löschte die kurze *wegneri*-Erwähnung aus dem Haupttext und auch den dazugehörigen Literaturbeleg im Quellenverzeichnis. Dann griff er zum Telefon, um seine Grafikerin anzurufen.

10

Jens Bischwiller warf einen prüfenden Blick auf die beiden Hälften des Silikon-Negativs, das er gerade von einem Originalknochen abgenommen und in einem vorbereiteten Spülwasserbecken gereinigt hatte. Er blies ein paar verbliebene Schaumbläschen aus den Höhlungen der Abdruckflächen, legte die beiden Negative auf seiner Arbeitsfläche zurecht und füllte in diese den frisch angesetzten Alabastergips ein. Als er die beiden Hälften auf einen Vibrationstisch umgesetzt hatte und die Schüttelfunktion startete, um möglichst viele Luftbläschen aus dem Gips herauszubekommen, betrat Adrian mit seinem Knochenkarton den Raum und grüßte herüber.

„Und, haben Sie etwas dazugelernt in der Vorlesung?", fragte Jens ironisch.

Adrian lächelte und stellte den Karton mit dem römischen Fundmaterial ab. „Oh ja, schon. Dieser speziell paläoanthropologische Blick auf Zahn- und Knochenmaterial ist uns als Medizinern ja fremd. Wir müssen die anatomischen Strukturen zwar bis ins Kleinste drauf haben, aber eben nur auf den Jetztmenschen bezogen. Zusätzlich noch die ganze Entstehungsgeschichte in den Blick zu bekommen, und das bis tief ins Tierreich hinein, ist sicherlich spannend – wenn ich mal etwas Zeit dafür habe, werde ich versuchen, meine doch eher laienhaften Kenntnisse auf dem Gebiet etwas auszubauen."

„Sehr löblich. Würdest du denn sagen, dass du jetzt gerade viel Zeit hast? Dass die Doktorarbeit bei den Zahnmedizinern einen überschaubaren Aufwand bedeutet, wissen wir ja alle. Aber bereitest du nebenher schon konkret dein Berufsleben vor?"

„Ein wenig, aber nicht so, dass es mich zeitlich auffressen würde. Ich komme aus einer Zahnarztfamilie, musst du wissen – mein Vater und meine Mutter führen zusammen eine Praxis, und auch der Bruder meines Vaters, also mein Onkel, hatte eine, bevor er in den Ruhestand gegangen ist. Bei so vielen Beziehungen hoffe ich natürlich, dass ich es mit relativ wenig Aufwand hinbekommen werde, irgendwo eine Praxis zum Laufen zu bringen. Nein, ich will die Zeit, die ich jetzt noch habe, nutzen. Ich werde zum Beispiel auf jeden Fall noch einen kleinen Urlaub machen, bevor ich an der Uni formal alles hinter mich bringe."

„Na, das klingt doch relax. Dann hoffe ich mal, dass du dich hier noch etwas weiterbilden kannst, bevor es an die Gebisse deiner Mitmenschen geht."

„Danke, ich werd's versuchen. – Der Professor von Blücher meinte, er sei schon seit 1973 der Institutsleiter hier? Eine ziemlich lange Zeit – er wirkt eigentlich gar nicht so alt, gemessen daran. Er dürfte nicht mehr lange haben bis zur Emeritierung, oder?"

„Nein, das ist bald soweit. Du bist sicher einer der letzten, der hier noch eine zahnmedizinische Dissertationsschrift anfertigen kann. Ob es eine Nachfolgestelle für den Professor geben wird, steht in den Sternen – und wenn es eine geben sollte, dann weiß ja keiner, ob der Nachfolger dieses Angebot für die Zahnmediziner beibehalten wird."

„Kommt diese Nähe zur Zahnmedizin noch aus seiner Zeit in den USA – beziehungsweise, hat das irgendetwas mit dem Thema seiner kalifornischen Dissertationsschrift zu tun?"

„Nein, soweit ich weiß, eher nicht. Mit dem Professor Wägerich ist er natürlich schon sehr lange bekannt, der schickt ihm seit bestimmt zwanzig Jahren Zahnmediziner zum Promovieren hier rüber. Aber in seiner ersten Doktorarbeit ging es um die Datierung afrikanischer Hominidenfunde, und darauf war er auch später spezialisiert. Unter anderem ging's da um Fossilien aus der Olduvai-Schlucht, das ist ein geradezu legendärer Ausgrabungsort im heutigen Tansania. Die berühmte Paläoanthropologenfamilie Leakey hat dort ausgegraben, und deren Patriarch, Louis Leakey, war wohl einer der Betreuer von von Blüchers Doktorarbeit – also seiner ersten, in Kalifornien verfassten."

„Der Name Louis Leakey ist mir bekannt. Ich glaube, den habe ich als Kind schon in einem Buch über Urmenschen gelesen."

„Die Leakeys sind weltberühmt geworden, obwohl gerade Louis am Anfang seiner Karriere gewaltige Probleme hatte – die stand mehrfach vor dem Aus, sein Ruf wurde mehr als einmal empfindlich beschädigt. Den Hinweis auf die Olduvai-Schlucht verdankte er übrigens einem Deutschen, den er in Berlin kennengelernt hatte – Hans Reck, einem Geologen. Der hatte 1913 in dem damaligen Deutsch-Ostafrika einen Hominidenfund gemacht, mit dem letztendlich die ganze Sache losging – das Fossil wurde »Olduvai Hominid 1« genannt, und nachdem er fast zwanzig Jahre später mit Louis Leakey dort noch einmal suchen war, kamen bald immer mehr Entdeckungen dazu, die die enorme paläontologische Bedeutung der Olduvai-Schlucht klar werden ließen."

„Interessant – nie gehört von diesem Hans Reck. Was genau war »Olduvai Hominid 1« – war das ein unmittelbarer Vorläufer von uns?"

„Der war immer schwer zuzuordnen, weil Reck nach der 1913 erfolgten Entdeckung ja erst viel später zur Fundstelle nach Afrika zurückgekehrt ist und die genaue Datierung dadurch erschwert wurde. Bei Fossilien braucht man natürlich immer den ganz genauen Fundort, wenn man sie zeitlich präzise einordnen will. Aber wie auch immer: OH1, wie man den Fund abkürzt, ist wohl nicht sehr alt – um 20 000 Jahre. Professor von Blücher hat, wenn ich mich recht entsinne, Mitte der Siebziger eine Zahl von ungefähr 26.000 Jahren für ihn ermittelt. Die eigentlich interessanten Funde aus der Olduvai-Schlucht sind natürlich viel älter, teilweise im Bereich von Millionen Jahren – also Funde von *Homo erectus*, *Homo habilis*, und der evolutiven Vorgänger-Gruppe unserer *Homo*-Gattung, nämlich *Australopithecus*. Du hast sicher mal von der berühmten »Lucy« gehört, die nicht in Tansania, sondern 1974 im sogenannten Afar-Dreieck in Äthiopien entdeckt wurde. Der Artname wurde nach dem Fundort benannt, also *Australopithecus afarensis*. Aber der eigentliche Entdecker dieser Art ist ebenfalls ein Deutscher aus der Kolonialzeit, Ludwig Kohl-Larsen, der schon 1938 in Tansania ein damals nicht einschätzbares Oberkieferfragment fand, von dem man heute weiß, dass es ein *Australopithecus afarensis* war. Alter circa 3,6 Millionen Jahre – was sein Finder Kohl-Larsen nicht ahnen konnte, da damals die Datierungsmethoden technisch noch nicht fortgeschritten genug waren. Es wäre eine ähnlich sensationelle Meldung gewesen, wie dann viel später bei der »Lucy«. Dass »Lucy« sozusagen als Übergangsform zwischen Mensch und Tier gilt, hast du ja sicher schon einmal gehört. *Australopithecus afarensis* war ein Aufrechtgänger und in dieser Hinsicht menschenähnlich, aber ansonsten eher wie ein Tier, wie einer der heutigen Menschenaffen, am ehesten wie ein Schimpanse. Es wird zum Beispiel vermutet, dass die *afarensis*-Vertreter ähnlich wie heutige Schimpansen noch Schlafnester in Bäumen bauten. – Hans Reck und Ludwig Kohl-Larsen kannten sich übrigens und haben auch zusammen publiziert."

„Weder von Reck noch von Kohl-Larsen habe ich je etwas gehört."

„Nun ja, hierzulande kennt man sie praktisch überhaupt nicht, und ich fürchte, beide sind »kolonialhistorisch belastet«, wenn man das so zusammenfassen kann. Aber für die Geschichte der Paläoanthropologie sind es durchaus nicht ganz unwichtige Namen."

„Franz Weidenreich ist auch nicht sehr bekannt hierzulande, oder?"

„Nein, auch der sagt nur Kennern etwas, obwohl er wirklich eine herausragende Figur unter den frühen Paläoanthropologen war. Es gibt zwar einige Buchtitel von ihm, die gruselig klingen, wie »Rasse und Körperbau« oder »Die physischen Grundlagen der Rassenlehre«, aber wenn man da reinschaut sieht man, wie er gegen den Zeitgeist anschreibt und sich Schritt für Schritt mit hochrationalen Argumenten von den damals vorherrschenden Denkmustern absetzt. Anfang der dreißiger Jahre, kurz vor Beginn der Nazizeit, war er soweit, die damaligen Rassenlehren als bloße »Rassenspielereien« zu kritisieren, bei denen es im Grunde darum geht, die Leser über die in Wirklichkeit gegebene Variabilität von *Homo sapiens* hinwegzutäuschen. Mit dieser Einstellung musste er nach 1933 natürlich aus Deutschland fliehen, hatte dafür aber das Glück, in China Ausgrabungen von *Homo erectus*-Fossilien fortsetzen zu können. Sein Vorgänger dort, ein Kanadier, hatte die Funde noch als *Sinanthropus pekinensis* bezeichnet – daher der populäre Name „Pekingmensch". Auf Weidenreich geht der Vorschlag zurück, diese chinesischen Exemplare mit einigen anderen, die man vorher schon auf Java gefunden hatte, als *Homo erectus* zu vereinigen, und diese Bezeichnung setzte sich seit den fünfziger Jahren dann auch für viele weitere, entsprechend alte Hominidenfunde durch. Ich habe 1998 mal einen Vortrag an der Uni Hamburg gehört, von Fred Smith, einem US-amerikanischen Neandertaler-Experten. Der meinte, dass er Franz Weidenreich für den bis heute besten Paläoanthropologen überhaupt hält – gemessen daran ist es schon ein wenig bedenklich, dass sein Name den meisten Deutschen nichts sagt. Aber was ich noch viel bedauerlicher finde, ist, dass die meisten Leute hier gar nicht wissen, was für Super-Fundstellen wir auch in Deutschland haben. In Schöningen, das ist ein Städtchen an der Grenze von Niedersachsen und Sachsen-Anhalt, wurden vor etwa zehn Jahren acht hölzerne Wurfspeere gefunden, die in Braunkohleschichten erhalten geblieben waren. Alter über 300.000 Jahre und damit noch aus der Zeit des *Homo erectus*. Ein Fund von Holzwerkzeugen aus dieser Zeit ist absolut sensationell, und Fotos der Speere sollten damals auf das Titelblatt der Zeitschrift *Nature* kommen – damit wären sie weltweit bekannt geworden. Ich habe den Leiter der Ausgrabung mal bei einem Vortrag gehört, da hat er von seinem kolossalen Pech berichtet:

Seine Speere wurden im letzten Moment von Klonschaf »Dolly« von der Titelseite verdrängt."

"*Oh shit!*", lachte Adrian und fasste sich entgeistert an die Stirn. Sein Gesprächspartner hatte derweil die beiden gipsgefüllten Silikonhälften vom Vibrationstisch genommen und nach einem prüfenden Blick schnell zusammengeklappt. Er beschwerte den geschlossenen Silikonblock mit einem Stein, um den Gips in der solchermaßen stabilisierten Gußform aushärten zu lassen.

"Auch in Bilzingsleben in Thüringen gibt es eine *Homo erectus*-Ausgrabungsstätte, an der schon zu DDR-Zeiten tolle Funde gemacht wurden", fuhr Jens fort. "Nicht so alt wie die *Homo erectus*-Formen aus Afrika, die bis zu zwei Millionen Jahre auf dem Buckel haben können, aber immerhin um 370.000 Jahre. Sowohl die Hominiden aus Schöningen wie auch die aus Bilzingsleben sind Nachfahren von *erectus*-Populationen, die sich von Afrika aus nach Europa und Asien ausgebreitet haben. Die ersten archaischen *Homo sapiens*-Formen taten dann später, also vor etwa 200.000 Jahren, das selbe – das ist die sogenannte »out of Africa«-Theorie. Auch anatomisch modernere *Homo sapiens*-Formen sollen sich so ausgebreitet haben, vor etwa 40.000 Jahren – »out of Africa« bezeichnet also mehrere Auswanderungsereignisse, die man anatomisch unterschiedlichen *Homo*-Formen zuordnen kann. Professor von Blücher behauptet immer, dass die »out of Africa«-Theorie auf ihn zurückgeht, er hätte sie 1973 in seiner Doktorarbeit zuerst formuliert."

"So? – Also wenn hier Publikationen dazu herumfliegen, dann würde ich die gerne mal lesen. Kannst du mir vielleicht irgendetwas zum Kopieren geben, so dass ich es mir daheim mal in Ruhe anschauen kann?"

"Diese siebziger Jahre-Sachen eher nicht – ich muss zugeben, dass ich die selbst nie gelesen habe, aber du darfst nicht vergessen, dass seitdem ja ständig neue Funde hinzugekommen sind und der aktuelle Stand in vielerlei Hinsicht ein ganz anderer ist als damals. Etwas aktuelleres, was ich dir geben könnte, ist die Erstbeschreibung dieses fossilen Halbaffen *Adapis wegneri*, über den Professor von Blücher kürzlich seine zweite Promotionsschrift angefertigt hat. Durch Hanys Kurzvortrag bist du in dem Thema ja schon etwas drin, aber ich muss dich warnen, es ist wirklich sehr spezieller Stoff. Als Außenstehender dürfte der Artikel über weite Strecken schwer verständlich sein."

„Je schwerer, desto besser", gab Adrian zurück, der sich in diesem Moment etwas herausgefordert fühlte. „Wenn es um die wissenschaftliche Beschreibung eines Schädels geht, kann mich gar nichts schrecken – in Anatomie habe ich mich immer pudelwohl gefühlt."

„Nun gut, wie du willst", lachte Jens. Er verließ den Raum und legte Adrian kurze Zeit später einen fotokopierten, zwölfseitigen Aufsatz vor, der mit »*Adapis wegneri* – Eine neue Species der Adapidae« betitelt war.

*

Missmutig blickte Adrian in seine geleerte Kaffeetasse und legte die fotokopierten Bögen zur Seite, die er in seiner heimischen Leseecke gerade gewissenhaft durchgegangen war. Schon mitten beim Lesen des Artikels hatte er gemerkt, wie sich in ihm eine immer größer werdende Verwunderung und Befremdung breitgemacht hatte. Besonders die Masse an anatomischen Fachbegriffen, mit der der Text aufwartete, vermochte ihn, für den Anatomie im Studium die Paradedisziplin gewesen war, nicht im geringsten zu beeindrucken. Stattdessen wurde Adrians Erwartung, anatomisches Wissen mit einer nachvollziehbaren evolutionsbiologischen Argumentation verknüpft zu sehen, vollständig enttäuscht: Die Argumentationskette war wirr, sprunghaft und oft nur angedeutet, statt klar aufgezogen und zu einem schlüssigen, verständlichen Ende gebracht zu werden. Der Großteil der angebotenen Schlussfolgerungen stand in keinerlei logisch erklärbarem Verhältnis zur immer wieder deutlich lückenhaften Argumentationsweise. Die Danksagung am Ende, der zufolge es sich bei der Untersuchung des *Adapis*-Schädels um ein Projekt handelte, das von der Deutschen Forschungsgemeinschaft gefördert worden war, verblüffte ihn vor diesem Hintergrund ganz besonders.

Adrian saß da und grübelte. Dann begann er den Artikel ein zweites Mal von vorne zu lesen. Gleich zu Beginn fielen ihm weitere Ungereimtheiten auf, die er beim ersten Durchgehen noch nicht bewusst registriert hatte. Er begann, seine Anstreichungen mit Randbemerkungen zu ergänzen, und nahm sich vor, bei Gelegenheit Jens Bischwiller nach dessen Meinung über diesen reichlich merkwürdigen Aufsatz zu fragen.

11

Arnaud Vergès lehnte sich mit einem zufriedenen Seufzer in seinem Drehsessel zurück. Gerade hatte er aus einem ihm zugestellten Briefumschlag ein sehnlichst erwartetes, entscheidendes Dokument hervorgeholt: Die ägyptischen Behörden genehmigten endgültig seine für das Jahresende beantragte Grabungskampagne im Fayyum-Becken. Er durfte die gesamte Qatrani-Steilwand bearbeiten, die für Primatenfossilien bekannt war – damit stand einem neuen wichtigen Schritt in seinem Forscherleben nichts mehr im Wege.

Gerade eben hatte er sich noch ein wenig über Hany geärgert, weil dieser ihm bis zu dieser Stunde keine nachvollziehbare Erklärung dafür geschickt hatte, warum ihm die Streichung des *Adapis wegneri* aus ihrem gemeinsamen Manuskript ein so dringendes Anliegen gewesen war. Aber diesen Punkt konnte Arnaud immer noch klären, wenn Hany in wenigen Tagen nach Bordeaux zurückkehren würde – spätestens dann wollte er sich nach den genauen wissenschaftlichen Gedankengängen seines Schülers erkundigen, beziehungsweise über die ungewöhnlichen Zeichen von Selbständigkeit, mit denen er so unerwartet überrascht worden war. Ein wenig mehr Sorgen machte ihm ohnehin gerade Hanys Bruder Mahdi, der sich schon seit einigen Monaten in Paris aufhielt, obwohl niemand außer ihm selbst diese Idee für wirklich gut hielt. Hany beabsichtigte, nach seiner Abreise in Frankfurt zunächst einmal Mahdi in Paris zu besuchen, und erst dann wieder nach Bordeaux zu kommen. Die Tatsache, dass Hany eine hohe Verantwortung für seinen leider sehr ungefestigten kleinen Bruder verspürte, war ein weiterer Grund gewesen, dass Arnaud bezüglich der Manuskriptänderung keine sofortigen ausführlichen Begründungen von Hany verlangt hatte – es gab Dinge, die momentan wichtiger waren, und zwar für beide. Bei diesem Gedanken hob er wieder das Dokument aus Ägypten, das er immer noch in der Hand hielt, blickte es lächelnd an und legte es dann auf den Tisch.

Arnaud war schon einmal auf einer Ausgrabung in Fayyum gewesen, vor sehr langer Zeit – nie hatte er die innere Erregung vergessen, von der er damals an dieser legendären, schon 1879 von dem deutschen Geologen Georg Schweinfurth entdeckten Fundstelle gepackt worden war. Fayyum bot Schichten von annähernd 300 Metern Mächtigkeit, an deren Basis sich Fossilien wasserbewohnender Tiere fanden, darunter Krokodile, Seekühe und Wale – sie entstammten dem Mittelmeer, das im Eozän noch dieses Gebiet bedeckte. Darüber befanden sich die jüngeren oligozänen Sedimente, mit einem Alter zwischen 25 und 35 Millionen Jahren, in denen Überreste von Land- und Süßwassertieren nachweisbar waren, die dort im damaligen Nildelta gelebt haben mussten. Vor etwa 25 Millionen Jahren hatten gewaltige Vulkanausbrüche diesem Lebensraum ein Ende gemacht, und seitdem warteten die von einer dicken Lavaschicht überzogenen fossilführenden Schichten auf die Preisgabe ihrer Geheimnisse. Arnaud waren an diesem unvergleichlich inspirierenden Ort mehr Ideen gekommen als in seiner ganzen Studienzeit zusammen – nur war er damals nicht sein eigener Chef, sondern musste noch die Instruktionen anderer befolgen. Diese Zeiten waren glücklicherweise vorbei, und er war schon jetzt erfolgreicher als mancher seiner ehemaligen Vorgesetzten. Das Verrückte freilich war, dass er einen nicht geringen Teil seines Erfolges den Bouhired-Brüdern verdankte – genauer gesagt Mahdi, dem jüngeren von beiden.

Hany und Mahdi waren noch Schüler, als Arnaud ihnen während einer Grabung in Algerien das erste Mal begegnet war. Eigentlich hatte er sich nur kurz mit ihrem Vater unterhalten, einem ohne Schulbildung aufgewachsenen Zwischenhändler für Steine und Fossilien, der hinsichtlich letzterer ganz auf Massenware wie Trilobiten, Ammoniten und Haifischzähne spezialisiert war. Arnaud hatte zu diesem Zeitpunkt Gründe, mit dem Verlauf der Expedition äußerst unzufrieden zu sein, sodass er verstärkt den Kontakt zu Einheimischen suchte, um vielleicht doch noch den einen oder anderen Geheimtipp über gute Fossil-Lagerstätten zu ergattern. Das Gespräch mit dem Fossilienhändler machte ihm nicht gerade Mut; umso erstaunter war er deshalb, als einer seiner Söhne, der damals sechzehnjährige Hany, nur zwei Tage später im Lager auftauchte und ihm versteinerte Zahnfragmente zeigte, die eindeutig von Säugetieren stammten. Nachdem Arnauds erfolglose Truppe begonnen hatte, an dem angeblichen Fundort zu graben, wiederholte sich dieser Vorgang, und die Fundstücke wurden immer interessanter. Irgendwann fiel Arnaud auf, dass Hany, wenn er die genauen Fundorte zeigen sollte, stets seinen kleinen Bruder Mahdi mitnahm, und schließlich musste er zu seiner Verblüffung feststellen, dass es wohl der deutlich jüngere der beiden war, der die Stücke gefunden hatte und die genauen Fundstellen angeben konnte. Das Problem freilich war, dass Mahdi kein Wort Französisch sprach und auch sonst ein völlig unzugängliches Kind war – eines, das möglicherweise autistoide Züge aufwies. Drei Tage vor Ende der Expedition setzte Arnaud dann alles auf eine Karte und bot dem Vater der Bouhired-Brüder an, die beiden gegen eine gute Bezahlung bei der Fossilsuche in einem Abschnitt einzusetzen, der vielversprechend wirkte, aber technisch äußerst anspruchsvoll war. Es wurde ein voller Erfolg, zumal Arnaud Mahdi hier zum ersten Mal in Aktion erleben konnte: Sein Scharfblick auch für kleinste fossilisierte Strukturen war einfach unglaublich, er schien sie mühelos von natürlichen Gesteinsmustern unterscheiden zu können. Ausgestattet mit diesen Fähigkeiten, lernte das Kind sehr schnell, welche Fossilien für

Arnaud wertlos waren, und welche es zu finden galt: Am letzten Tag der Grabungskampagne wurden endlich Kiefer- und Zahnfragmente von Halbaffen gefunden. Es waren keine spektakulären neuen Arten, aber das Debakel eines völligen Fehlschlages hatte Arnaud gerade noch abwenden können.

Bei alldem war er klug genug gewesen, die Leistungen des zwölfjährigen Mahdi nicht an die große Glocke zu hängen – er hielt sich diesbezüglich sogar vor seinen eigenen Studenten bedeckt, die mit ihm vor Ort waren. Stattdessen beraumte er eine zweite Expedition an, die unmittelbar nach Hanys Schulabschluss in die Wege geleitet wurde. Arnaud hatte in der Zwischenzeit Kontakt zu Hany gehalten und ihn instruiert, dessen kleinen Bruder besonders für Primaten- und Hominidenfossilien zu sensibilisieren. Das Ergebnis der folgenden nordafrikanischen Grabungskampagne wurde maßgeblich für den Ruf, den Arnaud zurzeit in der Fachwelt genoss: Er war ein hoch anerkannter Experte für fossile Halbaffen, gleichzeitig aber auch bekannt als Forscher, der sich nicht scheute, kontroverse Diskussionen außerhalb seines Spezialgebietes anzustoßen. In diesem Fall ging es um frühe *Homo sapiens*-Zähne, die von Mahdi in einem Gebiet gefunden worden waren, das leider aufgrund von Störungen durch langjährige Bergarbeiten keine eindeutige Datierung mehr erlaubte, aber aufgrund der Gesamtumstände ein Alter von 300.000 Jahren als möglich erscheinen ließ. Wenn dies stimmte, existierte der *Homo sapiens* schon gut 100.000 Jahre früher als bisher angenommen – eine Theorie, für die Arnaud den erwartbaren heftigen Gegenwind seiner Fachkollegen erntete, die er aber bis zum heutigen Tage erbittert verteidigte.

Auf dem Gebiet der eigentlichen Hominidenforschung war er seitdem zum Außenseiter geworden, nur seine Halbaffenfunde und deren evolutionsbiologische Interpretation genossen allgemeine Akzeptanz. Vergès aber hatte von nun an ein neues Lebensziel; er wollte die Zange sozusagen von beiden Seiten schließen: Seine Halbaffenfunde gedachte er mit den frühesten höheren Affen zu verknüpfen, und umgekehrt den ältesten *Homo sapiens* mit dessen letzten *Homo erectus*-Vorläufern. Das waren die beiden evolutiven Übergänge, die mehr zählten als alle anderen und deren wissenschaftliches Verständnis bisher ausstand. Er war sicher, beides an nordafrikanischen Fundstellen leisten zu können, während insbesondere die Hominidenexperten bisher auf süd- und ostafrikanische Lokalitäten gesetzt hatten. Aber ein maximaler Erfolg all dieser Grabungsvorhaben war nur denkbar, wenn Mahdi mit im Feld sein würde, und Arnaud hatte sich schon mehr als einmal gefragt, was seine Gegner von ihm sagen würden, wenn sie erführen, dass er sich im Grunde von den unerklärlichen Fähigkeiten eines halb analphabetischen Jungen abhängig fühlte, der auch beim Übergang zum Erwachsenenalter deutlich infantile Züge beibehielt.

Die ersten Jahre mit den Bouhired-Brüdern waren ausgezeichnet gelaufen, da Hany in Bordeaux ein Studium der Paläontologie begonnen hatte und somit zum idealen Mittelsmann zwischen Arnaud und dem Wunderkind Mahdi aufgebaut wurde. Aber dann kam es mehr und mehr zu Spannungen, da Mahdi seinerseits den Wunsch äußerte, Europa kennenzulernen. Unglücklicherweise interessierte er sich kein bisschen für Bordeaux, sondern wollte nach Paris. Da Arnaud es sich nicht leisten konnte, Mahdi zu verlieren, blieb ihm nicht viel anderes übrig, als diesen Wunsch irgendwann zu unterstützen. Er hatte hierzu ein recht fadenscheiniges Arrangement aufgezogen: Mahdi sollte in Paris die Fossilienhändlerszene sondieren und Arnaud über Säugetierfossilien im Allgemeinen und Primatenfossilien im Besonderen auf dem laufenden halten. Realistisch war dieser Plan nur insofern, als viele der Zwischenhändler, die die Pariser Großlieferanten mit Material versorgten, aus dem nordafrikanischen Raum stammten, sodass Mahdi mit diesen kommunizieren konnte. Was dabei jedoch bis zum heutigen Tag herausgekommen war, konnte man sich denken – es war praktisch nichts. Im Grunde genommen war Arnaud schon froh, wenn es dabei bliebe und Mahdi es einfach nur schaffen würde, keinen Mist zu bauen und nach seiner kleinen Europaepisode weiterhin für Grabungen zur Verfügung zu stehen.

Manchmal fragte Arnaud sich, ob es richtig war, was er tat. Gewiss, er hatte den beiden Brüdern, als sie noch im Schulalter waren, eine gute Gelegenheit geboten, Geld zu verdienen und etwas aus sich zu machen. Aber eigentlich war klar, dass Hany auf keine große Universitätskarriere hoffen konnte, denn ihm fehlte jene absolute Hingabe, die man für das Fach Paläontologie nun einmal benötigte. Außerdem war er für den Konkurrenzkampf an europäischen Universitäten einfach zu weich und kam eigentlich nur für Stellen an afrikanischen Unis in Frage. Hany war so gesehen nur ein Zwischenglied, das absolut notwendig war, um aus Mahdi die maximale Leistung herauszuholen – mehr aber auch nicht. Sollte Mahdi irgendwann auf die Idee kommen, sein Geld mit anderen Dingen zu verdienen, so würde dies das ganze Konstrukt sofort zum Einsturz bringen. Eben deshalb hatte Arnaud zunächst versucht, gegen Mahdis Paris-Träume vorzugehen und ihn in Algerien zu halten, damit er von dort aus weiterhin für die Grabungskampagnen im nordafrikanischen Raum zur Verfügung stand. – Was aber war das für eine Haltung – die eines Förderers oder die eines Ausbeuters? Eine klare Antwort darauf ließ sich nicht geben; die Wahrheit lag wohl irgendwie in der Mitte. Die einzige echte Antwort, die es gab, hieß letztendlich: weitermachen. Weitermachen, solange es ging, und hoffen, dass am Ende für alle Seiten das Beste dabei herauskommen würde.

12

Jens Bischwiller sah Adrian an seinem Arbeitsplatz sitzen, wo er wie immer in den letzten Tagen in sein römisches Kiefer- und Zahnmaterial vertieft war. Für beide Knochenkundler gehörte es mittlerweile dazu, dass sie sich morgens nicht nur begrüßten und nachmittags voneinander verabschiedeten, sondern irgendwann vormittags auch einen kleinen Plausch hielten, weshalb

Jens sich erlaubte, den Gastdoktoranden aus der Zahnmedizin beiläufig von der Seite anzusprechen.

„Und, alles klar bei dir?"

„Ja, ich hab die Vergleichsgruppen bald durch", gab Adrian zurück. „Fotos hab ich auch schon ein paar gute gemacht. – Sag mal, hast du heute oder in den nächsten Tagen mal ein halbes Stündchen Zeit für mich?"

„Natürlich, für unsere zahnmedizinischen Gäste bin ich ja da."

„Es geht eigentlich nicht um meine Doktorarbeit. Ich habe mir gestern Abend mal diesen Aufsatz von Professor von Blücher durchgelesen, seine Erstbeschreibung dieser neuen Art, also dieses fossilen Halbaffen, *Adapis wegneri*. Hier ..."

Adrian holte den fotokopierten Artikel hervor, der gleich auf der ersten Seite mit seinen Anstreichungen und jeder Menge Fragezeichen übersät war.

„Ich bin aus einigen Dingen wirklich nicht schlau geworden. Zum Beispiel der Artname, *wegneri* – ich kenne das aus Presseberichten über neu entdeckte Arten eigentlich so, dass in der einleitenden Übersicht erklärt werden muss, was der Artname bedeutet und aus welchen Gründen er vergeben wurde."

„Das ist so üblich beim Artepitheton, ja. Man gibt eine Derivatio nominis, also eine Erklärung der Namensherkunft, damit der neu vergebene Artname für die Leserschaft nachvollziehbar ist."

„Aber schau mal die Übersichtsangaben an. Da steht gar nichts dazu."

Mit zusammengezogenen Brauen ließ Jens seinen Blick über die Kurzbeschreibung schweifen, die dem Artikel vorangestellt war. Holotypus, Locus typicus, Stratum typicum, Diagnosis ... Es waren einige der üblichen Angaben da, aber ansonsten hatte Adrian recht: Die Erklärung des Artnamens »wegneri« fehlte tatsächlich.

„Ist mir nie aufgefallen", murmelte Jens verblüfft. „Aber im Text steht doch etwas dazu, oder?"

„Na ja, einerseits schon. Aber in einer Art und Weise, die mich ziemlich verwundert hat. Hier, siehst du: Der Schädel soll einem

Pfarrer Cartier abgekauft worden sein, und zwar von einem »Herrn Wegner«. Wann genau das war wird nicht gesagt, nur dass der Schädel dann »über zwei Generationen« in der Familie dieses Herrn Wegner aufbewahrt wurde. Alles weitere muss sich der Leser selbst denken. Ich habe das versucht und mich zum Beispiel gefragt, warum die Familie dieses »Herrn Wegner« nicht mal sagen kann, wie der Mann mit Vornamen hieß. Das ist in Familien doch eher kein Problem, anzugeben, unter welchen Vornamen man sich kennt."

„Also das ... das ist eigenartig", befand Jens. „Ich bin mir sicher, dass Professor von Blücher dazu in seiner Vorlesung mal genaueres gesagt hat. – Ja, jetzt fällt's mir wieder ein: er hätte diesen Artnamen zu Ehren eines Greifswalder Anatomen vergeben."

„Und aus dem Greifswalder Anatomen wird in der Erstbeschreibung dann einfach nur ein namenloser »Herr Wegner«, über den man nichts weiter erfährt?", lachte Adrian ungläubig.

„Das wundert mich auch. Ich kann mich erinnern, dass dieser Aufsatz veröffentlicht wurde, bevor von Blücher seine Dissertationsschrift hierzu eingereicht hatte – ah, hier, siehst du, da stehts: *»Eine detaillierte Beschreibung wird in einer separaten Monographie erfolgen, die in Vorbereitung ist. Es werden hier nur die wichtigsten Merkmale aufgeführt, die den vorliegenden Adapis-Fund in eine neue Species einordnen.«*"

„Mit der separaten Monografie ist also die später erschienene Dissertationsschrift gemeint?"

„Davon gehe ich aus."

„Gut, dann könnte man dort ja noch einmal nachschlagen", erwiderte Adrian. „Aber weißt du, auch zu dem Satz, den du zuletzt vorgelesen hast, hätte ich noch ein paar Fragen. Mir waren einige Stellen, in denen es um bestimmte Merkmale und deren Beurteilung geht, einfach nicht klar. Ich würde mich da schon gerne ein wenig besser auskennen, bevor ich in meiner eigenen Arbeit Beurteilungen von Schädel- und Zahnmerkmalen vornehmen muss. So wie es im Text teilweise geschieht, ist es für mich absolut nicht nachvollziehbar gewesen."

„Hm", entfuhr es einem grüblerischen Jens. „Also gut, zeig mir die betreffenden Stellen. Wollen wir in eine leicht vorgezogene Mittagspause gehen? Bis wir zur Mensa rüber gelatscht sind, ist es ja fast zwölf."

Adrian stimmte zu, räumte sein Material zusammen und machte sich mit Jens auf den Weg – erst die Siesmayerstraße hinunter, dann die Bockenheimer Landstraße entlang zu den Uni-Mensen, welche er noch nicht von innen kannte, da er bisher ja nur im Bereich des Uniklinikums aktiv gewesen war. Es war ein längerer Fußmarsch, aber dadurch erhielt Adrian viel Zeit, all die Unklarheiten, die mit der Herkunft des *Adapis*-Schädels zusammenhingen, genau aufzuzählen. Jens staunte nicht schlecht, wie Adrian Punkt für Punkt seiner Argumentation abarbeitete und dabei hektisch in seiner Kopie des Artikels herumblätterte, um die fraglichen Stellen zu zeigen. Ausgehend von dem unerklärten Artnamen und der nicht nachvollziehbaren Herkunft des Fundes ging Adrian nach einiger Zeit zu den Merkmalsbeschreibungen über, die die Einordnung in eine neue Art rechtfertigen sollten, für ihn jedoch nicht einsichtig waren. Mittlerweile hatten sie ihr Ziel fast erreicht, nutzten die Ein- und Ausgänge der U-Bahnstation Bockenheimer Warte, um unter der Kreuzung vor dem Uni-Campus hindurchzugehen, und betraten schließlich das Mensagebäude. Wie Jens erfuhr, war Adrian ein strikter Vegetarier – günstigerweise bot von den drei Sälen der Hauptmensa einer, der sogenannte „Orangene Saal", stets vegetarische Hauptmahlzeiten an, sodass sie sich dort ein Plätzchen suchten. Adrian tat es ein wenig leid, dass er ein solches Gewitter von fachlicher Kritik auf den unschuldigen Jens losgelassen hatte, und entschloss sich, erst einmal das Thema zu wechseln, während sie aßen.

„Die Vorlesungen sind gut besucht, wie ich gesehen habe. Und auch an Diplomanden scheint ihr ja einige zu haben. Ich hab den Gesprächen der anderen Jungs und Mädels, die an ihren Knochenkisten beschäftigt sind, dann und wann ein wenig zuhören können."

„Anthropologie als Haupt- oder Nebenfach ist durchaus beliebt, ja. Natürlich hat Professor von Blücher gewisse Eigenheiten – und man kann auch durchaus über die Qualität seiner Lehre streiten. Die ist ziemlich schwankend, wie ich zugeben muss. Aber weißt du, unter den Studenten hat sich längst herumgesprochen, dass man bei den Anthropologen noch mit massenweise Skelett- und Zahnmaterial arbeiten kann, und das macht das Institut einfach attraktiv."

„Das wollte ich dich sowieso noch fragen – ihr grabt diese Unmengen von Skeletten nicht selbst aus, oder?"

„Manchmal sind wir an Grabungen beteiligt, aber ansonsten hast du recht, das weitaus meiste wird uns von überall her durch archäologische Arbeitsgruppen zugeschickt. Wir vermessen die Skelette, machen routinemäßige Alters- und Geschlechtseinschätzungen sowie paläopathologische Beurteilungen, also über etwaige Krankheitszeichen an Knochen und Zähnen, und schicken den Archäologen dann all diese Informationen für ihre Grabungsauswertungen zu. An Themen für Diplom- oder Doktorarbeiten ist deshalb kein Mangel, und das wird von den Studis honoriert. Du denkst wahrscheinlich, die Arbeit an Skelett- und Gebissstrukturen müsste bei Biologen die Normalität sein, aber dem ist leider nicht so. Die molekulare Biologie macht seit Jahren alles platt, es wird nur noch über DNA-Sequenzen geredet, aber kaum noch über vollständige Viecher. Die Professoren der alten Schule, bei denen man wirklich noch etwas über den Aufbau und die Evolution der Lebewesen gelernt hat, sind – bis auf wenige Ausnahmen – in den letzten Jahren in Rente gegangen. Ihre Nachfolger sind leider voll auf dem Trichter, dass man über all das nicht mehr groß reden muss – Hauptsache, du isolierst im Labor fleißig DNA und überlässt es dem Computer, aus den Sequenzfolgen dann irgendwelche Stammbäume zu errechnen. Vor allem kannst du deine Publikationsrate enorm erhöhen, wenn du das zeitaufwändige Studium der Anatomie der Tiere einfach umgehst und nur noch irgendwelche DNA- und RNA-Fragmente thematisierst. Wer also fleißig Artikelchen auf dieser Ebene raushaut, der schafft es im Zweifelsfall schneller, auf irgendwelche Lehrstühle zu kommen – und auf diese Weise hat sich die Lehre in den letzten Jahren spürbar gewandelt. Die ganze Entwicklung ist zum fürchten, aber es gibt glücklicherweise immer noch genügend Studenten, denen das nicht passt und die nach wie vor etwas mit Viechern im eigentlichen Sinne machen wollen, also auch mit Knochen und Zähnen. Am Anthropologischen Institut bietet sich die Möglichkeit dazu, und die Studis nutzen sie – so einfach ist das. Ich selbst bin genau auf diesem Weg dazu gekommen."

„Willst du mir wirklich sagen, dass an den Zoologischen Instituten nicht mehr mit Tieren gearbeitet wird, sondern nur noch mit deren DNA und RNA?", fragte Adrian ungläubig.

„Das kann man so zum Glück noch nicht sagen", erwiderte Jens, „aber der Trend geht immer mehr in diese Richtung. Weißt du, ich will ja gar nicht dagegen argumentieren, dass es sich bei Genetik und molekularer Biologie um sehr wichtige, ja sogar zukunftsweisende Fächer handelt. Aber wenn darüber die Morphologie – also alles, was mit dem konkreten Körperaufbau und mit der Funktion und Leistungsfähigkeit der Organe zusammenhängt – einfach übergangen und in der Lehre nur noch oberflächlich gestreift wird, dann kann das nicht gutgehen. Ich hatte vor einigen Jahren, das war kurz bevor ich mich für das Hauptstudium Anthropologie – und damit gegen Zoologie – entschieden habe, ein Schlüsselerlebnis bei den zoologischen Abendvorträgen, die hier während des Semesters immer abgehalten werden. Da war jemand aus München angekündigt, der am laufenden Band seine rein genetisch ermittelten Resultate zur Evolution von allen möglichen Tiergruppen ausstößt, und von dem genau deshalb feststand, dass er damit eine glänzende Karriere machen wird – einer der führenden Leute in diesem Überschneidungsfeld von Genetik, Informatik und Biologie. Nun, das erste, was mir unangenehm auffiel, war, dass dieser Typ einfach nur wie ein Penner herumlief, offenbar weil er meinte, sich das herausnehmen zu können – es hatte etwas Provokatives. Das war kein Asperger-Opfer oder so, sondern ein zynischer Durchblicker, der genau wusste, dass ihn auf der Erfolgswelle, auf der er gerade mitsurft, nichts und niemand mehr aufhalten kann. Wie auch immer, das zweite, was mich geärgert hat, war, mit welcher Selbstverständlichkeit dieser Heini gut begründetes zoologisches Wissen einfach in die Tonne trat, nur weil ihm seine paar lächerlichen RNA-Fitzelchen angeblich etwas anderes verrieten – oder genauer gesagt, seinem Computer, denn selber denken ist ja nicht mehr nötig heutzutage."

„Um was genau ging es da?"

„Es ging um die Verwandtschaftsverhältnisse der drei Hauptgruppen der Säugetiere. Man unterscheidet sogenannte höhere Säugetiere, also die, die zwecks Versorgung ihrer Embryonen eine Plazenta besitzen, von zwei älteren Gruppen ohne Plazenta, nämlich den Beuteltieren und den Ursäugern – letztere, wie etwa das Schnabeltier, legen sogar noch Eier, wie du sicherlich mal gehört hast. Man kann mit der klassisch-morphologischen Argumentationsweise sehr gut begründen, dass die eierlegenden Ursäuger eine urtümliche Reliktgruppe sind und sich Beutel- und Plazentatiere erst später auseinanderentwickelt haben. Dieser abgerissene Superstar-Typ aber kam an und meinte mit größter Selbstverständlichkeit, dass stattdessen Ursäuger und Beuteltiere zu einer Gruppe zusammenzufassen und als solche von den höheren Säugern zu trennen seien, denn die neuesten Münchener RNA-Daten würden das klar belegen. Das war aber nur eine Randbemerkung, nicht das Hauptthema seines Vortrages, deshalb ging das in der anschließenden Diskussion unter. Ich bin nach Ende der Diskussion also noch einmal nach vorne gegangen, weil ich von dem Typen genaueres zu diesem angeblich „sicheren" Resultat wissen wollte – nicht aggressiv oder so, sondern wirklich ganz nüchtern an den Schlüsselargumenten und am Literaturbeleg interessiert. Bezeichnenderweise hat diese verwahrloste Publikationslegehenne unglaublich arrogant reagiert und gemeint, mich betont einsilbig abfertigen zu können. – Also, wenn du so etwas erlebst, stellst du dir die Sinnfrage: Will ich von solchen Typen, die erstens wie Penner rumlaufen, zweitens scheißarrogant sind und drittens absolut nichts von Viechern verstehen, sondern nur von ihren Rechnern, weil sie meinen, da finden sie alles wichtige – will ich von solch lupenreinem Lehrstuhlgerümpel etwas über Evolution lernen, nur weil die sich gerade wie die Pest an den Unis ausbreiten? Wohl eher nicht. Deshalb hab ich mich damals für das Hauptfach Anthropologie entschieden, Zoologie auf die Nebenfachschiene verlagert, und bin seitdem mit meinen altertümlichen Vermessungen von Knochen und Zähnen einigermaßen glücklich, auch wenn meine Karrierechancen objektiv schlecht stehen. Und was von Blücher betrifft – nun ja, du hast ihn ja gesehen: Er zieht sich wenigstens gut an."

Adrian lächelte. Dass von Blücher sich gut anzog, ließ sich nicht bestreiten – die Frage war nur, ob es dem Professor darum ging, seine akademische Berufung in angemessener Weise zu repräsentieren, oder ob er eher seinen materiellen Wohlstand zur Schau stellen wollte. Letzteres aber schloss Ersteres nicht unbedingt aus, und gemessen an dem gerade geschilderten Gegenbeispiel konnte Adrian die konservative Einstellung, die Jens in diesem Punkt zum Ausdruck brachte, problemlos nachvollziehen.

„Gut, das leuchtet mir ein", pflichtete er Jens bei. „Man sollte das machen, was man für richtig hält, und nicht das, was gerade zum Megatrend ausgerufen wird – auch wenn es natürlich bitter ist, wenn man dafür mit deutlich schlechteren Berufsaussichten gestraft wird. Ich hoffe, dass es sich für dich am Ende doch anders entwickelt, als es irgendwelche Statistiken prognostizieren. Beurteilen kann ich das als Nicht-Biologe ohnehin in keiner Weise."

„Sei froh, dass du diese Sorgen nicht hast und dass dein anatomisches Wissen in deinem medizinischen Berufsfeld wirklich etwas zählt."

„Na ja – bei uns musst du sämtliche Muskeln, Knochen, Nerven und Blutgefäße drauf haben, aber das Wissen wird später in, wie ich finde, eher langweiliger Weise verwendet, verglichen mit den physischen Anthropologen beziehungsweise Paläoanthropologen. Zumindest empfinde ich die Zahnmedizin so. – Ich war in Anatomie immer ziemlich gut, weißt du. Deshalb habe ich mich über ein paar Stellen in von Blüchers Erstbeschreibung der neuen *Adapis*-Art wirklich gewundert. Es waren nicht nur diese nicht nachvollziehbaren und widersprüchlichen Angaben zur Herkunft des Schädels, sondern auch die von mir schon angesprochenen Unklarheiten bei seiner Bewertung einzelner Merkmale."

„Stimmt, da waren wir vorhin stehengeblieben. Also zeig mal."

„Hier, ich hab's angestrichen. Auf Seite 176 erwähnt er, dass die Canini, also die Eckzähne, ein wichtiges Merkmal sind, um bei solchen Halbaffen wie *Adapis* einzuschätzen, ob es sich um ein Männchen oder Weibchen handelt."

„Natürlich – ein Sexualdimorphismus, die Männchen haben oft signifikant größere Eckzähne als die Weibchen. Was stimmt daran nicht?"

„Er nennt eine andere Art, *Adapis parisiensis*, bei der eine gute Differenzierung der Geschlechter anhand der Eckzahngröße möglich ist, und sagt, dass im Vergleich mit diesen der *Adapis wegneri* »eindeutig« einem männlichen Individuum zuzuordnen sei. Jetzt schau aber mal fünf Seiten weiter hinten, wenn er die Zahnformel beschreibt – hier. Da vergleicht er die Eckzahngröße plötzlich nicht mehr mit *Adapis parisiensis*, sondern mit einer anderen Art, nämlich *Adapis magnus* – völlig ohne Begründung, warum er den Vergleichsstandard wechselt. Und noch verwirrender ist, dass sein vorheriges Urteil, der Schädel gehöre »eindeutig« zu einem Männchen, plötzlich keinen Bestand mehr hat! Stattdessen schreibt er viel vorsichtiger: »*Die Größe des Caninus deutet, wenn man ihn mit dem A. magnus vergleicht, auf ein männliches Individuum hin.*« – Also, das passt hinten und vorn nicht zusammen. Und von der Sorte gibt's, wie gesagt, gleich mehrere Stellen!"

Mit ernster Miene las Jens sich die Passagen, die Adrian angestrichen hatte, noch einmal durch.

„Du hast recht", sagte er schließlich. „Ich ahne zwar, was er gemeint haben könnte, aber in dieser Ausformulierung ist das einfach nur verwirrend. – Was noch? Was hast du hier direkt unter der Eckzahn-Stelle auf Seite 182 angestrichen?"

„Das ist so ein Fall, wo die Argumentation einfach abbricht. Er kommt von den Eckzähnen auf die Vorbackenzähne zu sprechen und behauptet, dass seine neue Art sich anhand des ersten Vorbackenzahnes »*eindeutig*« von *A. parisiensis* und *A. magnus* unterscheidet. Er sagt dann, er hätte hierfür den rechten ersten Vorbackenzahn untersucht – und Punkt, das war's! Keine Mitteilung darüber, was denn bei der Untersuchung herausgekommen ist oder um welche Details es dabei überhaupt ging!"

„Sieht fast aus, als würde da ein Stück Text fehlen", bestätigte Jens irritiert.

„Aber das müssten die Gutachter der Zeitschrift doch bemerkt haben, oder?"

„Hm – tja. Ich bin mir nicht sicher, ob da wirklich im üblichen Sinne gegutachtet wurde. Diese Zeitschrift bringt, wenn ich mich recht entsinne, verschriftlichte Versionen von Vorträgen heraus, die auf den Tagungen ihrer Gesellschaft gehalten werden. Dadurch, dass es schon einen Vortrag plus Diskussion gegeben hat, haben die Autoren für ihre eingereichten Texte einen gewissen Vertrauensvorschuss. Aber ich müsste mich da noch einmal informieren. – Ich bin auch leider mit diesen fossilen Halbaffen überhaupt nicht vertraut, das ist nicht mein Gebiet. Du hast Hany, unseren Gast aus Algerien, ja kennengelernt – bei dem sieht's da anders aus."

„Oh ja, sein kleiner Übersichtsvortrag war wirklich nett."

„Den Hany müssten wir jetzt hier am Tisch haben. Inhaltlich könnte er dir viel mehr sagen, wenn dich das so interessiert – er hat an einem Aufsatz zu dem Thema geschrieben in den Wochen, in denen er bei uns war. Seitdem er den fertiggestellt und seinem Chef in Frankreich geschickt hat, hat er sich am Institut aber eher rar gemacht. Soll ich ihn nochmal kontaktieren? Soweit ich weiß, ist er noch da und verlässt Frankfurt erst in zwei Tagen."

„Also, die Mühe brauchst du dir nicht zu machen", wehrte Adrian ab.

„Ich muss ihn sowieso noch einmal anmailen", erklärte Jens, während er Adrian die Kopie des Artikels zurückgab. „Ich werde ihm sagen, dass er sich mit dir in Verbindung setzen soll, sofern er Lust und Zeit hat, noch etwas über fossile Halbaffen zu dozieren. Mir scheint, er hat in dir einen hervorragenden Zuhörer."

„Ich hätte mir während meiner Schulzeit durchaus vorstellen können, mal was in Richtung vergleichende Anatomie zu machen", verriet Adrian. „Aber bei mir hat dann irgendwann doch die familiäre Vorbelastung durchgeschlagen, und es wurde nichts draus. Wenigstens kann ich jetzt noch ein bisschen was auf dem Gebiet mitnehmen. Also von mir aus gerne – mach Hany ruhig den Vorschlag, dass wir uns noch einmal treffen können. Vielleicht bringt Allahs Sonne ja etwas Licht ins Abendland."

13

Hany Bouhired stützte sich mit den Ellenbogen auf der Tischplatte auf und vergrub seine Stirn in den Händen. Gerade hatte er allen Grund gehabt, ein Dankesgebet gen Himmel zu richten: Arnaud ließ ihn in einer knappen Antwortmail wissen, dass er die gewünschten Korrekturen in Text und Stammbaumgrafik ihres gemeinsam verfassten Artikels vorgenommen hätte. Anders als von Hany befürchtet, richtete sein Chef auch keine direkten Nachfragen an ihn, welche konkreten Argumente für die *last minute*-Korrektur ausschlaggebend gewesen waren. Damit hatte Hany sein wichtigstes Ziel erreicht: Die von Professor Fritsch von Blücher beschriebene neue Art *Adapis wegneri* wurde in ihrem Aufsatz nicht mehr erwähnt.

Hany seufzte tief, dann begann er in seinen Unterlagen zu suchen und holte schließlich seine Kopie jenes deutschsprachigen Artikels hervor, in dem der *Adapis wegneri* das Licht der Fachwelt erblickt hatte. Langsam, fast ein wenig apathisch blätterte er Seite für Seite um, betrachtete die Fotos, die Tabellen und das abschließende Stammbaumschema.

„Nicht mit mir", murmelte er schließlich. „Nein, nicht mit mir."

Er griff nach einem Kugelschreiber und trug in seinem Notizbuch acht *Adapis*-Arten ein, die auf der ersten Seite des Artikels Erwähnung fanden: *Adapis magnus, Adapis parisiensis, Adapis sciureus, Adapis sudrei, Adapis stintoni, Adapis ruetimeyeri* und *Adapis priscus*. Nach kurzem Grübeln musste er feststellen, dass er erst mal nur mit dreien dieser Arten etwas anfangen konnte, nämlich *magnus, parisiensis* und *sudrei* – sie alle waren von französischen Fundorten bekannt. Gleichzeitig erinnerte er sich, dass einige der anderen Formen hinsichtlich der Einordnung in die Gattung *Adapis* umstritten waren: Sie wurden zuweilen als eigene Gattung *Leptadapis* abgetrennt. Zumindest bei dem *ruetimeyeri* und dem *priscus* war er sich dessen sicher, dann dämmerte ihm, dass auch der *magnus* dann und wann unter dem Gattungsnamen *Leptadapis* geführt worden war. Schließlich meinte Hany sich ebenso bei dem *sciureus* zu erinnern, dass dieser oftmals unter einer alternativen Gattungsbezeichnung firmierte – der größtenteils fragmentarische Charakter der Fossilien war der Grund für all diese Unsicherheiten.

Besagtes Zuordnungskarussel drehte sich schon seit Jahrzehnten, und wenn man bedachte, dass der erste *Adapis* bereits 1822 vom großen französischen Paläontologen Georges Cuvier beschrieben worden war, dann konnte man sogar fast von Jahrhunderten sprechen. Aus diesem notorischen Gewirr heraus war nun die angeblich neue Art *Adapis wegneri* aufgetaucht, und Hany überlegte, wie er sie am elegantesten wieder loswerden könnte. Er hatte noch mindestens drei Tage Zeit, und sein großer Vorteil bestand darin, dass Arnaud ihn nicht unter unmittelbaren Erklärungsdruck gesetzt hatte. Seinen restlichen Aufenthalt galt es jetzt zu nutzen, beispielsweise, indem er die englischsprachige Fachliteratur in der hiesigen Universitätsbibliothek sichtete. Er entschloss sich, mit einem bewährten Buch aus den späten 1980er Jahren anzufangen, das er von seiner Arbeitsgruppe in Bordeaux kannte, nämlich John G. Fleagles *»Primate Adaptation and Evolution«*.

Wenn er Glück hatte, würde er aus diesem oder anderen Werken einige entscheidende Argumente absammeln können, mit denen er Arnaud sein vorangegangenes Manuskript-Manöver stimmig erklären konnte. Wenn nicht – dann hatte er allerdings ein großes Problem. Er fluchte, packte seinen Rucksack und beschloss, unverzüglich die Universitätsbibliothek aufzusuchen. Allzu gerne hätte er seine letzten Tage in Frankfurt entspannter verbracht und sich anderen, nicht-paläontologischen Dingen gewidmet, aber an solch einen Luxus war in Anbetracht der Umstände leider nicht mehr zu denken.

14

Regungslos in seiner Wohnung sitzend, starrte Adrian die Zimmerdecke an. Eigentlich hatte er am heutigen Tag den Einleitungsteil seiner Doktorarbeit beenden wollen, und zwar durch eine konzise Darstellung paläopathologischer Untersuchungsmethoden im Allgemeinen und der Feststellung des Zahnabrasionsstatus im Besonderen. Die hierzu benötigte Fachliteratur hatte er sich teils in der medizinischen Bibliothek am Uniklinikum, teils aber auch von der Uni-Bibliothek an der Bockenheimer Warte ausgeliehen. Leider hatte sein Gang in die Uni-Bibliothek in hohem Maße dazu beigetragen, dass er sich jetzt nicht mehr auf seine Schreibarbeit konzentrieren konnte – denn er hatte diesen Besuch auch dafür genutzt, sich weitere Publikationen von Professor Fritsch von Blücher anzuschauen. Natürlich war bei diesem relativ kurzen Aufenthalt keine Zeit gewesen, die fraglichen Aufsätze so gründlich durchzulesen wie die *Adapis*-Erstbeschreibung, über deren Seltsamkeiten er sich kürzlich beim Mensagang mit Jens ausgetauscht hatte – aber dafür waren ihm, als er verschiedene ältere Artikel des Professors aus dem Präsenzbestand heraussuchte und einen Blick auf diese warf, andere Dinge aufgefallen.

Es begann damit, dass Adrian im Aprilheft von »Forschung Frankfurt« aus dem Jahre 1990 einen Übersichtsartikel nachschlug, den der Professor in Koautorschaft mit drei anderen Verfassern publiziert hatte. In den Autorenangaben am Ende des Aufsatzes behauptete der Leiter des Franz Weidenreich-Institutes, in Los Angeles und Stanford die Fächer Anthropologie, Geophysik, Geologie und Anatomie studiert zu haben, und dass »zwei seiner elf Doktorväter« »Nobelpreisträger« gewesen seien. Konfrontiert mit dieser Selbstdarstellung konnte Adrian kaum anders, als an die Vorlesung zu denken, die er kürzlich am Institut miterlebt hatte. »Elf Doktorväter« – es las sich wie ein dummer Witz. Glaubte wirklich irgendjemand, dass elf Doktorväter – und darunter angeblich zwei Nobelpreisträger – sich über den Inhalt und die Bewertung einer Doktorarbeit abstimmen beziehungsweise einen solchen Riesenaufwand, der offenbar nur der Eitelkeit des Promovierenden diente, folgsamst mittragen würden? Die bloße Vorstellung nahm sich all zu absurd aus, und von daher wunderte es Adrian auch nicht, dass kein einziger Name der angeblichen Betreuer aufgeführt war, schon gar nicht jene der beiden Höchstdekorierten. Ebensowenig konnte es ihn vor diesem Hintergrund noch wundern, dass behauptet wurde, Professor Fritsch sei »Mitglied und Ehrenmitglied mehrerer international bedeutender wissenschaftlicher Gesellschaften«, ohne dass eine von ihnen konkret benannt worden wäre – die unscharfe Formulierung passte all zu gut zum angeberischen Gequatsche von den elf Doktorvätern. Was Adrian schon eher stutzig machte war, dass die Herausgeber von »Forschung Frankfurt«, dem »Wissenschaftsmagazin« der hiesigen Uni, all dies offenbar abdruckten, ohne sich ernsthaft zu fragen, ob solche auffällig großspurigen Behauptungen nicht leicht übertrieben sein könnten. Beim Stichwort »Übertreibung« wiederum war Adrian dann aber ein weiteres Detail aufgefallen, welches den Professor ausnahmsweise einmal bescheiden wirken ließ, und zwar sein Nachname.

Herr »Fritsch von Blücher« hieß offenbar nicht schon seit seiner Geburt so, sondern erst seit überschaubarer Zeit; genauer gesagt seit 1991. In den Publikationen davor hieß er schlicht »Fritsch«. Der irritierte Adrian glaubte zuerst an einen Fehler, als er in dem 1990 erschienenen Artikel in »Forschung Frankfurt« lediglich den Nachnamen »Fritsch« las; aber so weit er auch zurückging – und er ging in seiner Schnellrecherche bis 1973 zurück, dem Jahr der Berufung als Anthropologie-Professor in Frankfurt –, von einem »von Blücher« war vor 1991 nie die Rede, sondern erst danach. In einer dieser Publikationen aus dem Jahr 1998 hatte der Professor sich in den Autorenangaben sogar als »Graf« bezeichnet, aber dies blieb eine Ausnahme; in späteren Artikeln fand es sich nicht mehr.

Was also konnte dies bedeuten? Doch wohl nur, dass Fritsch im Jahr 1991 seinen Namen zu »von Blücher« erweitert und möglicherweise noch den Status eines Grafen erlangt oder für sich reklamiert hatte. Dies alles mochte ulkig wirken, und Adrian hatte die Sammelbände, in denen die betreffenden Zeitschriften gebunden waren, irgendwann kopfschüttelnd ins Regal zurückgestellt und beschlossen, sich wieder auf den Einleitungsteil seiner Doktorarbeit zu konzentrieren.

Das aber wollte ihm, nach Hause zurückgekehrt, nicht gelingen. Er hatte seine Entleihungen zum Thema Paläopathologie und Zahnabrasion zusammen mit seinen Notizen auf seinem Arbeitstisch ausgebreitet und das »Diss« betitelte Dokument auf seinem Rechner geöffnet, um weiterzuschreiben, aber irgendetwas hielt ihn hartnäckig davon ab. Als er begann, unruhig in seinem Zimmer auf und ab zu laufen, nur um nicht mehr auf den Monitor oder an die Decke starren zu müssen, fiel ihm plötzlich ein, was ihn störte.

Adrian griff zum Telefon und rief seinen Onkel Willy an, der sich hörbar freute, unerwartet seinen Neffen am Apparat zu haben. Sofort begann Willy nach dem Stand der Doktorarbeit zu fragen, und Adrian musste, zu seinem wachsenden Verdruss, ein Detail nach dem anderen zu Material und Methode erläutern. Dann endlich, nachdem er mehrfach versichert hatte, dass er sowohl mit der Wahl seines Themas als auch mit seinem Vorankommen sehr zufrieden sei und die Arbeit gewiss lange vor der eingeplanten Zeit fertiggestellt haben würde, ergab sich die Chance, sein eigentliches Anliegen vorzubringen.

„Onkel Willy, kannst du dich noch an unser Gespräch bei meinem Besuch erinnern – du hast da einen Frankfurter Anthropologie-Professor erwähnt, der vor zwanzig Jahren mal von einer Dame, die Mitglied in eurem Tennisverein war, der Datenfälschung und des Plagiates bezichtigt wurde."

„Richtig, ja – diese befremdliche Geschichte mit den angeblichen Analyseproben, die möglicherweise niemals genommen wurden."

„Hieß der betreffende Anthropologie-Professor zufällig Fritsch mit Nachnamen?"

Am Ende der Leitung war für ein paar Sekunden lang nichts zu hören.

„Das könnte sein", meinte Willy schließlich. „Der andere Name, den du mir damals genannt hattest, also »von Blücher«, war es auf keinen Fall. Aber »Fritsch« – ja, das ist möglich. Mit Sicherheit sagen kann ich es nach all der langen Zeit leider nicht. Dafür ist mir der Vorname der Frau wieder eingefallen, die damals den Ärger mit diesem Professor hatte – sie hieß »Annett«. Im Club haben wir uns ja alle geduzt."

„Ihren Nachnamen weißt du nicht mehr?"

„Nein, damit kann ich nicht dienen. Wie gesagt, das ist zu lange her."

„Meinst du, du kannst das noch irgendwie herausfinden – über ehemalige Mitgliederlisten oder Klubmitglieder vielleicht?"

„Hmmm ... also wenn es dir so wichtig ist, dann kann ich es versuchen. Mit Mitgliederlisten hatte ich nichts zu tun – ich hatte kein Amt inne, für dessen Ausübung man so etwas braucht. Aber über ehemalige Clubkameraden, vielleicht. Ich müsste darüber nachdenken, wer da zum Nachfragen geeignet ist, denn diese Annett war nicht so lange bei uns – ich hatte dir ja erzählt, dass Rita und ich sie nur von ein wenig Smalltalk kannten. Wer sie besser gekannt haben könnte, kann ich spontan nicht sagen, aber vielleicht fällt es mir heute Abend beim Wein und beim Whisky ein."

„Vielen Dank! Das würde mich sehr interessieren, wenn du dich da an noch mehr Details erinnerst."

„Ist dir über den – wie hieß er – über den besagten Fritsch denn etwas Negatives zu Ohren gekommen?"

„Das kann man so sagen, ja – ich habe zuletzt einige sehr interessante Gespräche mit einem Diplomanden geführt, der mich vor Ort an dem Institut betreut. Aber dazu dann bei Gelegenheit mehr – wenn du den Namen dieser Frau herausbekommst, ruf mich doch bitte an, ja?"

„Gerne, Adrian. Mache ich."

„Tschüss, Onkel Willy."

„Auf Wiederhören, Adrian – und lass dich nicht zu sehr vom Promovieren ablenken!"

„Ach, das ist so simpel – ein bisschen Beschäftigung nebenher kann nicht schaden. Mach's gut!"

Nachdem Adrian aufgelegt hatte, ließ er sich wieder vor dem Rechner nieder. In ihm arbeitete es heftig, doch er kannte diese Reaktion nach bestimmten Gesprächen, die ihm Aufregung bereiteten, und er erwartete, dass es langsam abklingen würde. Zu seiner wachsenden Verwunderung geschah dies jedoch nicht – er war weiterhin völlig unfähig, sich auf die Bedeutung paläopathologischer Untersuchungen und auf die wissenschaftliche Erfassung des Zahnabrasionsstatus zu konzentrieren. Irgendetwas hatte er übersehen ... irgendeine Möglichkeit lag noch in der Luft. Wieder stand er auf und begann in seinem Zimmer auf und ab zu marschieren.

„Das alles passt zusammen", dachte er sich. „Dieser Typ ist ein völliger Egomane – »Anton August Adalbert Fritsch von Blücher, Graf«. Und »elf Doktorväter, zwei davon Nobelpreisträger« – oh Mann, was für ein Witz. Und dann auch noch unbedingt einen zweiten Doktortitel machen, damit's alles noch bombastischer wird. Wie mir solche Typen auf den Nerv gehen!"

Adrian blieb wie angewurzelt stehen. Gerade war ihm das Stichwort durch den Kopf gegangen, das ihm den Weg für eine zweite, höchst sinnvolle Nachfrage wies.

Er griff zum Telefon mit der Absicht, Alexander von Korf zu erreichen, der sich zu diesem Zeitpunkt am Klinikum befinden musste.

„Dermatologie am Universitätsklinikum, von Korf", kam es markig vom anderen Ende der Leitung. Adrian hätte jedes Mal laut loslachen können über die dümmlich-wichtigtuerische Manier, mit der Alexander sich zu melden pflegte – Jana hatte recht, es war hochnotpeinlich, sich mit einem Typen abzugeben, der seine Komplexe mit praktisch allem, was er tat und sagte, vor seiner Mitwelt unterstreichen musste. Aber er, Adrian, hatte auch recht, wenn er Jana entgegenhielt, dass der unbestreitbare Idiot von Korf ihm momentan noch nützlich sei.

„Ich bin's, Adrian. Und, gibt's was neues von der Billigimplantatfront?"

„Noch nicht. Aber bald."

„Sehr schön. Ich rufe auch eigentlich wegen einer anderen Sache an – du hast mir doch mal dieses Fotoalbum gezeigt von einem eurer Familientreffen in Adelskreisen."

Es handelte sich um eine Episode zu Beginn ihrer Bekanntschaft – Adrian hatte damals lauthals gelacht über die skurrilen Namen, die den Porträts im Album zugeordnet waren, wie etwa »Olympia Freifrau von Korf«. Auch Alexander hatte sich über seine Verwandtschaft nur lustig gemacht, aber gleichzeitig war klar geworden, dass er stolz darauf war, jede Menge Einblicke in die verborgene Welt des Adels zu besitzen.

„Der Professor, an dessen Institut ich gerade promoviere, heißt zwar ganz wunderschön »von Blücher«, aber noch nicht lange – erst seit 1991", fuhr Adrian fort. „Bis dahin hieß er einfach nur »Fritsch«, wie mir heute eher zufällig klar geworden ist. Nach seiner Umbenennung hat er sich in einer Publikation aus dem Jahr 1998 sogar zum Grafen ernannt, danach aber, soweit ich gesehen habe, nicht mehr. Das sieht alles höchst eigenartig aus – meinst du, du kannst da über deine Adelskontakte mehr drüber herausfinden? Es würde mich nicht wundern, wenn es da möglicherweise Ärger gegeben hat, denn der Typ scheint mir ein ziemlicher *troublemaker* zu sein."

„Das klingt kurios. – Ja, es gibt eine ganze Reihe von Leuten, die ich dazu befragen könnte."
„Okay – wenn du was herausbekommst, lass es mich wissen. Ansonsten schließen wir uns demnächst noch einmal wegen der Implantatgeschichte zusammen. Aber jetzt will ich dich nicht länger vom Arbeiten abhalten – mach's gut!"
„Tschö!"
Adrian legte auf, setzte sich wieder vor seinen Rechner und starrte die Zimmerdecke an. Als er nach einigen Minuten spürte, dass irgendetwas in ihm langsam begann, die Fühler in Richtung der Bücher und Notizen auszustrecken, die auf dem Arbeitstisch vor ihm ausgebreitet lagen, war er sicher, für heute alles richtig gemacht zu haben.

15

Jens Bischwiller vernahm das Klingeln seines Telefons und fragte sich, wer ihn so früh am Morgen anrief. Zwar war er seit gut einer halben Stunde auf den Beinen, aber ein Anruf um kurz vor sieben war nicht eben die Regel. Auch die im Display angezeigte Nummer konnte er nicht zuordnen – es war eine aus Mainz, wo auch er lebte, weil er sich einen Umzug nach Frankfurt aus Geldgründen kaum leisten konnte und ohnehin schon entschieden hatte, der dortigen Uni nach Abschluss seiner Diplomarbeit den Rücken zu kehren. Er zögerte kurz, dann hob er ab. Auf sein reserviertes „Ja bitte?" hin hörte er eine vor Vitalität und Unternehmungsgeist nur so strotzende, etwas hohe Stimme.
„Herr Bischwiller – Fritsch von Blücher hier! Man hat mir gerade erzählt, dass Sie nach wie vor in Mainz wohnen, und ich konnte davon ausgehen, Sie noch zu erwischen, wenn ich so früh durchrufe."
„Guten Morgen, Herr Professor. Ja, ich bin noch vor Ort, wie Sie merken – ich wäre in einer halben Stunde aus dem Haus gegangen."

„Das passt sehr gut – dann möchte ich Sie bitten, umgehend bei mir vorbeizukommen. Ich habe über zweihundert Schimpansenschädel zu verladen, die ich bei mir zu Hause untersucht habe und die jetzt zurück ans Institut müssen, um dort professionell fotografiert zu werden. Meine eigentlich eingeplante Hilfskraft ist ausgefallen, und was mich betrifft, so wissen Sie ja, dass ich zwar sportlich bin, aber eben auch nicht mehr der Jüngste! Meine Adresse ist Ihnen bekannt?"

Jens bejahte – der Professor lebte in einer großen Villa, an der er schon mehrfach vorbeigefahren war.

„Dann kommen Sie, so schnell es Ihnen möglich ist. Mein Wagen ist geräumig genug, dass auch nach dem Verladen der Schädel noch Platz sein wird. Als Gegenleistung kann ich Sie dann nach Frankfurt mitnehmen, auch wenn Sie vielleicht ein oder zwei Kisten auf den Schoß nehmen müssen!"

Jens bedankte sich für das Angebot und kündigte an, in weniger als einer halben Stunde bei von Blücher zu sein. Der Weg war mit öffentlichen Verkehrsmitteln recht schnell zurückzulegen, und als er im Bus saß, erinnerte er sich langsam daran, dass ihm diese Schimpansenschädelsammlung nicht unbekannt war. Sie stammte, wenn er sich richtig entsann, von einem Heidelberger Arzt und Ethnologen, der zeitlich noch recht nahe an solchen Afrikaforschern wie Hans Reck oder Ludwig Kohl-Larsen den schwarzen Kontinent unsicher machte. Professor von Blücher hatte selbst einmal erwähnt, mit dieser Sammlung zu arbeiten und dabei seine Kenntnisse über die Morphologie der Primaten entsprechend zu erweitern. Außerdem fiel Jens ein, dass in den hierzu veröffentlichten Artikeln häufig der Name eines US-amerikanischen Forschers von der Pennsylvania State University als Erstautor auftauchte. Unter den vielen US-amerikanischen Kontakten und Kooperationen, deren sich von Blücher mit schöner Regelmäßigkeit rühmte, war dies also eine, die sich tatsächlich auch in gedruckter Form niederschlug.

Bei der großen Villa in der Schanzenallee angekommen, sah er den Wagen des Professors in der Auffahrt stehen. Als Jens das Grundstück betrat, wollte er eigentlich an der Eingangstür klingeln, doch kaum dass er vor dieser stand, hörte er aus den oberen Fenstern schon die unverwechselbare Stimme seines Chefs.

„Herr Bischwiller, gehen Sie hinten ums Haus herum! Die Kisten stehen an der Terrassentür, bringen Sie sie einfach zu meinem Van!"

„Okay!", rief Jens, ohne zu wissen, aus welchem der offenstehenden Fenster heraus er angesprochen worden war. Als er um das Gebäude herumging, sah er bald eine Reihe von Holzkisten auf einem Terrassenanbau stehen – insgesamt dreizehn Stück. Sie waren nicht übermäßig groß, aber trotzdem für eine einzelne Person nicht leicht zu tragen. Jens schickte sich gerade an, die erste anzuheben, als der Professor mit einer vierzehnten Kiste in den Armen durch die bereits geöffnete Terrassentür auf ihn zu kam.

„Guten Morgen, Herr Bischwiller! An dieser hier habe ich noch gearbeitet, deshalb hat sie gerade keinen Deckel. Stellen Sie Ihre Kiste bitte noch einmal ab und lassen Sie uns diese hier erst mal verschließen, dann haben wir alles beisammen!"

Jens tat wie geheißen und betrachtete die Reihen von Schimpansenschädeln, während Professor von Blücher den Deckel der neu abgestellten Kiste holte. Die Schädel waren jeweils einzeln in Pappschachteln eingelegt und mit jeder Menge Packmaterial vor dem Zusammenstoßen geschützt. Auf den seitlichen Schädelknochen konnte er eine fortlaufende Nummerierung erkennen, die mit schwarzer Farbe aufgetragen worden war, ebenso wie die ihm sattsam bekannte Signatur »AFvB« – dieses Kürzel zierte auch alle möglichen Bücher und Abgüsse am Institut.

Von Blücher kam mit dem fehlenden Deckel zurück. Gemeinsam verschlossen sie die Kiste und begannen, alles zum Wagen zu schleppen. Jens merkte, dass ihm irgendetwas im Kopf herumging, aber erst, als sie mit der Verladearbeit fertig waren und sich Richtung Frankfurt auf den Weg machten, sprach er die Sache vorsichtig an.

„Diese Schimpansenschädelsammlung ist schon recht alt, oder?"

„Selbstverständlich!", antwortete der Professor und riss dabei die Augen auf, wie er es nicht selten tat, um seinen Worten Nachdruck zu verleihen. „Eine so umfangreiche Sammlung hätte man nach dem Washingtoner Artenschutzabkommen ja gar nicht mehr zusammenbekommen. Da waren die Zeiten für die Biologen vorher besser – also wenigstens für die, die Spaß an der Jagd haben, nicht wahr! Dadurch, dass die Sammlung so groß ist und außerdem aus einem räumlich relativ begrenzten Gebiet stammt – aus Liberia nämlich – ist sie für die Forschung besonders wertvoll. Es handelt sich um eine der wertvollsten, ach, was sage ich, *die* wertvollste Schimpansenschädelsammlung weltweit!"

Jens wollte eigentlich genaueres über die Herkunft der Schädel erfahren, da er sich nicht erklären konnte, warum auf diesen die »AFvB«-Signatur des Professors, und nicht die des vormaligen Besitzers, zu sehen war. Doch er brauchte gar nicht zu fragen, denn zumindest ein Teil dieser Information kam ganz von selbst:

„Ich war mit der Familie, die die Sammlung normalerweise geerbt hätte, gut bekannt. Die hätten damit ja gar nichts anfangen können! Also habe ich rechtzeitig einen Kaufvertrag abgeschlossen und die Sammlung erworben. – Ganz fantastisch, nicht! Aber gute Fotos brauche ich noch davon, das bisher vorliegende Bildmaterial ist veraltet. Das werden wir in den nächsten Wochen am Institut erledigen."

Jens beschloss, das Thema mit den Signaturen besser nicht anzusprechen. Möglicherweise, so schätzte er die Lage ein, würden sich in nächster Zeit genügend Gelegenheiten bieten, die Schädel einmal genauer anzusehen. Es konnte ja sein, dass Professor von Blücher die bisherige Nummerierung einfach nur mit seiner Signatur ergänzt hatte. Trotzdem spürte er, dass irgendetwas an der ganzen Geschichte ihn störte.

Bis sie Frankfurt erreicht hatten, drehte sich ihr Gespräch hauptsächlich um organisatorische Dinge am Institut, darunter auch die neuen Zu- und Abgänge von Zahnmedizinern sowie den Abschied des Gaststudenten Hany Bouhired, der mit seinem Studium des institutseigenen Sammlungsmateriales offenbar sehr zufrieden gewesen war. Umgekehrt lobte Professor von Blücher Hanys interessierte und gleichzeitig zurückhaltende Art.

„Sein Chef, Arnaud Vergès, ist ganz anders. Immer sehr konfrontativ, nicht! Wollte vor einigen Jahren anhand nordafrikanischer Funde den *Homo sapiens* mal eben hunderttausend Jahre älter machen. Damit hat er sich natürlich blamiert; da fehlt ihm auch einfach fachlich der Überblick über den Gesamtbefund. Der soll bei fossilen Halbaffen bleiben, da kennt er sich gut aus. – Der Herr Bouhired war ganz begeistert, dass ich eine neue Halbaffenart beschrieben habe! Da habe ich ihm erlaubt, ein Erinnerungsfoto von meinem *Adapis*-Schädel zu schießen. Alles andere steht ja in meinem Artikel – den haben Sie Herrn Bouhired gegeben, oder?"

Jens bejahte und verschwieg dabei, dass der betreffende Artikel für Hany wohl ziemlich wertlos gewesen sein musste, da er in deutscher Sprache abgefasst war und nicht einmal ein englisches Summary enthielt.

Inzwischen bewegte sich das Auto die Siesmayerstraße hinunter auf das Institut zu. Professor von Blücher musste abbremsen, als er die Einfahrt erreicht hatte, da eine Studentin gerade ihr Rad zu den Fahrradständern schob. Unangenehm überrascht musste Jens registrieren, dass diese kurze Verzögerung auf den letzten Metern den Professor erzürnte: „Blockiert da die ganze Auffahrt, nicht!"

Von Blücher hupte, die Studentin drehte sich überrascht um, und Jens wandte den Kopf voll unguter Vorahnungen in die entgegengesetzte Richtung ab. Das Auto fuhr aufdringlich nahe an die abgestiegene Radfahrerin heran, die mit verärgertem Gesichtsausdruck, aber ihre Bewegungen keineswegs beschleunigend, auf die Reihe der Fahrradständer zuging. Während der Wagen dicht an dem unliebsamen Hindernis vorbeirollte, ließ von Blücher die Seitenscheibe herunter und fasste seine Einschätzung der Situation in fachlich verbrämtes Vokabular:

„Wissen Sie, was Sie sind, junge Frau? Sie sind *steatopyg!* Schlagen Sie das mal in einem Fachwörterbuch nach: STE-A-TO-PYG! Nicht! Dann lernen Sie etwas!"

Das Auto fuhr mit quietschenden Reifen wieder an, während Jens sich mit dem Sitz seiner Brille beschäftigte – was es ihm erlaubte, seine Hände so vor's Gesicht zu halten, dass man ihn hoffentlich nicht erkennen konnte.

16

Paul Bongartz ließ sich mit schwirrendem Kopf an einem freien Ecktischchen in der Cafeteria des Uniklinikums nieder. Gerade hatte er einen Fehler begangen – oder genauer gesagt zwei. Wobei man beide nicht recht miteinander vergleichen konnte, denn es war vornehmlich der zweite, der ihn gerade aus der Fassung brachte, da er ganz entschieden in die Kategorie „unerklärlich" fiel.

Fehler Nummer eins war es gewesen, ohne Jana einen ersten Testdurchlauf an dem neuen Zahnersatz-Modellierer zu starten, dessen Leistungsfähigkeit beide demnächst im Rahmen ihrer Doktorarbeiten austesten wollten. Paul hatte einen solchen Alleingang keineswegs geplant – aber als er heute zufällig an dem Raum mit den betreffenden Geräten vorbeigekommen war, hatte er jenen US-amerikanischen Assistenten angetroffen, der seinerzeit Jana und Adrian die Tür aufgeschlossen hatte, damit diese die für die anstehenden Versuchsreihen vorgesehenen Modelliermassen deponieren konnten. Aus ihrem spontanen Gespräch hatte sich, ohne dass Paul es eigentlich anstrebte, eine sehr genaue Einweisung in die Funktionsweise des Modellierers und die Anwendung beziehungsweise Tücken des Computerprogramms ergeben, und der Assistent hatte Paul nicht nur ermutigt, gleich einen ersten eigenen Versuch zu starten, sondern er hatte auch selbst einen solchen in allen Einzelheiten vorgeführt und dabei sein Unverständnis über das vorangegangene Promotionsteam zum Ausdruck gebracht, das über Wochen immer wieder durch unerklärliche Fehler aufgefallen war. Paul versuchte anfänglich noch, dieser unvorhergesehenen Demonstration Einhalt zu gebieten, da er die ersten Schritte am Modellierer eigentlich zusammen mit Jana gehen wollte, aber irgendwann war es dann doch zu verführend geworden, schon einmal ein wenig »vorzusorgen«. Es konnte doch nicht schlecht sein, mit soliden Vorkenntnissen in den demnächst anstehenden gemeinsamen Testlauf zu gehen, zumal der Amerikaner, der ihm gerade alles so detailreich erklärte, dann vielleicht schon nicht mehr vor Ort sein würde – er stand kurz vor der Rückkehr an seine Heimatuniversität in den Staaten. So war es also gekommen, wie es kommen musste. Paul hatte sich für die ausgezeichnete Vorführung bedankt, sich von dem Assistenten, auf den andere Aufgaben warteten, verabschiedet, und die folgende Stunde damit verbracht, ganz so wie zuvor sein Einweiser einen eigenen kleinen 3D-Druck zu produzieren: mit dem Ergebnis, dass die von ihm hergestellte Krone signifikant von jener des Assistenten abwich, obwohl eigentlich alle durchgeführten Schritte identisch gewesen waren. Mit anderen Worten, Paul hatte den Test verpfuscht – und trotz intensiven Grübelns nicht die geringste Ahnung, an welcher Stelle er den Fehler gemacht hatte.

Paul leerte seinen Kaffeebecher und hoffte, dass jene höchst unangenehme Gefühlsmixtur aus Verwirrung und Scham, von der er sich geradezu geflutet fühlte, endlich vergehen würde. Er wusste nur zu gut, was sein quälendes Unwohlsein noch verstärkte: die Tatsache, dass er sich dummerweise in den Konflikt gebracht hatte, ob er Jana von der Pleite berichten oder ob er die Abreise des Amerikaners abwarten und dann gegenüber Jana so tun sollte, als hätte er nie eine erste Einweisung bekommen. Paul hasste beide Vorstellungen: die, vor Jana als Versager dazustehen, ebenso wie jene, sie zwecks Vertuschung seines Misserfolges belügen zu müssen.

Und es gab einen weiteren Gedanken, der sich geradezu aufdrängte: nämlich, dass Adrian solch ein Reinfall nie und nimmer passiert wäre. Adrian hatte es immer geschafft, vor Jana glänzend auszusehen, sogar wenn es um die vertracktesten zahnmedizinischen Dinge ging. Die Nummer des gelangweilten dentalwissenschaftlichen Helden wider Willen, die er seit Jahren vor Jana und Paul abzog, hatte schon fast etwas Groteskes.

Natürlich war Paul ebenso wie Jana äußerst dankbar dafür, Adrian bereits in der Anfangsphase des Studiums kennengelernt zu haben und seitdem mit ihm in gut organisierter Weise zusammenarbeiten zu dürfen. Zwar hätten Jana und Adrian, so wie die Dinge ab diesem Zeitpunkt liefen, irgendwann auch privat ein Team werden müssen, aber seltsamerweise verhielt Adrian sich gegenüber dieser Möglichkeit ganz eigenartig kalt und phlegmatisch. Eigenartig vor allem für Jana, die es als selbstbewusste und gut aussehende, zudem sehr sportliche Frau wohl kaum gewohnt war, von einem halbwegs normalen Mann in dieser Weise ignoriert zu werden. Auch Paul hatte besagtes Verhalten absolut nicht einordnen können – bis er noch im Laufe des ersten Semesters über einen Hinweis gestolpert war, was genau bei dieser ganzen Geschichte eigentlich ablief.

Paul war nachts mit der Straßenbahn an einer als „gehoben" geltenden Bar in der Frankfurter Innenstadt vorbeigekommen und hatte zu seiner Überraschung gesehen, wie Adrian diese gerade verließ. Zwar war es bereits ganz dunkel, und Adrian war mit Anzug und Krawatte anders gekleidet als sonst, aber seine vollen hellblonden Haare waren schon von weitem nicht zu übersehen gewesen, und beim Vorüberfahren an besagter Lokalität blieb an der Korrektheit dieser Beobachtung kein Zweifel – ebensowenig wie an der ostasiatisch aussehenden Frau, die in Adrians Begleitung war. Paul hatte später oft darüber nachgedacht, was der wahre Sinn jenes Adjektives sein könnte, welches ihm beim Anblick der betreffenden, großen und gut gebauten Ostasiatin spontan einfiel, nämlich: *teuer*. Egal ob es sich um eine normale Besucherin handelte oder um eine bezahlte Begleitung – Adrian wirkte neben dieser ebenso »entwickelten« wie exquisit wirkenden Dame beinahe minderjährig. Der darob nicht wenig verwunderte Paul hatte schließlich für sich selbst die Version präferiert, dass dies keine Edelprostituierte gewesen war, sondern »nur« eine mondäne Nightclubberin, die letztendlich das nachprüfen wollte, was sich wohl jede auf Vergnügung ausgehende Frau bei Adrians Anblick fragte: nämlich, ob er unten herum genau so blond war wie oben. Dass Ostasiatinnen sich angeblich von Europäern angezogen fühlten, und zwar besonders von Nordeuropäern, wurde ja hinlänglich kolportiert, und in einer Stadt wie Frankfurt konnte man Beispiele hierfür täglich auf der Straße sehen.

Mit dieser Folgerung hätte es auch gut sein können, zumal Paul längst wusste, dass Adrian aus einer begüterten Familie stammte und eher zu viel als zu wenig Geld auf dem Konto hatte. Aber wie es das Schicksal wollte, kam bald noch eine weitere ungeplante Beobachtung hinzu. Paul, der es leid war, massenweise zahnmedizinische Werke aus der Bibliothek auszuleihen und wieder zurück zu schleppen, hatte erstmals Adrian besucht, der sich mit Fachliteratur nicht nur bestens versorgt wusste, sondern sogar über mehrere Auflagen der verschiedenen Standardwerke verfügte und demzufolge gerne bereit war, seinen Kommilitonen damit auszuhelfen. Bei dieser Gelegenheit geriet ihr Gespräch zufällig auf das Themenfeld Instrumentalmusik, und Paul hatte festgestellt, dass Adrian – obwohl kein übermäßiger Freund derselben – einige sehr frühe, computergenerierte Musikstücke aus den Bell-Laboratorien kannte, die normalerweise nur Experten etwas sagten. Adrian fuhr im Zuge dieses Gedankenaustausches seinen Rechner hoch und öffnete sein Musikarchiv, wurde dann aber durch einen Telefonanruf abgelenkt. Seinen Studienkameraden auf das Verzeichnis „Instrumental" hinweisend, verließ Adrian den Raum, um zu telefonieren, und Paul tat wie ihm geheißen und klickte den entsprechenden Ordner an.

In den etwa drei Sekunden, die Paul gebraucht hatte, um seinen Stuhl an den Rechner heranzurücken und das „Instrumental"-Verzeichnis zu öffnen, stand ihm jedoch der Inhalt von Adrians Hauptordner vor Augen, in dem die einzelnen Musikstücke tabellarisch aufgelistet waren. Die Auflistung erfolgte, wie

Paul sofort erkannt hatte, nicht alphabetisch, sondern anhand der Abspielhäufigkeit der einzelnen Tracks – er kannte diese Auflistungsoption von den Favoriten seines eigenen Musikarchivs. Der Track jedenfalls, der in Adrians Hauptliste mit Abstand am meisten gespielt wurde und demzufolge ganz oben stand, war von einem Interpreten Namens „Fancy" und hieß *Chinese Eyes – 12" Maxiversion.*

Paul kannte weder das Stück noch den Interpreten, und beides wäre ihm wahrscheinlich auch gar nicht richtig aufgefallen, hätte er in dieser Wahrnehmungssekunde nicht automatisch an jene kurze nächtliche Szene vor dem Frankfurter Nachtklub gedacht. Wieder in die heimischen vier Wände zurückgekehrt, vermochte Paul seine »musikalische« Neugier jedenfalls nicht unbefriedigt zu lassen und schaute sich im Net *Chinese Eyes – 12" Maxiversion* von „Fancy" an. Schon nach wenigen Sekunden war ihm klar geworden, dass dieses scheinbar musikalische Interesse eine schlechte Selbstrechtfertigung darstellte, denn natürlich ging es hier um etwas anderes als Musik: Es ging um einen Blick in Adrians Seelenleben. Trotzdem aber brach Paul den fünf Minuten und siebenundvierzig Sekunden langen, bizarren Videoclip aus den 1980er Jahren nicht ab. Er schaute ihn von Anfang bis Ende, nahm die dargebotenen Szenen ebenso in sich auf wie den Songtext und durfte sich insgesamt davon überzeugen, dass es bei letzterem um die wahnhafte, masochistisch ausgerichtete Verfallenheit eines Mannes an chinesische Frauen ging – oder zumindest an deren Augenpartien. Seinen ebenso dramatischen wie fragwürdigen Höhepunkt erreichte der Clip, als der solchermaßen dem Liebeswahn verfallene Protagonist von einer seiner Fetisch-Ladies in einer Telefonzelle umgebracht wurde.

Paul blickte seitdem einigermaßen durch: Adrian, der Geld im Überfluss hatte, wollte seine Jugendjahre offenbar zum Experimentieren nutzen, bevor er an so etwas wie eine feste Beziehung – also naheliegender Weise eine mit Jana – dachte. Dies war die auf der Hand liegende Erklärung für alles, auch wenn man sie bedarfsweise verschärfen konnte: etwa, indem man in Adrian einen echten Fetischisten sah, der mit Jana in erotischer Hinsicht tatsächlich nichts anzufangen wusste. Dies aber glaubte Paul keineswegs, denn die Frauen in dem Video waren Jana vom Typ her durchaus ähnlich, wenn man von ihren ostasiatischen Sondermerkmalen einmal absah. Außerdem war bei ihren Treffen jederzeit offensichtlich, dass Adrian sich in Janas Bewunderung sonnte: Er mochte sie; und zwar nicht viel weniger, als es auch Paul tat. Aber zweifellos gab es Dinge, die Adrian momentan noch etwas lieber mochte, und die er in diesen seinen ersten Studentenjahren einfach auslebte, ohne durch eine parallel laufende »normale« Beziehung Konflikte zu riskieren. Was er hingegen ziemlich geschickt drauf hatte, war, Janas Interesse wachzuhalten – trotz seiner vordergründig dargebotenen Kälte. Paul war überzeugt davon, dass er sie absichtsvoll „in Reichweite" hielt, sie stets als Option verfügbar haben wollte – falls ihm doch einmal der Sinn nach einer Lebenspartnerin stand, irgendwann, wenn er den Spaß an seinen Nachtklubabenteuern allmählich verlieren sollte.

War es gut zu nennen, dass Paul nunmehr »Bescheid« wusste? Einerseits ja, da es ein wenig Spannung aus der gegebenen Dreierkonstellation nahm. Mochte Jana sich über Adrian wundern, wie sie wollte, Paul konnte dessen undurchschaubares Verhalten ab jetzt etwas gelassener nehmen. Jedenfalls wurde dies zu Pauls gutem Vorsatz, denn unmittelbar nach Ende des *Chinese Eyes*-Clips hatte er sich reichlich mies gefühlt. Sein Gewissen meldete sich machtvoll zu Wort – keineswegs auf abstrakter, sondern auf äußerst konkreter Grundlage. In seiner Heidelberger Zeit hatte sich einmal ein in Deutschland aufgewachsener Student aus dem nordpakistanischen Raum an ihn gehängt, der ein Pseudostudium betrieb, aber von der lächerlichen Vorstellung befallen war, auf Medizin wechseln zu müssen, weil ihm dies in seiner Familie das größtmögliche Ansehen einbringen würde. Paul hatte ihn aus reiner Freundlichkeit in seine Wohnung gelassen, um ihm einen Blick auf seine medizinische Fachlektüre zu gönnen, aber auch, um dem Ratsuchenden auf möglichst schonende Weise beizubringen, dass dieser für ein Medizinstudium absolut untauglich sei. Ironischerweise war dann etwas frappierend Ähnliches passiert wie später bei Adrian: Paul hatte sein WG-Zimmer verlassen, um im Flur einen Telefonanruf entgegenzunehmen. Während er sprach, konnte er in einem spiegelnden Glaseinsatz seiner halb geöffneten Zimmertür erkennen, wie sein Besucher offenbar aus reiner Neugier – oder eher reichlich unverschämter Neugier – in Schranktüren und Schubladen schaute. Paul war über diesen unerwarteten Anblick höchst befremdet und verärgert, aber er brachte es in der gegebenen Situation nicht fertig, seinen Gast zur Rede zu stellen. Stattdessen hatte er ihn mit Verweis auf den gerade eingegangenen Anruf aus der Wohnung komplimentiert und sich bei allen noch folgenden, zufälligen Zusammentreffen an der Uni so betont distanziert verhalten, dass diese unerfreuliche Bekanntschaft schnell das erhoffte Ende fand. Trotzdem hatte Paul sich später mehr als einmal über die Erinnerung an diese dahergelaufene Flitzpiepe mit ihrem bezeichnend heuchlerischen Grinsen geärgert und sich gewünscht, dem verachtenswerten Idioten bei dem betreffenden Vorfall klar und deutlich die Meinung gesagt zu haben, statt seinen Ärger hinunterzuschlucken.

Doch nach der Episode in Adrians Wohnung, und dem, was ihr folgte – ja, was dann? Was hatte er selbst denn anderes getan, als bei Adrian in Schränke und Schubladen zu schauen, die ihn absolut nichts angingen? Paul kam nicht weit mit den Ausreden, die er sich versuchsweise vorlegte – nämlich, dass die Zufallsbeobachtung aus der fahrenden Straßenbahn heraus sowie der ebenso zufällig erfolgte, nur Sekunden währende Blick auf Adrians Playlist eher Widerfahrnisse darstellten als aktive, absichtsvolle Handlungen. Auch der gefällige, typische *eighties*-Drive von *Chinese Eyes* und die bei aller Rotlichtatmosphäre bestens zu Text und Sound passenden Bilder des Clips konnten nicht rechtfertigen, dass Paul diesen vollständig konsumiert hatte. Es half alles nichts: Das Anschauen des Musikvideos beziehungsweise das damit verbundene Rezipieren des Songinhaltes hätte er, echten Respekt vor Adrian vorausgesetzt, gänzlich unterlassen müssen. Diese Haltung aber hatte er nicht hinbekommen – und das gegenüber einem Menschen, dem er schon rein studienmäßig ungeheuer viel verdankte und der sich ihm gegenüber stets korrekt verhalten hatte.

Wie also war seine beschämende Handlung zu erklären? Doch wohl nur mit der latenten Konkurrenzsituation um Jana. Paul hatte sich Jana von Anfang an sehr verbunden gefühlt, ja geradezu so etwas wie ein Urvertrauen zu ihr empfunden. Schon von der ersten Begegnung an konnte er als Tröster für sie auftreten, da sie gerade eine wüste Trennung von ihrem Freund hinter sich hatte, und umgekehrt vermochte er sich ihr gegenüber so weit zu öffnen, dass er ihr alles von seinem überlastungsbedingten Zusammenbruch in Heidelberg erzählte. Es war bitter für ihn, wie das baldige Erscheinen Adrians die Lage veränderte, auch wenn es im Hinblick auf die sich einstellenden Studienerfolge natürlich als riesiger Glücksfall eingestuft werden musste. Aber unbestreitbar war, dass er nicht im Traum daran denken konnte, bei Jana eine Chance zu haben, solange Adrian in geradezu aufreizender Manier mit der Möglichkeit spielte, dass er noch zu haben sei. Jana war von Adrian tief fasziniert, und seine phasenweise ins Seltsame abdriftende Introvertiertheit verstärkte diese Faszination noch.

Dabei hätte eigentlich recht früh klar sein müssen, dass dieses Verhalten nicht den ganzen Adrian zeigte. Seine durchaus vorhandene andere, aggressive und impulsive Seite war spätestens mit seiner verbalen Attacke auf Professor Wägerich deutlich zu Tage getreten. Paul hoffte, dass dieser Vorfall Jana dabei helfen konnte, Adrian realistischer zu sehen als vorher. Was ihn selbst betraf, so hatte ihm Janas diesbezüglicher Bericht jedenfalls nicht sonderlich imponiert. Denn die eigentliche Frage war doch: Hätte Adrian sich in identischer Weise verhalten, wenn er finanziell nicht so überaus gut dastehen würde? Wenn er keine erfolgreiche Zahnarztfamilie hinter sich wüsste? Paul glaubte das nicht, und deshalb fand er Adrians Nummer auch nicht gerade mutig. Mutig war jemand, der wirklich etwas zu verlieren hatte. Adrian hingegen kam ihm eher wie ein verwöhntes Kind vor, das glaubte, tun und lassen zu können, was ihm gefiel. Es war das erste Mal, dass Paul wirklich daran zweifelte, ob Adrian für

Jana eine gute Wahl darstellen würde. Oder anders ausgedrückt: ob er selbst nicht die eindeutig solidere Wahl war, besonders, falls Adrian sich weiter in Richtung der neuerdings gezeigten Eigenheiten entwickeln sollte.

Gedankenverloren spielte Paul, den all diese Erinnerungen und Vorstellungen zusätzlich zu seinem gerade erlittenen Fehlschlag am 3D-Modellierer belasteten, mit seinem leeren Kaffeebecher. Konnte er sich eingestehen, dass er Jana liebte, solange jemand wie Adrian im Wege stand? Denn offensichtlich ging es ja um Liebe, um Begehren und um nichts anderes. Paul waren kürzlich einige Nahaufnahmen der Tennis spielenden Jana zu Augen gekommen, und die Wirkung auf ihn konnte man nicht anders als umwerfend bezeichnen. Jana hatte ihre schulterlangen Haare zu zwei Zöpfen geflochten, die sozusagen an die Lateralseiten ihres Hinterkopfes fixiert waren – eine bessere Beschreibung fiel Paul nicht ein, und er hatte generell keine Ahnung, wie die Frauen all diese verwirrenden Verflechtungstricks mit ihren Haaren hinbekamen. Er wusste nur, dass es hinreißend aussah, weil es so wunderbar zu Janas besonderer Ausstrahlung auf diesen Fotos passte. In etwas umständlichen Versuchen hatte er ihr dies mitteilen wollen, aber sie hatte es nicht ernstgenommen und mit den Worten „Das? Das ist doch nur meine Kampffrisur" weggewischt.

„Kampffrisur" war gut. Es hatte etwas von Widderhörnern, und es wirkte im Zusammenspiel mit ihrem hoch vigilanten Augenausdruck beinahe dämonisch. Zu gerne hätte er Jana gefragt, ob er mal bei einem ihrer regelmäßigen Ligaspiele zuschauen könne, aber er bekam es nicht fertig. – Wie leicht doch Adrian diese Frage gestellt hätte, wenn sie ihm irgendwie in den Sinn gekommen wäre, und wie selbstverständlich, ja erfreut Jana sich einverstanden erklären würde!

Adrian war schlicht und ergreifend frei. Er tat, was er wollte. Das war der Unterschied.

17

In den letzten Tagen hatte Adrian mehrfach die Erfahrung gemacht, dass er erst einmal eine Weile die Zimmerdecke anstarren musste, bevor sich langsam das Empfinden einstellte, für das Schreiben an seiner Doktorarbeit im richtigen Zustand zu sein. Objektiv betrachtet ging es bei diesem Ritual wohl darum, störende Einflüsse, welche sich im Laufe des Tages angesammelt haben mochten, allmählich zu verdrängen, und an ihrer Stelle all jene Gedächtnisinhalte mental in Reichweite zu bringen, die er für die konzentrierte Abfassung eines fachlich hochwertigen Textes benötigte.

Für heute jedoch konnte er sich diese Übung sparen. Schon am Morgen, als er noch am Institut vor seiner Knochenkiste saß, hatte ihn eine SMS von Alexander von Korf erreicht, welcher ihm »ganz schräges Zeug« ankündigte, und außerdem, dass er ihn nach seinem Dienstende von der Dermatologie aus anrufen wolle. Dies aber war nicht alles gewesen, denn bei seiner Rückkehr in die heimischen vier Wände hatte Adrian eine Nachricht von Onkel Willy auf seinem Anrufbeantworter vorgefunden.

Seitdem starrte Adrian weniger die Zimmerdecke als seinen Monitor an. Die Frau, die seinerzeit den Ärger mit Professor Fritsch – noch nicht »von Blücher« – gehabt hatte, hieß, so hatte Onkel Willy herausgefunden, Annett Oechsle. Und ebenso wie bei ihrem ersten Gespräch zu diesem Thema erwähnte sein Onkel den Namen jener Firma in der Schweiz, nämlich SIPUNC. Kaum, dass die gespeicherte Nachricht auf dem Anrufbeantworter zu ihrem Ende gekommen war, hatte Adrian sich vor die Stirn geschlagen und an seinem Rechner zur Suchmaschine gegriffen: mit Erfolg. Eine Diplom-Ingenieurin Annett Oechsle war tatsächlich bei SIPUNC beschäftigt, und zwar in gehobener Funktion bei der Marketingabteilung.

In der vergangenen Stunde hatte er versucht, noch mehr über die Frau herauszufinden, aber ohne nennenswertes Ergebnis. Immerhin jedoch besaß er nun die Möglichkeit, diese ehemalige

Gegnerin von Professor Fritsch per Mail oder telefonisch unter ihrer Firmennummer zu erreichen. Adrian hatte bereits angefangen, einen Mailtext zu entwerfen, aber schnell gemerkt, dass dies wahrscheinlich der weniger gute Weg für eine Kontaktaufnahme war. Er würde diese Annett Oechsle anrufen müssen, wenn er Details über ihre mysteriöse Geschichte aus den 1980er Jahren herausfinden wollte. Daran führte, je mehr er es durchdachte, kein Weg vorbei.

In diesem Augenblick klingelte sein Telefon. Den angekündigten Anruf von Alexander von Korf hatte er ganz vergessen. Der angezeigten Nummer nach rief er, wie angekündigt, von der Dermatologischen Station aus an – ein Zeichen dafür, dass er es eilig hatte, seine Neuigkeiten loszuwerden.

„Moin – dann lass mal hören, dein »schräges Zeug«", meldete sich Adrian.

„Ist wirklich ganz schräg", kam es vom anderen Ende der Leitung. „Also, nach allem, was ich herausgefunden habe, hat der Professor Fritsch wohl Gründe, mit seinem leiblichen Vater unzufrieden zu sein. Was möglicherweise daran liegt, dass Papi ein Vollnazi gewesen ist."

„Echt?"

„Ich schwör's dir, du. Papi hatte im ersten Weltkrieg gekämpft, war dann in der Weimarer Zeit für eine Versicherung tätig und schon bald nach Kriegsende in der völkischen Bewegung aktiv. Geburts- und Wohnort auch nach dem Krieg war Berlin. Eintritt in die NSDAP 1926, und zwar demonstrativ mit der ganzen Familie. Er war zu diesem Zeitpunkt schon verheiratet, aber sein Sohnemann, von dessen wissenschaftlichen Leistungen du gerade so angetan bist, war da noch nicht auf der Welt – der wurde erst 1939 geboren, als Papi bei den Nazis schon richtig Karriere gemacht hatte."

Adrian musste grinsen angesichts der ungebremsten Begeisterung, mit der Alexander diese Resultate in den Hörer quasselte. Sein adliger Bekannter hegte eine unübersehbare Faszination für die zwölf finsteren Jahre – diese meinte er Adrian unter anderem damit demonstrieren zu müssen, indem er ihn einst in einer

Parallelstraße der Zeil in ein gruseliges Antiquariat geführt hatte, dessen äußerst unsympathischer Besitzer teils offen, teils unter der Hand „Reichs"-Devotionalien zu Geld machte. Es war einer der hässlichsten Orte, die Adrian in Frankfurt jemals kennenlernte – aber so tief ihn all dies auch abstieß, so sicher konnte er jetzt sein, dass Alexander sämtliche Informationen, die er gerade vorbrachte, sehr genau erfragt hatte.

„Papi war zuerst als SA-Schläger unterwegs und dabei so erfolgreich, dass er schon bald SA-Sturmführer wurde", sprudelte es aus Alexander heraus. „Als Hitler 1933 Reichskanzler wurde, war Papi natürlich beim großen Fackelzug in der Wilhelmstraße dabei. Er stieg zum SA-Standartenführer auf, aber dann gab es ja leider 1934 den Röhm-Putsch, der, wie man weiß, nicht allen SA-Leuten guttat. Papi scheint aus der Sache aber einigermaßen unversehrt herausgekommen zu sein – möglicherweise half ihm, dass er ein sehr gutes Verhältnis zu Auwi hatte, falls der dir etwas sagt."

„Nein, wer war das?"

„Das war einer der Söhne von Kaiser Wilhelm dem Zweiten, nämlich August Wilhelm Heinrich Günther Viktor von Preußen."

„Oh Mann ... jetzt weiß ich, woher Anton August Adalbert kommt", stöhnte Adrian.

„Ja, liegt nahe", kicherte sein Informant. „Freunde und Gegner gleichermaßen kürzten ihn jedenfalls Auwi ab. Seine royale, bekanntlich hitlerfeindliche Familie betrübte er außerordentlich, und zwar mit seinem Übergang von deutschnationalen Kreisen mitten hinein in die NSDAP, der er 1930 beitrat. Ebenso wie Papa Fritsch wurde er SA-Standartenführer. Für Hitler war es natürlich außerordentlich vorteilhaft, dass jemand aus der kaiserlichen Familie als sein Fürsprecher auftrat – Auwi begleitete ihn zum Beispiel bei seiner so wirkungsvollen Flugzeug-Wahlkampfrundreise. Das alles wurde dann später durch die Röhmputsch-Reinigung gründlichst relativiert – bei den Top-Nazis hatte er keine Unterstützer mehr, aber umgekehrt hätte sich auch niemand an jemandem mit seinem Hintergrund vergriffen. Mit

Auwi befreundet zu sein, bei allen Beziehungen, die dieser hatte, war nach dem Röhm-Putsch also wahrscheinlich auch für Papa Fritsch sehr hilfreich."

„Und beide sind nach 1945 gut aus der Sache herausgekommen, nehme ich an?"

„Ja, kann man so sagen. Auwi ist ohnehin bald nach 1945 gestorben. Papi Fritsch kam in Heidelberg beim Finanzamt unter, aber über seinen Nachwuchs – er hatte insgesamt fünf Kinder – muss er bald die Kontrolle verloren haben. Sein ältester Sohn – wohlgemerkt *nicht* Anton August, der kam später – ging in die USA und machte dort Karriere beim Militär. Er wurde ein Green Beret und in Vietnam und angeblich auch in Korea eingesetzt. Als sein jüngerer Bruder Anfang der neunziger Jahre mit diesem „von Blücher"-Gequatsche anfing, haben die von Blüchers, die diese Behauptungen natürlich nicht anerkennen wollten, den älteren Bruder in den USA kontaktiert. Der hat ebenfalls abgestritten, dass seine Familie beziehungsweise klein Anton irgendetwas mit den von Blüchers zu tun haben. Keinerlei brüderliche Unterstützung also, im Gegenteil – die beiden scheinen sich nicht besonders zu mögen."

„Und wie kommt unser Anton August nun mit dieser dämlichen von Blücher-Legende durch?", wunderte sich Adrian.

„Schwer zu sagen – wohl mit einer Mischung aus Dreistigkeit und Glück. Konkret hat er sich einfach einen alternativen Papi erfunden, und die Möglichkeiten, die Falschheit dieser Konstruktion zu beweisen, sind offenbar begrenzt beziehungsweise den von Blüchers nicht der Mühe wert."

„Wie bitte – ein alternativer Papi? Wie soll das gehen?"

„Er behauptet einfach, dass seine Mutter eine heimliche Beziehung zu einem Grafen der Blücher-Familie hatte. Sie soll dann eines Tages ein Kind, also klein Anton August, von besagtem Liebhaber bekommen, aber die wahre Herkunft erfolgreich vertuscht haben. So einfach ist das. Nachdem alle Beteiligten schon geraume Zeit nicht mehr auf der Welt sind, konnte er mit dieser Geschichte offenbar durchkommen – abgesehen wie gesagt von so einem Spielverderber wie seinem Bruder, der das alles als dummes Gequatsche bestreitet. Die von Blüchers waren am Anfang natürlich befremdet, aber mittlerweile lachen sie eher drüber. Finanzielle Interessen stehen da ja nicht im Vordergrund. Der Typ will einfach unbedingt von Blücher heißen und nimmt bei der ganzen Geschichte die Haltung ein, dass er aufgrund seiner anthropologischen Fachkompetenz das letzte Wort in Abstammungs-Expertisen haben müsse. Er hat sozusagen für sich selbst eine neue Vaterschaft arrangiert – realistisch betrachtet wohl im Rahmen eines Münchhausen-Syndromes oder irgendeiner anderen Art von narzisstischer Persönlichkeitsstörung."

„Umso erstaunlicher, dass er damit durchkommt", befand Adrian.

„Wie gesagt, er wuchert wohl sehr mit seiner Kompetenz als Anthropologe. Die Sache ist ja, dass diese Kulisse nicht nur aus seiner Person besteht, sondern quasi aus dem ganzen Institut plus den Kooperationen, die er seit seiner Berufung eingefädelt hat. Darunter sind mehrere Anthropologen an anderen Universitäten, die teilweise sogar Lehrveranstaltungen in Frankfurt geben, bei denen es zum Beispiel um die Identifikation von Personen auf Bildern von Überwachungskameras geht. Wenn jemand mit so einem Hintergrund und bei solchen Kooperationspartnern, von denen sich niemand von ihm distanziert, einfach behauptet, er würde Merkmale aufweisen, die auf die Abkunft von einem Papi x statt Papi y hindeuten, dann hat das natürlich viel mehr Gewicht, als wenn irgendein beliebiger Hochstapler das versuchen würde. Nach allem, was ich mitbekommen habe, haben die von Blüchers deshalb die Konfrontation gescheut und stattdessen verächtliches Ignorieren vorgezogen. Es gibt eine offizielle Erklärung, dass sie die Familienzugehörigkeit von Fritsch nicht anerkennen, aber solange er daraus keine materiellen Ansprüche ableitet, verschwenden sie auf den Mann verständlicherweise keine größere Energie."

„Ich kann das alles trotzdem kaum glauben", stieß Adrian genervt hervor. „Reicht das wirklich aus, dass der Herr Professor Fritsch angelaufen kommt, aufgrund irgendwelcher äußerer

Merkmale behauptet, er wäre Nachfahre eines Grafen von Blücher, und niemand schickt sich an, dem mal ein wissenschaftlich seriöses Gutachten entgegenzusetzen? Das wäre das allererste, woran ich in so einem Fall denken würde – ihn an der Luft zu zerreißen für seine dummdreisten Lügen."

„Nach allem, was ich mitbekommen habe, wurde dieses Vorgehen unter den von Blüchers durchaus diskutiert, aber man hat letztlich drauf verzichtet. Jemand hat den Fall Anastasia zur Sprache gebracht, und daraufhin ist allen ziemlich schnell die Lust auf eine wissenschaftliche Untersuchung vergangen."

„Den Fall Anastasia?"

„Ja, ein Klassiker unter falschen Abstammungsbehauptungen. In den 1920er Jahren behauptete eine in Berlin aufgegriffene junge Frau, dass sie die jüngste Tochter aus der ermordeten russischen Zarenfamilie sei, sprich, die Großfürstin Anastasia Romanow. Obwohl sie kein Russisch sprach – angeblich, weil sie bei der Ermordung ihrer Familie ein schweres Trauma erlitten hatte – wurde ihre Behauptung in den Folgejahren auf geradezu erstaunliche Weise unterstützt. Mindestens drei deutsche Anthropologen bestätigten die vorgebliche Identität mit Anastasia, nachdem sie auf systematische Weise erbliche Merkmale dokumentiert und Fotos gemacht hatten, die sie dann mit Fotografien der Zarenfamilie verglichen. Vor einem Gericht in Hamburg wurden die Ansprüche der angeblichen Anastasia aber trotzdem nicht anerkannt."

„Trotz dreier positiver Gutachten?"

„Es mag auch ablehnende Gegengutachten gegeben haben, das weiß ich nicht. Ich habe aber mal gehört, dass einige Richter damals ziemlich genervt von sogenannten wissenschaftlichen Wahrheiten gewesen sein sollen, nachdem in Frankreich eine x-fache Kindermörderin immer wieder freigesprochen wurde und neue Taten begehen konnte, weil die Gerichtsmediziner auf der Theorie eines natürlichen Todes der Kinder bestanden, auch wenn diese allesamt kurz vor ihrem Ableben mit der betreffenden Frau zusammen waren. Sogar nachdem die Mörderin auf frischer Tat ertappt worden war und verurteilt wurde, hielten die eklatant widerlegten Pathologen an ihren offensichtlichen Fehleinschätzungen hinsichtlich der vorangegangenen Morde fest und waren nur bereit, den letzten der Serie als solchen anzuerkennen. Das war etwa zehn Jahre vor dem Fall der angeblich entkommenen Anastasia, mag also damals den skeptischen Richtern noch in guter Erinnerung gewesen sein. Wie auch immer, die von Blüchers wollten sich auf diese doppelte Unsicherheit von wissenschaftlichen Gutachten und Prozessiererei nicht einlassen. Man hat schon damals bei dem Anastasia-Fall vermutet, dass die ganze Sache geplant gewesen sein könnte, sprich, die zufällige, mehr oder minder große Ähnlichkeit einer Berliner Arbeiterin mit der ermordeten Großfürstin für einen gezielten Betrugsversuch genutzt wurde. Man stelle sich jetzt mal vor, Fritsch hätte dieses Verfahren perfektioniert und sich ebenfalls sehr gezielt einen angeblichen Vater aus Adelskreisen herausgesucht, der ihm hinsichtlich gewisser erblicher Merkmale stark ähnelt. Dann könnte es durchaus passieren, dass sogar neutrale Gutachter seinen Behauptungen erstmal zustimmen. Natürlich müsste man im nächsten Schritt versuchen, über genetische Tests Klarheit zu erlangen – die angebliche Anastasia zum Beispiel wurde 1994 exhumiert, zehn Jahre nach ihrem Tod, und ihre Abstammung von der Zarenfamilie auf diese Weise mit einiger Sicherheit widerlegt. Aber wer weiß schon, was Fritsch für diesen naheliegenden Fall in der Hinterhand hat? Zumindest kann er auf einen angeblichen Vorfahren setzen, von dem man heute wohl kein Genmaterial mehr bekommt. Ich vermute außerdem, dass man Fritsch nicht einfach zu so einem Gentest zwingen kann. Wahrscheinlich geht er davon aus, dass er die Durchführung eines solchen Tests bis zum Sankt Nimmerleinstag hinauszögern könnte – als Professor hat man ja wichtigere Dinge zu tun."

„Tja, bravo. Und zu so einem Spinner schickt unser Herr Wägerich weiterhin Doktoranden rüber. Scheint ihm ja nicht einzufallen, seine Kooperation mit so einem Gestörten mal herunterzufahren."

„Nein – entweder glaubt Wägerich diesen ganzen Firlefanz, oder er sieht großzügig darüber hinweg. Wahrscheinlich letzteres. Da es ja auch sonst bisher niemanden aus der Reserve gelockt hat."

„Okay. Dann weiß ich erst mal Bescheid. Es wäre mir jetzt wichtiger denn je, dass wir Wägerich mit der Implantatsgeschichte vor's Schienbein treten können. Wie sieht's aus, hast du da schon was Neues herausgefunden?"

„Ich bin an zwei weiteren Fällen dran. Musste das aber zurückstellen, im Zuge der von Blücher-Recherche."

„Klar. Danke dir dafür. Sag mir einfach Bescheid, wenn sich an der Implantatfront wieder was tut. Ich bin mit der Datenaufnahme bald durch und werde, bevor ich mit dem Schreiben meiner Arbeit beginne, ein paar Tage Urlaub nehmen. Ich geb dir demnächst durch, an welchen Tagen ich nicht erreichbar bin, okay?"

„Okay."

„Bis dann", sagte Adrian und legte den Hörer auf. An seinen Rechner zurückgekehrt, stornierte er das Hotel in Wien, das er bereits vor einiger Zeit gebucht hatte. Dann begann er, sich über Übernachtungsmöglichkeiten rund um den Silvaplanersee in der Schweiz zu informieren.

18

Hany Bouhired ging in seinem Zimmer auf und ab und brach immer wieder in kurze, nervöse Selbstgespräche aus. Teil eins seines Planes war geglückt, und das hatte ihn in den letzten Tagen erst einmal beruhigt: Arnaud, sein Chef, hatte die vorgeschlagenen Änderungen im Manuskript ohne große Diskussion übernommen und die entsprechende *final version* mittlerweile zur Publikation eingereicht. Aber nun waren Hanys letzte Stunden in Frankfurt angebrochen; morgen früh musste er seine Rückreise antreten: erst nach Paris, wo er sich mit seinem Bruder

Mahdi treffen wollte, anschließend nach Bordeaux. Dort wartete mit hoher Wahrscheinlichkeit ein großes Problem auf ihn: Arnaud würde ihn fragen, aus welchen Gründen er die Entfernung von *Adapis wegneri* aus der Stammbaumgrafik und aus dem gemeinsam verfassten Text gewünscht hatte.

Hany hatte gepokert, als er Arnaud etwas von „Splitting" erzählte, also der ungerechtfertigten oder zumindest schwach begründeten Aufspaltung einer Art, mit der der betreffende Beschreiber die naturgegebenen Verhältnisse falsch wiedergibt. Dass es sich bei *Adapis wegneri* um einen solchen Fall einer künstlich errichteten Art handelte, lag nach Mahdis Überraschungsanruf aus Paris und den unaussprechlichen Neuigkeiten, die sein Bruder ihm damals mitgeteilt hatte, einigermaßen nahe. Das Problem war: Jemand, der so etwas behauptete – und Hany behauptete es in seiner Mail an Arnaud mehr oder minder offen – der musste auch sagen können, zu welcher bereits bekannten Art *Adapis wegneri* in Wirklichkeit zu zählen sei, und anhand welcher Merkmale man dies festmachen könne. Genau dazu aber vermochte Hany nichts mess- und zählbares vorzulegen, denn alle verzweifelten Bibliotheksrecherchen, die von ihm in den letzten Tagen unternommen worden waren, hatten nicht dazu geführt, ihm wirklich belastbare Argumente zu liefern. Als Hany immer klarer wurde, dass der dubiose *Adapis*-Schädel nicht sicher zu beurteilen war, solange man ihn nicht selbst in den Händen hielt, begann er, über andere Strategien in dieser Angelegenheit nachzudenken. Letztendlich blieb ihm nur, ein erfundenes Gespräch am Franz Weidenreich-Institut zu fingieren, in dessen Verlauf er sich kurzfristig hatte überzeugen lassen, dass die Erhebung einer neuen Art für den *Adapis*-Schädel von Professor von Blücher zweifelhaft sei. Ausgehend davon gab es zwei Möglichkeiten: Er konnte Arnaud gegenüber so tun, als wäre er von den betreffenden Argumenten immer noch überzeugt, oder aber, dass er mittlerweile seine Meinung doch wieder geändert hätte und seine Korrekturwünsche bedauere. Strategie eins war natürlich nur durchzuhalten, wenn er Arnaud einige wirklich gut klingende Argumente für eine alternative Artzuordnung liefern konnte – Hany hatte bei seinen Recherchen zwar ein paar Indizien zusammengetragen, aber bei weitem nichts, von dem er hoffen konnte, jemanden wie Arnaud in einer wissenschaftlichen Diskussion überzeugen zu können. Besser war so gesehen Strategie zwei, doch hier stand einigermaßen fest, dass Arnaud sich über die dann als unnötig erscheinende Änderung des Manuskripts ärgern und in Hany einen wankelmütigen, ja schlimmstenfalls inkompetenten Mitarbeiter sehen würde. Wie letzteres zu vermeiden sein könnte, versuchte er seit Tagen vor seinem geistigen Auge ablaufen zu lassen, aber alle Szenarien endeten relativ schnell in einem Fiasko. Arnaud war zu gewissenhaft, um Änderungen eines Manuskriptes – und seien sie noch so unbedeutend – nicht genau begründet zu wissen. Das war die Sackgasse, in der Hany sich immer mehr verrannte, mit jeder verstreichenden Stunde.

Er schaute in seine E-Mails, für den Fall, dass von Mahdi oder Arnaud etwas gekommen war. Dies war nicht der Fall, aber dafür hatte er eine Nachricht von Jens Bischwiller empfangen. Jens hatte offenbar für Hanys Abreise ein falsches Datum im Kopf, oder Hany selbst hatte sich unklar ausgedrückt. Jedenfalls fragte Jens an, ob Hany Lust hätte, sich noch einmal mit Adrian Palmström zu treffen – dieser sei nach wie vor am Thema fossile Halbaffen interessiert. Für die Kontaktaufnahme waren Adrians Mailadresse sowie Mobilnummer genannt.

Hany empfand es als schmeichelhaft, dass dieser so intelligent wirkende Doktorand sich mit ihm austauschen wollte. Eben gerade noch war er sich in Anbetracht der Probleme, die ihm in Bordeaux bevorstanden, wie ein ziemlicher Versager vorgekommen, sodass es gut tat, mit einer ganz anderen, sehr positiven Wahrnehmung seiner Person konfrontiert zu werden. Er überlegte kurz, ob er Jens schreiben sollte, dass er aufgrund seiner morgigen Abreise keine Zeit mehr hätte und er Adrian herzliche Grüße und Dank für dessen Interesse ausrichte. Aber dann ärgerte ihn der Gedanke, weiterhin alleine über seine Schwierigkeiten grübeln zu müssen, für die eine Lösung ohnehin kaum in Sicht war. Er beschloss, den letzten Abend in Frankfurt nicht vor seinen Notizen zu verbringen, sondern in eine nahegelegene Shisha-Bar zu flüchten, in die er sich in den letzten Wochen immer wieder gerne hineingesetzt hatte. Vielleicht würden ihm dort noch ein paar gute Gedanken kommen – und vielleicht würde ja sogar dieser Adrian Lust haben, hinzuzustoßen, wenn er so sehr an einem Treffen interessiert war? Auf gut Glück schickte Hany eine SMS an die von Jens angegebene Nummer, drückte sein Bedauern aus, dass er leider morgen schon abreisen würde, ließ Adrian aber wissen, dass er die nächsten Stunden in der Shisha-Bar *Blue Ara* zuzubringen gedachte, falls noch ein letztes Treffen gewünscht sei.

Hany hatte kaum seine Jacke angezogen, als auch schon die Antwort von Adrian eintraf.

*

Das *Blue Ara*, über dessen Eingang ein durch eine blaue Neonröhre stilisierter Papageienvogel sein fremdartiges Leuchten verbreitete, lag in einer Gegend, die Adrian kaum kannte und die er noch viel weniger mochte. Als er langsam und zögerlich auf den Laden zuging, war er sich durchaus nicht sicher, ob er es fertigbringen würde, ihn auch zu betreten. Aber dann erkannte er durch die großen Seitenfenster Hany in einer Sitzecke, allein, in sich gekehrt wirkend und an seiner Shisha ziehend. Adrian gab sich einen Ruck und betrat das Lokal. Es war nur schwach beleuchtet, aber man konnte erkennen, dass praktisch alle Plätze von Shisha rauchenden Gästen belegt waren. Ihr Geplauder wurde von einem unheimlichen, Synthi-Pop-artigen Musikstück übertönt, das älteren Datums und Adrian nicht unbekannt war: Gerade lief eine markante Passage, in der die Sängerin ein für Adrian durchaus furchterregendes *„Tu cherches quoi? À recontrer la mort? Tu te prends pour qui? Toi aussi tu détestes la vie ..."* intonierte. Er bahnte sich seinen Weg an den Tischen vorbei und ging mit einem etwas gequälten Lächeln auf Hany zu.

„Guten Abend", begrüßte ihn dieser auf Deutsch und brachte damit Adrian, der sich in dem für ihn ungewohnten Etablissement offensichtlich unwohl fühlte, zum Lachen.

„Du bist heute Abend mein Gast", fuhr Hany auf Englisch fort. „Bestelle dir eine Shisha, ich zahle. – Erweise mir bitte an meinem letzten Abend in Frankfurt diese Ehre."

Adrian hatte schon abwehren wollen, aber die Art und Weise, wie Hany sein Anliegen formulierte, ließ ihm keine Wahl. Er zog seine Jacke aus und setzte sich an den kleinen Tisch.

„Vielen Dank, Hany. Ich habe aber noch nie Shisha geraucht."

„Nun, wie du siehst, ist es kinderleicht", erwiderte Hany und zog an seinem Mundstück, dass es in dem vasenartigen Wassergefäß kräftig blubberte. „Wie das Saugen an der Mutterbrust", fuhr er mit verträumtem Gesichtsausdruck fort, nachdem er den aromatisierten Wasserdampf in einem langen Strahl ausgeatmet hatte. „Hier ist die Karte – wähle bitte eine Geschmacksrichtung. Es reicht ja, wenn du einmal probierst, den Rest kann ich dann gerne aufrauchen, falls es dir nicht zusagen sollte."

„Gut, dann machen wir es so", erwiderte Adrian, während er das Angebot studierte. „Kannst du mir etwas empfehlen?"

„Lemon ist hier ziemlich gut."

„Dann vertraue ich dir."

Hany rief der in der Nähe stehenden Bedienung etwas auf Arabisch zu, und diese nickte bestätigend. Adrian blickte sich um und stellte fest, dass gar nicht so wenige europäisch aussehende Leute da waren. Als er den Laden betreten hatte, war ihm dies durch die geringe Beleuchtung noch anders vorgekommen – er hatte das ungute Empfinden gehabt, in etwas einzudringen, was im soziologischen Sinne manchmal als »Parallelwelt« bezeichnet wurde.

Sein Gegenüber bemerkte die anhaltende leichte Verunsicherung, die von ihm ausging. Er überlegte, wie er Adrian ein besseres Gefühl verschaffen könnte, und entschied sich für das nächstbeste, was ihm in den Sinn kam:

„Kennst du Wolf Rilla?"

„Wolf Rilla? Nein. Wer ist das?"

„Ein deutscher Filmregisseur. Ich habe an meinem ersten Abend in Frankfurt zufällig einen Film von ihm gesehen, als ich mich ein wenig durch das deutsche Fernsehprogramm zappte. Ich war in einem Hotel, weil das Zimmer bei meiner Gastfamilie erst später frei wurde, und in Hotels schaue ich mir vorm Schlafen gerne das Fernsehprogramm an. Bei diesem Film habe ich leider den Anfang verpasst, aber ich fand ihn wirklich faszinierend – auch wenn ich natürlich die Dialoge nicht verstehen konnte."

„Was war das für ein Film?"

„Schon ein recht alter ... erstaunlich alt, in Schwarzweiß gedreht. Allerdings nicht in Deutschland, sondern in England – 1960, wenn ich es richtig im Kopf habe. Es war ... nun, ich fürchte, man muss es einen Horrorfilm nennen, aber ich finde, das ist in dem Fall keine gute Bezeichnung. Der Titel lautete »Das Dorf der Verdammten.«"

„Ich schaue keine Horrorfilme", gab Adrian zu verstehen. In diesem Augenblick wurde seine Shisha gebracht, und Hany führte seinem fragend aufschauenden Gegenüber den Gebrauch vor, indem er in musterhafter Weise einen weiteren Zug nahm.

„Gar nicht übel", meinte Adrian überrascht, nachdem er sein Mundstück aus der Verpackung geholt, am Schlauch angebracht und es dann in vorsichtiger Weise selbst versucht hatte.

„Was schaust du gerne für Filme?", fragte Hany.

„Generell sind Filme nicht so mein Ding, ich lese lieber. Aber ich habe vor zwei Jahren mal einen im Fernsehen gesehen, der mich auf ganz eigenartige Weise eingesogen hat – das war auch ein älterer, so wie der, den du gerade erwähnt hast. Ebenfalls aus den sechziger Jahren, aber eher Ende der Sechziger, und in Farbe. Ich hatte das Glück, gleich die erste Szene mitzubekommen – ich hatte zufällig reingeschaltet, als er gerade anfing. Da waren so militärische Orden in Großaufnahme zu sehen, mit Kreuzformen – ein Motiv, das später wieder aufgegriffen wurde. Die Bildideen waren teilweise brillant, und die Handlung auch sehr vielschichtig und äußerst spannend. Ich hatte an dem Abend gar nicht vor, noch lange Fernsehen zu schauen, aber ich bin dabei geblieben, obwohl der Film Überlänge hatte. Das war sicherlich einer der besten, die ich jemals gesehen habe."

„Wie hieß dieser Film? Worum ging es?"

„Es ging um die letzten Tage vor der Errichtung der Militärdiktatur in Griechenland. Der Film hatte einen sehr markanten Titel, nämlich einfach nur »Z«, wie der Buchstabe."

„»Z«!", rief Hany erfreut aus. „Oh, das ist wirklich ein hervorragender Film!"

„Du kennst ihn?" fragte Adrian verblüfft.

„Na, selbstverständlich! Der Film konnte wegen der Diktatur damals ja nicht in Griechenland gedreht werden – eine französische Produktionsfirma hat ihn daraufhin in Algerien gedreht!"

„Erstaunlich – auf die Idee wäre ich nicht gekommen. Die Außenaufnahmen entstanden in deinem Heimatland?"

„In unserer Hauptstadt Algier, ja. – Wir in Nordafrika bekommen nicht viel auf die Reihe, wie du weißt. Aber manchmal werden wenigstens weltberühmte Filme bei uns gedreht. George Lucas hat für »Star Wars« ja auch seinen Weg nach Tunesien gefunden."

Adrian lachte. „Ich habe später gelesen, dass »Z« mit dem Oscar als beste ausländische Produktion prämiert wurde", sagte er nach einem Zug an seiner Shisha. „Wenn jemals irgendein Film das verdient hat, dann dieser. Aber weißt du, was mich ärgert? Er ist offenbar nicht auf DVD zu bekommen. Ich schaue seit zwei Jahren, seit ich ihn im TV gesehen habe, immer wieder nach, aber nichts zu machen. Jeden noch so elenden Mist kann man auf DVD kaufen, aber nicht diesen hervorragenden Film!"

„In Frankreich bekommt man ihn. Wenn du willst, kann ich in Paris mal schauen und ihn dir schicken."

„Das wäre fantastisch! Mein Französisch müsste ich vielleicht mal wieder aufbessern, aber »Z« im Original zu sehen wäre auf jeden Fall ganz großartig!"

Hany und Adrian tauschten ihre Adressen aus, wobei Adrian feststellte, dass Hany in Bordeaux lebte. Er erinnerte sich an dessen Chef, den Hany bei ihrem ersten Gespräch erwähnt hatte, und sprach Hany darauf an, dass dieser viel an nordafrikanischen Fundstätten unterwegs sei.

„Ja, auf die Art und Weise sehe ich meine Heimat oft genug", bestätigte Hany. „Wenn es geht, würde ich auch lieber an einer nordafrikanischen Universität unterkommen als in Frankreich. Am liebsten natürlich in Algier. Aber wir werden sehen – wenn uns bei der kommenden Expedition in Fayyum die ganz großen Funde gelingen, dann würde das meine Chancen sicherlich verbessern, mir die Universität am Ende selbst aussuchen zu können. – Jens hatte mir übrigens sinngemäß geschrieben, dass du begonnen hast, dich für das Thema fossile Halbaffen zu interessieren. Ist das wirklich so?"

„Nein, das stimmt nicht ganz", erwiderte Adrian lächelnd. „Es ist nur so, dass ich mich kürzlich mit Jens unterhalten hatte, über – warte, ich hab's dabei."

Er unterbrach sich und holte seine mit Anmerkungen übersäte Kopie der *Adapis wegneri*-Erstbeschreibung aus seinem Rucksack.

„Also, über diesen *Adapis*-Artikel von Professor von Blücher, denn mir waren dabei ..."

Adrian unterbrach sich erneut. Zu seiner Überraschung hatte Hany das Mundstück seiner Shisha fallen lassen, es nur mit Mühe auffangen können, und blickte Adrian jetzt aus verrenkter Körperhaltung mit einem höchst erschrockenen Gesichtsausdruck an.

„Hany – bist du okay?"

„Nun – ja, ich denke schon", kam es zögerlich zurück, während Hany sich langsam wieder aufrichtete und seine vorherige, entspannte Sitzhaltung einnahm. „Bitte entschuldige. Mir fiel nur gerade ein, dass ich in meiner Wohnung etwas vergessen haben könnte – mein Portemonnaie, um genau zu sein. Aber siehst du, hier habe ich es. Es ist alles in Ordnung."

Er zog an seiner Shisha, dass es nur so brodelte, und atmete tief aus.

„Gut", fuhr Adrian fort. „Also, wie du weißt, muss ich demnächst meine Doktorarbeit ausformulieren, über das humane Kiefermaterial, mit dem ich in den vergangenen Tagen am Institut beschäftigt war. Ich wollte mir dazu mal andere morphologische Arbeiten durchlesen, und als ich zufällig gehört habe, dass Professor von Blücher über diesen *Adapis*-Schädel eine Promotionsschrift verfasst hat, hatte ich auch daran Interesse, zumal Jens diesen Artikel hier mit der Erstbeschreibung erwähnte. Natürlich ist die Beschreibung eines solchen Halbaffenfossiles etwas völlig anderes als meine römischen Schädelfragmente, aber die Handhabung der Fachsprache ist ja teilweise identisch, wenn es zum Beispiel um die räumliche Orientierung oder um bestimmte Zahnstrukturen geht. Ich wollte einfach sehen, wie ein Professor mit seinen besonderen vergleichend-anatomischen Kenntnissen das handhabt, um mir das sozusagen als Vorbild zu nehmen, sobald ich selbst zu schreiben anfange. Aber offen gestanden bin ich in diesem Text auf so viele Rätsel und Unklarheiten gestoßen, dass er mich am Ende einfach nur verwirrt hat. Auch Jens konnte meine Fragen dazu nicht beantworten, da er sich mit fossilen Halbaffen nicht besonders auskennt, und er meinte schließlich, du wärst der passendere Gesprächspartner. Wir müssen auch gar nicht über alles reden – es sind zum Beispiel schon die Angaben zur Herkunft des Schädels, die völlig unklar waren, aber das können wir weglassen. Also, rein vergleichend-anatomisch war mir nicht klar, warum ..."

„Moment, warte!", unterbrach Hany ihn. „Die Herkunft des Schädels ist unklar? Was genau bitte meinst du damit?"

Adrian begann mit seiner Erklärung und wollte sorgfältig all jene Punkte abarbeiten, die er kürzlich auf dem Weg zur Mensa schon Jens unterbreitet hatte. Er kam jedoch erneut nicht weit, denn zu seiner Überraschung begann Hany, hektisch in seiner Jackentasche herumzuwühlen.

„Adrian – Adrian, warte, mein Freund! Das ist sehr wichtig, was du da gerade sagst! Einen Moment, bitte – so, hier habe ich's!"

Hany hatte sein Mobiltelefon hervorgeholt.

„Wenn du erlaubst, würde ich gerne mitschreiben, was du sagst. Lass dich nicht stören. Erkläre bitte genau so weiter, wie du gerade angefangen hast, und nenne bitte auch immer die

Seitenzahlen im Artikel, auf die du dich beziehst. Fang bitte noch einmal von vorne an, in allen Einzelheiten. Würdest du das tun?"

Adrian nickte verwundert und wiederholte den Beginn seiner Argumentation, während Hany konzentriert auf seinem Handy tippte. Auch als Adrian von der ungeklärten Provenienzfrage zur den unklaren anatomischen Einzelheiten überging, gab Hany zu verstehen, dass er diese zunächst nicht kommentieren, sondern zuerst alles mitschreiben wolle. Als Adrian nach etwa zwanzig Minuten fertig war, blickte er Hany fragend an.

„Und? Meinst du, du kannst mir helfen, wenigstens ein paar dieser Unklarheiten zu erklären? Ich nehme an, viele beruhen einfach darauf, dass ich mich mit dem Thema nicht so auskenne."

Hany tippte seine letzte Notiz ein, legte das Handy zur Seite und begann wieder an seiner Wasserpfeife zu ziehen. Schweigend schaute er in das Dunkel der Shisha-Lounge und schien vor sich hin zu grübeln. Schließlich jedoch richtete er den Blick auf Adrian, der sofort merkte, wie angespannt sein Gegenüber wirkte.

„Lieber Freund – ich fürchte, es liegt nicht daran, dass du dich zu wenig mit dem Thema auskennst."

„Du meinst – du meinst, dass dies wirklich ein qualitativ schlechter Artikel ist?"

„Ich kann es nicht beurteilen, da ich über keine Deutschkenntnisse verfüge. Ich müsste ihn selbst genau durchlesen, was nicht geht. Aber das ist wahrscheinlich in diesem Fall auch nicht wichtig. Wichtiger ist, dass wir Freunde sind, und dass ich dir vertrauen kann."

„Vertrauen? Warum?"

„Weil du recht hast mit dem, was du sagst. Professor von Blücher hat diesen Schädel nicht aus der Schweiz. Er hat ihn in Frankreich gekauft, in Paris, um genauer zu sein, und will offenbar eine Herkunft aus einer Schweizer Sammlung beziehungsweise von einem dort gelegenen Fundort vortäuschen, um den

Schädel einer neuen Art zuschreiben zu können. Der wahre Fundort des Schädels ist jedenfalls Quercy in Südfrankreich."

Adrian dachte zunächst, dass sein Gegenüber einen seltsamen Scherz mache. Dann aber merkte er, wie müde Hanys Augen plötzlich erschienen. Er wirkte, als sei er endlich eine Last losgeworden, die er allzu lange mit sich hatte herumtragen müssen.

„Das kann doch nicht wahr sein, Hany. Woher hast du diese Information?"

„Von meinem Bruder. Der war damals in Paris dabei, als von Blücher den Schädel erworben hat. Das war so eine Art Fossilienbörse – das Wort ist vielleicht nicht ganz korrekt, aber ich nenne es jetzt einmal so."

Hany sprach zögerlich, beinahe so, als ob er bereits bereuen würde, was er seinem Gegenüber gerade eingestand. Während er innehielt und mit unglücklicher Miene an seiner Shisha zog, lehnte Adrian sich vor, um ihn dazu zu bringen, weiterhin kommunikativ zu bleiben.

„Wie soll ich mir das vorstellen – ein so wertvolles Fossil wie dieser sehr gut erhaltene Halbaffenschädel ist einfach so auf dem offenen Markt zu haben?"

„Oh ja", entgegnete Hany, und da seine Augen geradezu aufleuchteten, konnte Adrian sicher sein, die richtige Frage gestellt zu haben. „Du kannst wirklich alles Mögliche dort bekommen. Es gibt Fossilienbörsen von höchstem Niveau, bei denen Stücke von absolut musealer Qualität angeboten werden – soll heißen, mit professionellen Methoden aus dem Fundgestein herauspräpariert und konserviert. Mahdi – so heißt mein Bruder – hat in Paris zum Beispiel richtig große Dinosaurierschädel gesehen, und sogar solche Besonderheiten wie ein Dinosauriernest mit Eiern. Dafür können die Anbieter natürlich Preise von über, sagen wir, 200.000 Euro und mehr verlangen. Von Blüchers *Adapis*-Schädel liegt ganz deutlich unterhalb dieser Kategorie."

Adrian sank einigermaßen sprachlos in seine Sitzpolster zurück und war nunmehr selbst an der Reihe, tief an seiner Shisha zu ziehen.

„Ich weiß, das klingt alles unglaublich", fuhr Hany fort. „Aber als ich am Franz Weidenreich-Institut gerade mit *Adapis*-Fossilien beschäftigt war, habe ich von Blücher gefragt, ob ich seinen *Adapis wegneri*, von dem er mir kurz zuvor begeistert erzählt hatte, fotografieren dürfe, falls noch keine Fotografien publiziert wurden. Er hat mich darauf hingewiesen, dass Fotos in der bereits publizierten Erstbeschreibung zu finden sind, aber mich für eine neue Aufnahme in sein Zimmer gebeten – da lag das Ding auf dem Tisch. Er hat sich hingesetzt, sich eine Zigarre zwischen die Zähne geklemmt, den Schädel in die eine Hand genommen und ein Vermessungsinstrument in die andere, und dann grinsend gesagt: »So können sie's fotografieren!« Er posiert wohl gerne in diesem Stil, vor allen möglichen Leuten. Ich hab's geknipst, meinem Bruder die Episode später in einer Mail geschildert, einfach nur zur Erheiterung, und das blöde Foto angehängt. Kurze Zeit später bekam ich dann einen Anruf von Mahdi, dass er diesen Schädel kennen würde, und auch den Käufer. Der sei nämlich auf meiner Aufnahme zu sehen."

Adrian glaubte seinen Ohren nicht zu trauen.

„Dein Bruder hat nicht nur von Blücher, sondern auch den Schädel auf dem Foto wiedererkannt?"

„Mein Bruder Mahdi merkt sich so ziemlich jedes Fossil, das er mal gesehen hat. Er hat nie studiert, er hat nicht mal höhere Schulbildung. Aber ob du's glaubst oder nicht, auf den Expeditionen von Arnaud ist er seit Jahren der wichtigste Teilnehmer. Er hat einen außerordentlichen Blick für Fossilien – kombiniert mit einer starken Voraussahnung, wo es welche geben könnte. Er findet sie im Feld wie kein zweiter, und wenn er mal irgendetwas gesehen hat, dann erkennt er es auch nach Jahren wieder, obwohl er die wissenschaftliche Fachsprache und die biologische Systematisierung nicht beherrscht. – Das ist die Wahrheit. Mahdi hat eine höchst ungewöhnliche Sonderbegabung auf diesem Gebiet – er ist so etwas wie ein Autist."

Adrian merkte, wie ihm alles zu surreal wurde. Entweder enthielt seine Shisha ungewöhnliche Zusatzstoffe oder solche waren in den Dämpfen enthalten, die sonst noch in dem abgedunkelten Raum hingen.

„Seit wann weißt du das alles?", stieß er schließlich hervor.

„Seit ungefähr zwei Wochen."

„Und was sagt dein Chef dazu?"

„Nun, nichts. Weil ich es ihm nicht erzählt habe – und es ihm auch nicht erzählen werde."

Adrian blickte Hany in grenzenloser Verwirrung an.

„Verstehe ich dich richtig: du gehst davon aus, dass alles stimmt, was dein Bruder dir zur wahren Herkunft dieses *Adapis*-Schädels gesagt hat, aber du willst es deinem Chef *nicht* erzählen?"

„Ja, genau so ist es. – Dieser verdammte Schädel hat mir einige schlaflose Nächte bereitet, weil ich ihn bereits in einem Manuskript erwähnt hatte, bei dem Arnaud – also mein Chef – Co-Autor ist. Ich habe ihn nachträglich gebeten, diese Passagen wieder zu entfernen, unter einem Vorwand, nämlich dass der Artstatus des neuen Fundes doch wieder in Frage gestellt worden sei. Glücklicherweise ist Arnaud meiner Bitte ohne lange Rückfragen nachgekommen, da der angebliche *Adapis wegneri* für unsere Argumentation keine besondere Rolle spielte. Also, die Fälschung steht nicht mehr in unserem Artikel drin, und damit bin ich erst mal zufrieden, sehr, sehr zufrieden. – Alles andere würde nur Ärger machen."

„Ärger machen? Was soll das heißen? Es ist deine Pflicht als Wissenschaftler, »Ärger« zu machen, wenn du auf eine Fälschung stößt! Du *musst* es deinem Chef sagen, alles andere wäre völlig verantwortungslos!"

„Vom Prinzip her hast du natürlich recht. Aber denke bitte darüber nach, was ich gerade gesagt habe: Ich habe lediglich die Aussage meines Bruders. Ich persönlich schenke ihm volles Vertrauen und bin absolut überzeugt, dass das, was er beobachtet hat, genau so war, wie er es mir später am Telefon schilderte. Aber das alleine reicht nicht. Mein Bruder hat ja nicht einmal den Status eines Wissenschaftlers. Seine Aussage wäre nichts wert, wir hätten keine Beweise. Folglich lasse ich es bleiben, meinem Chef, der von Haus aus nur an gut beweisbaren Aussagen interessiert ist, irgendetwas zu erzählen. Weißt du, bei uns rollen gerade auch die Vorbereitungen für diese große Expedition nach Fayyum an, der bislang wichtigsten in Arnauds Karriere. Ich kann da jetzt nicht mit so einer Story ankommen und riskieren, uns abzulenken und alles durcheinanderzubringen. Ohne glasklare Beweise hätte das einfach keinen Sinn."

Adrian schwieg nachdenklich. Er merkte, dass er sofort bereit war, Hanys Angaben über die wahre Herkunft des Schädels Glauben zu schenken, aber dies lag natürlich daran, dass ihm im Zusammenhang mit von Blücher schon mehr als genug seltsame Dinge zu Ohren gekommen waren – das Fingieren einer neuen fossilen Art zwecks Erwerb eines zweiten Doktortitels passte da nahtlos in die Reihe. Für jeden aber, der nicht über diese Vorkenntnisse verfügte, würde so ein Vorwurf gegen einen Universitätsprofessor erst einmal ungeheuerlich wirken, und man würde Beweise verlangen – Beweise, die weder Hany noch er vorlegen konnten, soviel war richtig. Dann aber kam ihm ein Einfall.

„Wenn dein Bruder diesen Fossilkauf mitbekommen hat, dann müsste er doch nicht nur das Fossil und den Käufer, sondern auch den Händler wiedererkennen. Dieser Händler braucht einfach nur den Verkauf an von Blücher zu bestätigen – er wird doch Kaufunterlagen haben! Sag deinem Bruder, er soll sich an den Verkäufer wenden, dann wird es kinderleicht für uns, diesen Schwindel auffliegen zu lassen!"

Hany schüttelte den Kopf.

„Ich muss dich leider enttäuschen. Auf dieser Börse waren einige, nun, wie soll ich sagen – einige etwas spezielle Typen unterwegs. Der betreffende Händler würde von sich aus niemals seine Geschäfte offenlegen, und auch sonst kannst du davon ausgehen, dass er ab dem Augenblick, ab dem er sein Geld erhielt, dafür gesorgt hat, dass das ganze Geschäft für Dritte nicht mehr nachvollziehbar ist. Diesem Mann geht es nur um finanziellen Gewinn und um nichts sonst. Glaub mir, auf dem Weg haben wir wirklich null Chance."

Adrian stöhnte unwillig und schüttelte den Kopf.

„Weißt du, Hany, es ist alles zu unglaublich, um wahr zu sein. Ich habe zufällig wenige Tage, nachdem ich meine Doktorarbeit am Franz Weidenreich-Institut angemeldet habe, davon gehört, dass Professor von Blücher schon vor zwanzig Jahren mit Fälschungsvorwürfen konfrontiert gewesen ist – es ging um manipulierte Fossildatierungen. Von Blücher hat da wohl einfach behauptet, das Alter fossiler Knochen anhand von anhaftenden Mikrofossilien bestimmt zu haben, obwohl ihm das entsprechende Probenmaterial gar nicht zur Verfügung stand. Diese Affäre scheint er unbeschadet überstanden zu haben. Was aber auffällt, ist, wie er sich sonst noch verhält: Unter anderem behauptet er, dass er elf Doktorväter gehabt hätte, von denen zwei Nobelpreisträger gewesen seien. Elf Doktorväter! Unfassbares, sinnfreies Gequatsche, oder? Und wusstest du, dass er erst seit etwa zehn Jahren »von Blücher« heißt? Er hat sich diesen Namen einfach zugelegt, nach einem deutschen Adelsgeschlecht, und behauptet, von diesem abzustammen, obwohl die echten von Blüchers das nicht anerkennen. Er hat sich in einer Publikation sogar mal als »Graf« bezeichnet – all das ist offenbar frei erfunden, also völlige Spinnerei. Was du mir jetzt über diesen Schädel erzählst, passt perfekt dazu, oder? Eine Fälschung, um einen zweiten Doktortitel zu erlangen. Und wenn ich mir dann diese vermurkste Erstbeschreibung des Schädels durchlese, in der nicht einmal die Herkunft des Fundes stimmig erklärt wird, dann steht für mich langsam fest, dass wir es hier mit einer vollkommen unglaubwürdigen Person zu tun haben, möglicherweise sogar mit einem kompletten Hochstapler. Meinst du nicht, dass wir irgendetwas gegen diesen Mann unternehmen sollten? Was würde dein Chef sagen, wenn du ihm all die Dinge über von Blücher erzählen würdest, die ich dir gerade aufgezählt habe, und dann noch den Bericht deines Bruders dazu?"

Hany lächelte gequält.

„Er würde sich sehr genau über Herrn von Blücher informieren, und wenn er könnte, würde er richtig Ärger machen. Arnaud geht keinem Streit aus dem Weg, wenn es um gute Wissenschaft geht. Aber ohne eindeutige Beweise würde er, wie schon gesagt, erst mal nichts Entscheidendes unternehmen. Und wir haben eben keine Beweise für all diese Anschuldigungen, oder?"

„Mensch, das darf alles nicht wahr sein", fauchte Adrian frustriert.

„Ich kann deine Enttäuschung verstehen. Weißt du, ich habe ein sehr, sehr gutes Verhältnis zu meinem Chef. Deshalb habe ich erst heute wieder darüber nachgedacht, Arnaud alles zu beichten, und ihm dann den Vorschlag zu machen, den Schädel unter dem Vorwand einer wissenschaftlichen Kooperation bei von Blücher zu entleihen. Wenn Arnaud ihn untersuchen würde, dann könnte er die Fälschung sicher dingfest machen. Aber ich denke, so unvorsichtig, diesen Schädel aus der Hand zu geben, würde von Blücher niemals sein, oder?"

„Nein, wahrscheinlich nicht."

„Dann gibt es nur eine Chance. Du musst für einen dieser anderen Vorwürfe einen Beweis finden. Am besten für die Datierungsfälschungen. Sobald du da etwas hast, informierst du mich. Ich wäre dann bereit, Arnaud die Wahrheit über den *Adapis*-Schädel zu sagen. Ich kann immer behaupten, dass Mahdi, mein Bruder, mich erst relativ spät informiert hat, und außer uns beiden – oder uns dreien, wie ich jetzt ja sagen muss – weiß keiner von der Sache. Wollen wir uns darauf einigen?"

Adrian dachte kurz nach, aber er musste schnell einsehen, dass er nicht in der Position war, Hany zu einem anderen Vorgehen gegenüber Professor Vergès anzuleiten. Außerdem gab es ja noch diese Frau Oechsle in der Schweiz – möglicherweise konnte er über sie etwas Handfesteres zu den gefälschten Datierungen erfahren, und damit eine Situation erzeugen, in der sehr schnell auf Hanys Vorschlag zurückzukommen wäre.

„In Ordnung", sagte er und nickte. „Lass uns so planen. Ich melde mich bei dir, wenn ich weitere, gut beweisbare Dinge herausfinde."

19

Am nächsten Morgen wusste Adrian zunächst nicht, wo er war. Er hatte tief geschlafen, und das Einzige, dessen er sich langsam bewusst wurde, war, sich in seiner Wohnung zu befinden und etwas für seine Doktorarbeit tun zu müssen. Zwei vage Motive hielten sich in ihm das Gleichgewicht, während er sich im Bett aufsetzte und vor sich hin blinzelte: entweder, ans Anthropologische Institut zu fahren, oder aber, in der Bibliothek Literaturrecherche zu betreiben. Beide Absichten jedoch waren in eigenartiger Weise mit negativen Gefühlen behaftet, ohne dass Adrian verstand, warum.

Plötzlich fiel ihm sein Treffen mit Hany ein, und mit einem Schlag war er wach. Er hatte gestern Abend eindeutig ausgesprochen gehört, was er instinktiv schon lange vermutete: nämlich dass mit Herrn Professor Fritsch, dem sogenannten von Blücher, etwas Grundsätzliches nicht stimmte. Aber dann ließ Adrian sich noch einmal alles durch den Kopf gehen, was er von Hany im Halbdunkel der Shisha-Lounge vernommen hatte, und es erschien ihm immer unwahrscheinlicher, dass dessen Bericht auch nur einen Pfifferling wert war. Ein autistischer kleiner Bruder, der jedes Fossil wiedererkannte, das er einmal gesehen hatte – das klang einfach zu verrückt. Vielleicht hatte Hany in Wirklichkeit ganz andere Quellen für seine Behauptung und sich die bizarre Geschichte mit dem unerwarteten Anruf aus Paris nur ausgedacht?

Adrian registrierte mit Bedauern, dass er Hany in diesem Moment nicht mehr recht über den Weg traute, denn er hatte sich gestern sehr gut mit ihm verstanden und eine höchst angeregte Unterhaltung geführt – der Abend war lang geworden. Hany hatte ausführlich von seinem Chef erzählt, den er offenbar nicht nur als Wissenschaftler, sondern auch als Menschen, als echten Charaktertypen, sehr bewunderte. Zwei Episoden waren Adrian besonders im Gedächtnis geblieben. Zum einen war dies Hanys Schilderung, dass Arnaud nicht nur sehr genau über die französischen Verbrechen im Algerienkrieg Bescheid wusste, sondern auch keine Hemmungen hatte, darüber in Gegenwart von Franzosen zu reden – egal, ob deren politische Einstellung dies ratsam erscheinen ließ oder nicht. Adrian musste feststellen, über den Unabhängigkeitskrieg nicht viel zu wissen, und es hatte ihn schockiert, als Hany ihm erzählte, dass die Franzosen nicht nur in Algerien unzählige Menschen umgebracht, sondern sogar mitten in Paris, im Oktober 1961, mehr als zweihundert oder dreihundert Teilnehmer einer friedlichen Demonstration getötet und in die Seine geworfen hatten – ein von Polizeieinheiten begangenes Verbrechen, das bis heute in Frankreich tabuisiert war. So kurz nach dem Zweiten Weltkrieg und nach den Erfahrungen der deutschen Besatzung eine derartige Schuld auf sich zu laden, war offensichtlich eine doppelte und dreifache Schande, über die niemand reden wollte. Arnaud Vergès gehörte jedoch nicht zu denjenigen, die sich an dieses Schweigen hielten, und das brachte ihm immer wieder Ärger ein. Bei einem öffentlichen Vortrag in Paris, in dem er von seinen Ausgrabungen in Libyen berichtete, wollte einer seiner Feinde ihm während der anschließenden Diskussion einen Strick daraus drehen, dass Arnaud im Land des Diktators Gaddafi tätig gewesen sei und somit mit einem Unrechtsstaat paktiert hätte. Arnaud hatte daraufhin in einer Weise zurückgeschlagen, die den vollbesetzten Hörsaal umgehend in ein Tollhaus verwandelte: »Wissen Sie, Libyen wird diktatorisch regiert, ja. Aber in Libyen hat beispielsweise jeder Mensch das staatlich garantierte Recht, ein Dach über dem Kopf zu haben. Wir hier in Frankreich sind frei: nämlich so besonders frei, Hunderte unserer Mitmenschen jeden Winter auf's Neue wie Tiere in den Straßen erfrieren zu lassen.« Hany hatte sehr anschaulich geschildert, wie diese Replik das Publikum umgehend in empörte Gegner und Fürsprecher geteilt hatte und die Veranstaltung im Tumult endete: Vergès war mit einer halb ernsthaften, halb ironischen Verbeugung einfach aus dem Saal gegangen, während sich vor ihm auf den Rängen die Zuhörer beinahe prügelten. Adrian hatte gelacht und applaudiert, als Hany, der selbst dabei gewesen war, ihm diese höchst ungewöhnlichen Szenen schilderte.

Trotzdem kam ihm das gestrige Treffen nunmehr unwirklich vor, einem bloßen Traum vergleichbar: Zwar hatte es einen Bezug zur Realität, aber das war auch schon alles. Es bot ihm nichts Greifbares, war im Grunde mysteriös und half ihm hier und jetzt nicht weiter. Er musste sich wieder auf die vor ihm liegende Wirklichkeit konzentrieren, wenn er seine Ziele erreichen wollte.

»Die Nationalbibliothek«, ging es Adrian durch den Kopf. Er hatte einmal gehört, dass dort nicht nur alle in deutscher Sprache publizierten Bücher erhältlich sein sollten, sondern auch sämtliche Doktorarbeiten. Das war Schritt eins: sich den zweiten Doktortitel des Herrn Fritsch vorzunehmen und zu prüfen, ob dessen Grundlagen so wackelig waren, wie man es anhand der völlig missratenen wissenschaftlichen Erstbeschreibung des *Adapis*-Schädels vermuten konnte. Schritt zwei war der geplante Kurzurlaub in der Schweiz und die theoretische Möglichkeit, mit jener Annett Oechsle direkten Kontakt aufzunehmen, die bereits vor zwanzig Jahren Fälschungsvorwürfe gegen den Professor vorgebracht hatte. Möglicherweise lag hier das Potenzial für einen Volltreffer – er musste es einfach versuchen; der Weg war klar vorgezeichnet. Adrian blickte auf seinen Kalender und entschloss sich, heute Morgen erst einmal im Nordend die Nationalbibliothek aufzusuchen und dort die Arbeit von Fritsch zu bestellen – wenn der Bestellvorgang normal laufen sollte, würde er diese schon morgen früh in Ruhe durchsehen können. Von der Bibliothek aus konnte er dann über die Adickesallee bequem zu den Anthropologischen Instituten weiterfahren und dort sein für heute geplantes Arbeitspensum erledigen.

*

Eigentlich hatte Adrian vorgehabt, das Franz Weidenreich-Institut gegen etwa drei Uhr zu verlassen. Doch seine aktuellen Untersuchungsschritte an dem römischen Fundmaterial zogen sich kontinuierlich in die Länge, was auch damit zu tun hatte, dass Adrian immer wieder an sein gestriges Gespräch mit Hany denken musste, der heute früh Richtung Paris aufgebrochen und mittlerweile wohl schon dort bei seinem Bruder Mahdi angekommen war. Als Adrian gegen 17 Uhr seine Schädelfragmente zusammengepackt und wieder in dem großen Sammelkarton verstaut hatte, war es am Institut schon ruhig geworden. Er zog seine Jacke an und trat aus den Arbeitsräumen hinaus auf den Gang, wo er Jens Bischwiller auf sich zukommen sah, der gerade eine große Kiste schleppte.

„Neues Material von einer Ausgrabungsstätte", ächzte Jens, während Adrian ihm auch schon zur Hand ging. Gemeinsam verfrachteten sie die Kiste in einen Nebenraum und begannen dann, noch halb in der Tür stehend, sich ein wenig zu unterhalten. Während Jens erklärte, dass für archäologische Ausgrabungen sogenannte Landesämter zuständig sind, die dem Wissenschaftsministerium unterstehen, erscholl aus einem Zimmer ganz am Ende des Ganges eine Stimme, die Adrian spontan an eine nicht mehr ganz junge, vor allem aber nicht mehr ganz nüchterne Frau denken ließ:

„Mensch, ich bring dich ja wohl um, du!! Morgen haste Prüfung beim Wetter, näch! Das musste wissen, wenn de mit Eins machen willst!!"

Eine kleine dunkelhaarige Studentin mit äffisch verkniffener Physiognomie kam panisch aus einer offenen Tür am Gangende geschossen, suchte in einem am Kleiderhaken an der Wand aufgehängten Rucksack nach einer Mappe und rannte in das Zimmer zurück, wo sie mit neuen, reichlich enthemmten *„Das musste wissen!!"*-Ausrufen empfangen wurde.

„Sieht irgendwie aus wie Dr. Zita aus »Planet der Affen«, oder?", lästerte Jens. „Vielleicht erreicht sie ja wirklich mal diese Evolutionsstufe, so fachkundig, wie sie hier abgerichtet wird. – Komm, ich halte das hier gerade nicht mehr aus. Lass uns irgendwo ins Café gehen."

Während sie das Gebäude verließen und die Siesmayerstraße hinuntergingen, schwieg Jens zunächst zu der befremdlichen Szene, die beide soeben mit angesehen und -gehört hatten, und fuhr stattdessen mit seinen Erläuterungen zur archäologischen und paläontologischen Denkmalpflege in Hessen fort. Erst als sie im nahegelegenen Palmengartencafé Platz genommen und ihre Bestellungen aufgegeben hatten, kam er, sichtlich genervt, auf den Vorfall zu sprechen:

„Die, die da gerade so blöd rumgebrüllt hat, ist von Blüchers rechte Hand. Schon seit Ewigkeiten. Soll früher mal alle potenziellen Konkurentinnen – es gab nur weibliche – mit bemerkenswertem Elan aus dem Weg geekelt haben und besetzt seitdem diese Position. Falls dir auf dem Gang mal eine Matrone mit Säufervisage begegnet ist, kennst du sie."

„Du scheinst ja gerade ziemlich genug zu haben von dem Laden", bemerkte Adrian.

„Kann man so sagen, ja", erwiderte Jens. „Du hast mich genau in der richtigen Stimmung erwischt. Ich versuche mir das sonst nicht so anmerken zu lassen, besonders Gästen wie dir oder Hany gegenüber. Aber manchmal hält man's einfach nicht mehr aus."

„Ich fürchte, ich verstehe, was du meinst", sagte Adrian nach einigem Überlegen. Er war sich nicht sicher, ob er sein gestriges Treffen mit Hany erwähnen sollte, und entschloss sich instinktiv, so allgemein wie möglich an die Sache heranzugehen. „Damit will ich sagen, dass es natürlich so einige Dinge gibt, über die ich mir, seit ich am Institut bin, Gedanken mache. Ich habe zum Beispiel kürzlich bei meinen Bibliotheksrecherchen bemerkt, dass von Blücher sich erst seit 1991 so nennt und vorher einfach nur »Fritsch« hieß. Diese Sache, zusammen mit der Zulegung eines zweiten Doktortitels, scheint mir ein gewisses Grundmuster darzustellen. Und ich habe ihn ja auch in der Vorlesung erlebt. Wenn ich das alles zusammenzähle, dann kann ich mir einigermaßen vorstellen, was du hier am Institut manchmal durchmachst. Es braucht eigentlich nicht viel Fantasie dazu."

„Tja – ich ahne so ungefähr, worauf dieses Gespräch hinausläuft", sagte Jens, nachdem die gerade hinzukommende Bedienung ihre Getränke auf dem Tisch abgestellt hatte. „Es ist auch nicht mein erster Gedankenaustausch dieser Art, musst du wissen. Aber eines wollen wir mal von vornherein klar festhalten:

Auch wenn ich hier gleich ein paar unschöne Dinge über meinen jetzigen Chef abladen werde, dann heißt das bestimmt nicht, dass er da drüben der einzige Professor ist, über den man leider, leider jede Menge Negatives vermerken muss. Die gibt es im Fachbereich Biologie auch woanders – zum Beispiel einen besonders widerlichen an den Biologischen Instituten in Niederursel, der schon längst von der Uni hätte rausgeschmissen werden müssen, so übergriffig, wie er sich gegenüber seinen Studenten verhält. Der Mann ist die reinste Supernova an Idiotie, übrigens auch rein fachlich. Kürzlich wurde ihm sein Sonderforschungsbereich entzogen, weil er in einem Zwischenbericht etwas zu krause, um nicht zu sagen unmögliche Ergebnisse präsentiert hat. Rate mal, was seine Arbeitsgruppenmitglieder daraufhin getan haben: Die haben sich getroffen und das heimlich gefeiert."

Adrian lachte laut auf, aber Jens schien das Ganze weniger komisch zu finden und war schon beim nächsten Vergleichsobjekt.

„Und nicht nur in Niederursel, auch hier direkt vor Ort müssen wir professoralen Sondermüll der allerschlimmsten Sorte ertragen. Zum Beispiel einen besonders planlos-unfähigen und intriganten Typen, bei dem man nur habilitieren kann, wenn man mindestens drei Publikationen vorzuweisen hat."

Jens unterbrach sich und lächelte seinen Gegenüber herausfordernd an. Adrian zog irritiert die Augenbrauen zusammen und stellte die Frage, die sein Gesprächspartner offenbar erwartete:

„Aber drei Publikationen – das ist doch gar nicht so viel, oder?"

„Nö, ist es auch nicht", bestätigte Jens prompt. „Die Sache ist nur: Auf diesen drei Publikationen muss dann der Name des betreffenden, professoralen Problembären mit draufstehen."

Adrian wandte sich ab und lachte erneut lauthals. Dieser Abend versprach wenigstens, trotz des traurigen Themas, einen gewissen emotionalen Ausgleich in Form echter Heiterkeitsausbrüche.

„Also, das wollte ich voranschicken", resümierte Jens. „Es gibt an den biologischen Instituten Lehrstuhlinhaber mit einem derart verdorbenen Charakter, dass ich mir manchmal denke, verglichen mit denen hat von Blücher geradezu Stil. Man kann viel Schlechtes über ihn sagen, und ich habe erst kürzlich wieder eine Nummer mit ihm erlebt, für die ich mich furchtbar geschämt habe. Aber er ist bei weitem nicht der einzige Idiot."

„Keine Sorge, das ist mir klar", erwiderte Adrian. „Ich könnte dir von den Medizinern im Allgemeinen und den Zahnmedizinern im Besonderen auch alles Mögliche erzählen, aber lassen wir das. Bleiben wir ab jetzt bei der Sache von Blücher."

„Ja. Bei allem, was ich dir jetzt gleich mitteilen werde, wirst du dich wahrscheinlich fragen, wie ich da überhaupt reingeraten bin und am Ende tatsächlich meine Diplomarbeit in dem Laden geschrieben habe. Meine Abkehr von der Zoologie habe ich dir ja vor ein paar Tagen schon mal erklärt, aber ich muss wirklich betonen, dass ich meine Wahl von Anthropologie als Hauptfach niemals als Notlösung gesehen habe. Ich hatte zu der Zeit, als ich meine Entscheidung traf, sehr große Lust drauf, und hab so ziemlich alles zum Thema gelesen, was ich in die Finger bekommen konnte. So eine Begeisterung ist einerseits das Beste, was man im Studium entwickeln kann – aber es kann einen leider auch blind für Dinge machen, die nicht ganz unwichtig sind. Ich war monatelang völlig fixiert auf alles, was mit Knochen und Zähnen zu tun hatte, hab mich tief in die Fachliteratur eingearbeitet und dementsprechend gute Klausurergebnisse eingefahren. Die Welt war in Ordnung, deshalb habe ich die Seltsamkeiten an diesem Institut einfach ausgeblendet. Erst als ich so langsam alle meine Scheine zusammen hatte und den Verantwortlichen signalisierte, dass ich in dem Laden meine Diplomarbeit schreiben will, haben mich zwei Diplomanden mal zur Seite genommen und mir gesagt, dass an diesem Institut etwas Grundsätzliches nicht stimmt. Sie haben mir geraten, auf keinen Fall etwas zu machen, was mit Datierungen zusammenhängt. Und sie haben mir Kopien von so Flugblättern und Zeitungsausschnitten aus den achtziger Jahren gegeben – diese hier."

Jens holte ein paar DIN A4-Bögen hervor und schob sie Adrian hinüber.

„Ich hab die schon seit einiger Zeit im Rucksack, weil ich geahnt habe, dass demnächst mal ein Anlass kommen wird, sie dir zu zeigen. Es sind Kopien, du kannst sie behalten und zu Hause in Ruhe durchlesen. Die Flugblätter sind aus einer studentischen Protestaktion gegen Fritsch, die aber im Endeffekt nicht viel eingebracht hat – es ging, milde ausgedrückt, um den Vorwurf unwissenschaftlichen Arbeitens. Der Zeitungsausschnitt aus der FAZ dokumentiert einen Fall, in dem er einen fossilen Schädel, den ein Gastforscher aus Kenia mitgebracht hatte, einfach einkassieren und für sich behalten wollte. Angeblich mussten Polizei und die kenianische Botschaft eingeschaltet werden, bevor er ihn wieder herausrückte. Das alles muss sich Anfang der Achtziger zugetragen haben, so ungefähr zehn Jahre nach seiner Berufung in Frankfurt."

Adrian besah die Kopien und schüttelte den Kopf.

„Aber du hast trotz dieser Warnungen deine Diplomarbeit dort angefangen – warum?"

„Ich hätte sonst mein Hauptfach noch einmal wechseln müssen, also Anthropologie aufgeben und in dem dann neu zu belegenden Hauptfach mühselig meine Scheine zusammenmalochen. Unter welchen Eindrücken ich von der Zoologie abgekommen bin, habe ich dir ja neulich schon erzählt. Nun also doch wieder dahin zurückkehren zu müssen – darauf hatte ich keinen Bock, und weitere Alternativen gab's nicht für mich. Also besser die Diplomarbeit anfertigen, und dann den Laden beziehungsweise die Uni verlassen. Das haben die, die mich letztes Jahr gewarnt haben, übrigens ebenfalls so gemacht. Lustigerweise haben sie mir erzählt, dass es schon seit langem guter Brauch an diesem Institut ist, dass die „ehrlichen" Diplomanden die neu hinzukommenden „Ehrlichen" warnen, indem sie ihnen diese Kopien hier zeigen – mit dem Auftrag, diese wiederum an die nächsten, noch Ahnungslosen weiterzugeben. Auf die Art und Weise soll vor allem verhindert werden, dass ein guter Diplomand den Fehler begeht, an diesem Institut auch noch eine Doktorarbeit zu schreiben. Wer auf anthropologischem Gebiet promovieren, aber sich Ärger ersparen will, der sollte die Uni wechseln. Was ja auch kein Problem ist, der oder die Betreffende muss nicht einmal aus Frankfurt wegziehen – in Darmstadt und Mainz zum Beispiel gibt es entsprechende Möglichkeiten, und sogar mit paläoanthropologischer Ausrichtung – auch wenn Fritsch immer wieder tönt, er und Alfred Czarnetzki aus Tübingen seien in Deutschland die einzigen Paläoanthropologen."

„Na wunderbar", erwiderte Adrian mit frostiger Miene. „Für mich kommt diese Warnung leider zu spät – ich habe mit meiner Doktorarbeit schon angefangen."

„Sorry, ja – das hätte ich dazu sagen sollen: die Zahnmediziner sind davon natürlich ausgenommen. Eure Doktorarbeit hat ja nicht den Status, dass davon eure weitere Karriere abhängt. Ihr bringt die in sehr kurzer Zeit hinter euch, baut dann eure Praxen auf und macht euren Job. Keiner fragt jemals nach dem Inhalt eurer Dissertationsschrift. Bei den Biologen ist das anders, jedenfalls bei denen, die in der Forschung bleiben wollen – da fragt zwar auch kein Mensch nach der Diplomarbeit, aber durchaus nach der Doktorarbeit. Also, die Zahnmediziner sind von der institutsinternen Informationskette unter den „ehrlichen Diplomanden" ausgenommen. Und von dieser Ausnahme bist wiederum du die Ausnahme. Ich habe die Blätter für dich eingesteckt, weil du mir schon neulich angedeutet hattest, dass dir bezüglich der fachlichen Qualität von Fritsch Zweifel gekommen sind. – Ist mir bislang noch bei keinem unserer zahnmedizinischen Gäste passiert."

Adrian akzeptierte die Erklärung ohne große Begeisterung, griff zu seinem Getränk und fragte sich, ob er Jens von seinem Ärger mit Professor Wägerich erzählen sollte – wären diese Querelen nicht vorausgegangen, hätte er wohl nie die Einstellung mitgebracht, die Vorgänge am Franz Weidenreich-Institut von Anfang an durch eine kritische Brille zu betrachten. Der entgegengesetzte Fall, den Jens ihm an seinem eigenen Beispiel geschildert hatte, war natürlich nachvollziehbar: Ein Student, der voll fachlicher Begeisterung dort anfing, würde sich erst relativ spät von all den Seltsamkeiten, die ihn umgaben, abschrecken lassen. Aber Adrian verspürte wenig Lust zu erklären, warum dies bei ihm anders gelaufen war. Stattdessen erkundigte er sich nach einem Punkt, der in Jens' Schilderung noch offen stand.

„Du hast von »ehrlichen Diplomanden« gesprochen, die sich von Semester zu Semester mit diesem Infomaterial hier warnen und dafür sorgen, dass keiner von ihnen auf die Idee kommt, an diesem Institut als Doktorand weiterzumachen. Woran erkennt man eigentlich die »ehrlichen Diplomanden« – und woran die »unehrlichen«, falls es die gibt?"

Jens lehnte sich zurück und lächelte.

„Gute Frage, Adrian. – Sehr gute Frage. Also, ich denke eine echte Begeisterung für das Thema bemerkt man relativ schnell, wenn man sich mit einem Neuankömmling unterhält. Im Gegensatz zu denen gibt es aber auch sehr viele, die einfach nur ihre Diplomarbeit schreiben wollen, um ihr Studium formal abzuschließen und irgendwie Lehrer oder sonst was zu werden. Die sind in der Regel ziemlich uninspiriert, das merkt man schnell: der Dienst-nach-Vorschrift-Typ. Die lassen wir natürlich in Ruhe und behelligen sie nicht mit internen Infos über Fritsch und das Institut. Aber du hast recht, es wäre nicht fair, sie gleich als »unehrliche« Diplomanden den »ehrlichen« gegenüberzustellen. Nein, mit den »unehrlichen« ist nochmal ein ganz anderer Schlag gemeint."

„Und was für einer?"

„Na ja – diejenigen, die am Institut Karriere machen wollen, und die sich dabei von dem extravaganten Haushalt, den Fritsch führt, nicht abschrecken lassen. Es gibt da nämlich ein paar spezielle Vorgaben, die du erfüllen musst – und wenn du das tust, dann gehörst du zum engeren Kreis jener Erwählter, die vielleicht mal am Franz Weidenreich-Institut oder irgendwo sonst, wo Fritsch mit seinen angeblich so vielen Beziehungen hinreicht, eine Stelle bekommen. Also, das sind die »Unehrlichen« – diejenigen, bei denen von Anfang an nur die Karriere im Vordergrund steht, und zwar speziell eine Karriere am oder über das

Institut. Es gibt zwar nur relativ wenige, die so blöd oder so wahnsinnig sind, aber man erkennt sie sofort – ihre Nachfragen sind primär immer an Laufbahnoptimierung orientiert, während die eigentlichen Forschungsinhalte an zweiter Stelle stehen. Die verweisen wir dann freundlich an Fritschens rechte Hand, die du eben so blöd hast rumbrüllen hören – da erfahren sie alles, was sie brauchen."

„Und was erfahren sie da?"

„Da erfahren sie unter anderem, dass Fritsch eine Position in der Liberalen Hochschulgruppe hat. Wer am Institut was werden will, der muss also seinem Beispiel folgen und sich »hochschulpolitisch engagieren«, wie es so schön heißt. Und ob du's glaubst oder nicht, es gibt diese absolut charakterlosen Typen, die, sobald sie's vernommen haben, natürlich sofort Mitglied bei der Liberalen Hochschulgruppe werden, stumpf nach dem Motto: »Karrierekriterium – jo, mache ich!«. Spätestens ab da sind die Grenzen klar gezogen – diese Kriechertypen erfahren natürlich nichts von dem Infomaterial, das unter den ehrlichen Diplomanden kursiert. Die leben in ihrer Karrieretraumwelt und wir in unserer, die wir von ehrlicher Anthropologie an anderen Instituten träumen, sobald wir dieses hier erst einmal glücklich hinter uns gebracht haben. Beide Gruppen arbeiten am Institut im Grunde getrennt – zumindest achten die Ehrlichen darauf, dass sie nicht zu Handlangern der Unehrlichen werden."

„Verrückt", kommentierte Adrian kopfschüttelnd.

„Und es geht immer noch viel verrückter", lachte Jens. „Zum Beispiel dieses Rumgeschreie, das du da vorhin gehört hast. Das war eine sogenannte Prüfungsvorbereitung. Die Auserwählten, die alle so brav waren, der Liberalen Hochschulgruppe beizutreten, sollen natürlich ausschließlich Bestnoten für ihren ungebremsten Karriereweg einfahren. Und zwar bei den angeblich besten Prüfern, als Sondermerkmal. Auf diese besonderen Prüfungen werden sie hier direkt am Institut vorbereitet, oder man könnte auch sagen: abgerichtet, damit's ja eine Eins wird. Also, so läuft's – es gibt ehrliche Studenten, die lernen alleine oder unter Ihresgleichen, und es gibt die Karrieristen, die sich Vorteile verschaffen, indem sie sich aus der oberen Unihierarchie direkt »beraten« lassen, wie und was sie lernen sollen, um die Bestnote einzufahren."

Adrian schüttelte stumm den Kopf, während Jens begann, sich langsam in Rage zu reden.

„Ja, ein schönes Beispiel für Seilschaftenbildung – die Seilschaft der Charakterlosen. Sobald die sich irgendwo mal eingenistet haben, hat der Wissenschaftsbetrieb ein Problem. Da geht auf die Dauer einfach alles den Bach runter. Die Beratungsbrüllmami, die du vorhin gehört hast, betet ihren Zöglingen übrigens immer vor, dass sie drei Dinge bräuchten, um erfolgreich zu sein: Englischkenntnisse, EDV-Kenntnisse und 'nen Auslandsaufenthalt. Folglich stecken diese willenlosen Ferngesteuerten dann alle ihre Energien da rein, statt in die fachlichen Inhalte. Und werden dafür auch noch belohnt, obwohl sie fachlich oft einfach nur grottig sind. – Weißt du, ich kann mir vorstellen, dass die Unis in Deutschland ziemlich schnell vor die Hunde gehen werden – so in den nächsten fünfzehn, zwanzig Jahren, schätze ich mal. Denn seien wir mal ehrlich, diese drei Scheißvorgaben könnten auch von 'ner Bank kommen, oder? Wahrscheinlich sind Universitäten in Zukunft vollständig von Banken und Großunternehmen abhängig und müssen Forschungsprojekte oder sogar Doktorarbeiten strikt nach deren Vorgaben und Finanzierungswilligkeit ausrichten – das würde mich bei den ganzen verkommenen Reformdoofis, die sich hier breitgemacht haben, kein Stück mehr wundern. Machen einen auf hochengagiert, dabei trampeln sie einfach nur alles kaputt."

Adrian lachte kurz auf, sowohl über das, was Jens sagte, als auch, wie er es sagte. Jens machte eine wegwerfende Handbewegung und lächelte ebenfalls.

„Ja, ich weiß, bei mir hat sich was angestaut. Aber ich werd's bald hinter mir haben, dieses Institut, und du auch. Eigentlich könnte man drüber lachen, und es gab weiß Gott genügend Dinge, über die ich mich in den letzten Monaten bepissen durfte. Zum Beispiel hat einer der liberalen Hochschulgruppenangehörigen, die ich gerade erwähnt habe, hier kürzlich die Grenzen seiner Karriereträume kennengelernt. Der saß als Mitbetreuer in den Seminaren von Fritsch und wurde von ihm zunehmend so herablassend und scheiße behandelt, dass er – zu seinem Glück, würde ich sagen – irgendwann aufgewacht ist. Fritsch hat sich da wohl verschätzt und gedacht, der Mann wäre schon zu abhängig von ihm. Aber das ist voll nach hinten losgegangen. – Ist dir an den Postern im Gang, an denen die Forschungsergebnisse präsentiert werden, aufgefallen, dass dort überall ein Name entfernt wurde?"

„Ja – sah wie abgekratzt aus."

„So ist es. Da wurde jemand verfemt, sozusagen – seine Name weggemeißelt wie einst im alten Ägypten, auf dass die Nachwelt ihn niemals erfahren möge. Fritsch persönlich hat das gemacht, er muss vor Wut außer sich gewesen sein. Und das mit Grund – der Betreffende hatte nämlich, bevor er dem Institut den Rücken kehrte, noch eine kleine Bombe für den Herrn Professor hinterlegt."

„Wie das?"

„Es ging um diesen zweiten Doktortitel, den er kürzlich erlangt hat", sagte Jens, während Adrian sich schlagartig anspannte. Sollte er jetzt doch etwas mehr zu den seltsamen Dingen erfahren, die Hany ihm berichtet hatte?

„Fritsch hat ihn zu früh geführt", fuhr Jens fort. „Hat sich schon öffentlich als »Professor Dr. Dr.« bezeichnet, obwohl das Verfahren formal noch gar nicht abgeschlossen war – man darf sich aber erst so nennen, wenn die Doktorurkunde ausgestellt ist. Tja, sein nunmehr verfemter, ehemaliger Assistent hat das gemeldet und Anzeige erstattet, wegen unerlaubten Führens eines akademischen Titels. Das hat hingehauen, Fritsch musste eine nicht unbeträchtliche Geldstrafe bezahlen – die Rede ist von mehreren tausend Euro."

In Adrian arbeitete es. War das jetzt die Gelegenheit, auch über den *Adapis*-Schädel zu reden, von dem Hany behauptet hatte, er sei gar nicht aus der Schweiz? Aber was genau würde ihm diese bloße, nicht belegbare Verdächtigung einbringen? Adrian entschloss sich, den Verdacht erst einmal zu generalisieren, und darauf zu hoffen, dass Jens vielleicht noch weitere Kenntnisse in petto hatte.

„Jens, ich weiß, das klingt jetzt etwas komisch, aber ich formuliere es einfach mal extrem: Könnte es sein, dass Fritsch ein kompletter Betrüger ist? Bis hin zur Hochstapelei?"

Jens schaute irritiert drein ob dieser Frage. Er schien sie sich in dieser Konsequenz noch nicht gestellt zu haben.

„Kommt drauf an, was genau mit Hochstapelei gemeint ist."

„Na, zum Beispiel dieser Mist mit seiner angeblichen Abstammung von Feldmarschall Blücher – *von* Blücher, genauer gesagt. Ich kenne zufällig einen Adligen, der sich in seinem durchlauchten Bekanntenkreis mal etwas umgehört hat. Die heutigen Nachfahren des historischen von Blücher haben diese Abstammungslegende, die Herr Fritsch sich im Endeffekt einfach selbst gestrickt hat, nie akzeptiert. Das ist doch, wenn man's recht bedenkt, völlig verrückt, oder? Und als dummen Schuljungenstreich kann man es wohl kaum kleinreden."

„Nein, die Sache ist sicherlich dubios. Aber solange es keiner wirklich widerlegen kann – ich meine, bei so Abstammungsfragen müssen doch widerlegbare Behauptungen aufgestellt werden."

„Oder auch nicht. Es reicht, wenn du auf irgendwelche Dokumente verweist, auf irgendwelche Geburtenregister, die leider im Laufe der Geschichte vernichtet wurden. Und besser noch – und genau das ist hier wohl der Fall – auf Seitensprunggeschichten: auf uneheliche Kinder, deren wahre Herkunft geheim gehalten werden musste. Wenn es sich um den Seitensprung einer Person handelt, die schon lange nicht mehr lebt, dann kann man erst einmal alles Mögliche behaupten und denen, die es abstreiten, die Beweislast aufnötigen."

„Mag sein", erwiderte Jens. „Das mit dieser Umbenennung, oder genauer gesagt Namensergänzung, ist lange vor meiner Zeit geschehen, ich kann dazu nichts aus eigener Erfahrung sagen. Wenn es eine reine Lüge ist, dann frage ich mich allerdings, warum Fritsch dieses unnötige Risiko eingehen sollte."

„Das Risiko mit dem zu früh geführten Doktortitel ist er doch auch eingegangen, oder?"

„Ich glaube, das war ihm überhaupt nicht bewusst. Und sogar wenn es ihm bewusst war, ging es da ja nur um einen Zeitraum von wenigen Wochen, also bis zur Ausstellung der Urkunde – danach hätte alles seine Richtigkeit gehabt. Während so eine falsche Abstammungsbehauptung ja immer im Raum stehen und ihn potentiell angreifbar machen würde. Warum sollte er auf diese Weise all das gefährden, was er sich mit der Berufung in Frankfurt aufgebaut hat?"

„Wie ist es zu seiner Berufung überhaupt gekommen?", erkundigte sich Adrian. „Waren da seine Vergangenheit in den USA und seine Kontakte zu solch großen Namen wie Leakey das ausschlaggebende Kriterium?"

Die Frage schien Jens in Verlegenheit zu bringen.

„Es ist ein wenig unheimlich für mich, dass du all das fragst", sagte er schließlich. „Ich habe diese Fragen nämlich auch einmal gestellt, und zwar den Leuten, die mir damals dieses geheime Infomaterial hier gegeben haben. Aber mein Background war doch ein anderer als deiner. Darf ich fragen, wie genau du jetzt auf diesen Gedanken gekommen bist?"

„In erster Linie über die Jahreszahl", erwiderte Adrian ohne zu zögern. „Fritsch soll Anfang der siebziger Jahre berufen worden sein – 1973, um genau zu sein. Ich habe mal gehört, dass das eine Umbruchphase war, an der an den Unis durch die 68er-Erschütterung ein gewisses Chaos herrschte. Das Berufungsalter für Professoren war plötzlich deutlich geringer als vorher, und auf die Art und Weise sollen einige recht komische Vögel Professorenstellen erhalten haben – Typen, die vorher aufgrund mangelnder Qualifikation niemals eine Chance gehabt hätten."

Jens sinnierte ein wenig vor sich hin, dann schüttelte er den Kopf.

„Ich muss zugeben, dass ich es so noch nicht betrachtet habe. Obwohl mir damals eine haarsträubende Story erzählt wurde, die tatsächlich mit dem Revolutionsjahr 1968 zusammenhing. – Also, wo wir hier schon zusammensitzen und ich dir all die traurigen Dinge mitteilen muss, die mir über die Geschichte des Anthropologischen Instituts zu Ohren gekommen sind, kann ich mir diesen Tiefpunkt wohl nicht ersparen. Einer der ruhmreichen Vorgänger von Fritsch war ein gewisser Hans Fleischhacker, musst du wissen."

„Fleischhacker? Seltsam – Fritsch hatte in der Vorlesung zwar den Namen seines Vorgängers genannt, aber ich bin sicher, es war ein anderer."

„Das kann durchaus sein, denn es gab da mehrere dubiose Figuren, von denen aber Fleischhacker mit Abstand die gruseligste war. Diesen Namen zu erwähnen wird er aus guten Gründen vermieden haben. Fleischhacker war SS-Obersturmführer und hat in der Nazizeit Anthropologie in der Fascho-Version betrieben. Die Entnazifizierungsphase hat dieser Typ leider problemlos überstanden und durfte daher seinen reichen Wissensfundus in Sachen »Rassenklassifikation« fröhlich an die Nachkriegsstudenten weitergeben."

„Ernsthaft? Aber doch wohl in modifizierter Form, verglichen mit 1933 bis 45, oder?"

„Na ja – wie man's nimmt. Die Studenten lernten bei Fleischhacker seine Spezialität, also »typologische Rassenbeschreibung«. Durchgeführt wurde diese unter anderem, indem eine Reihe menschlicher Schädel zu vermessen und deren Hirnvolumina – genauer gesagt die Schädelkapazität – festzustellen war. Das macht man, indem man sämtliche Öffnungen des Schädels verschließt, bis auf das Hinterhauptsloch. Dann schüttet man da Hirsekörner rein, bis der Schädel bis zum Rand des Hinterhauptsloches voll ist, und füllt diese Menge anschließend in einen Messzylinder um. Aus diesen Vermessungswerten, also Schädelmerkmale inklusive Hirnvolumen, musste dann auf das Aussehen des ehemaligen Schädelinhabers zurückgeschlossen werden – letztendlich auf dessen Rassenzugehörigkeit, im Sinne des Herrn Experten Fleischhacker. Wie richtig die Studenten mit ihren diesbezüglichen Einschätzungen lagen, konnte man ihnen, falls sie Zweifel hatten, auf sehr genauem Wege demonstrieren: Es gab nämlich zu jedem Schädel ein Dia der einstmals lebenden Person."

Jens unterbrach sich kurz – seine ganze Körpersprache drückte in diesem Moment Ekel und Verachtung aus. All das ließ Adrian nur zu genau ahnen, was jetzt kommen würde, aber er wollte dieser äußerst unguten Vorahnung trotzdem nicht trauen.

„Jeder Schädel hatte auf der Innenseite eine Nummer eingetragen", fuhr Jens fort. „Und auf diesen Dias – nun ja, du wirst es wohl schon erraten haben. Auf den Dias hat man jeweils einen Menschen gesehen, der eine Nummer in die Kamera hielt. Das waren aber keine Personen, die, wie man so schön sagt, ihren Körper nach ihrem Tod der Wissenschaft zur Verfügung gestellt haben. Das waren welche, deren Körper zur Verfügung gestellt wurde, egal, was sie davon halten mochten."

Adrian starrte Jens entgeistert an.

„Du willst mir jetzt nicht sagen, dass das KZ-Häftlinge waren, oder? Dass die Studis mit Schädeln von KZ-Häftlingen arbeiten mussten?"

„Doch, genau das. Ins KZ beziehungsweise in die Vernichtungslager sind ja damals alle möglichen Leute reingekommen, nicht nur Europäer, sondern zum Beispiel auch Asiaten. Fleischhacker hatte sich aus diesem Fundus im Laufe der Jahre dann so etwas wie eine Mustersammlung zum Thema Rassendiversität zusammengestellt. Wohlgemerkt, nicht über Mittelsmänner – er kannte die Lager von innen. Er hat Fotos und Vermessungen vor Ort gemacht, die von ihm ausgesuchten Häftlinge umbringen lassen, und all dieses Zeug tatsächlich so lange an der Uni weiterbenutzt, bis es 1968 zum großen Knall kam."

„Kaum zu fassen", flüsterte Adrian, dem es bei dieser Vorstellung die Stimme verschlug.

„Ich muss ehrlich sagen, ich konnte das auch nicht glauben", antwortete Jens. „Ich hatte zwar schon davon gehört, dass man in Deutschland vor 1968 ein wenig unaufgeklärt war, was das Dritte Reich angeht – aber in diesem Ausmaß ist es wirklich kaum vorstellbar. Nun, wie dem auch sei: Fleischhacker bekam 1968 riesigen Ärger, nachdem eine Studentin richtig riet, was es mit diesen Vergleichsdias auf sich hat. Er wurde angezeigt, die Uni konnte ihn vorerst nicht mehr ins Haus lassen, und ziemlich genau in dieser Phase muss Fritsch dann erstmals in Frankfurt auf den Plan getreten sein. Nach dem, was mir berichtet wurde, hat er damals vertretungshalber Lehrveranstaltungen am Anthropologischen Institut übernommen. Die ganze vorangegangene Affäre war für das Institut natürlich hochnotpeinlich, aber irgendwie haben sie es geschafft, dass der Fall keine übermäßig hohen Wellen schlug und man sich bald um einen Institutsleiter in Form einer neu geschaffenen Professur kümmern konnte. Die hat Fritsch dann 1973 abgegriffen. Also, um deine Frage zu beantworten: Sein Studium in den USA und seine Bekanntschaft mit Leuten wie Leakey mögen wichtig gewesen sein, aber entscheidend war wohl einfach, dass er schon vor der Neubesetzung am Institut herumlief und in die Lehre involviert war. Er wird in dieser Zeit genügend Kontakte geknüpft haben, um bei der Ausschreibung der Professur von Anfang an der bevorzugte Kandidat gewesen zu sein. So läuft das ja bis heute: Stellenausschreibungen werden auf bestimmte Kandidaten hin zugeschnitten, welche sich dann um die Bewerberkonkurrenz wenig Sorgen machen müssen, da sie, sofern nichts Unerwartetes passiert, auf ihre hausinternen „Unterstützer" zählen können. – Wenn man es so betrachtet, war die Berufung von Fritsch also nichts besonderes. Derselbe Scheiß wie immer – vielleicht mit einer in diesem Fall besonders verkalkten Berufungskommission, aber im Grunde eben doch nichts anderes als an anderen zweit- und drittklassigen Unis auch."

Adrian schwieg eine Zeit lang, um sich dieses Szenario durch den Kopf gehen zu lassen.

„Eigenartiger Gedanke", meinte er dann. „Eine couragierte Studentin bringt diesen Fleischhacker zu Fall, aber aus so einer vorbildlichen Handlung erwächst am Ende doch nichts Gutes – weil ein paar unfähige Penner in der Berufungskommission sofort wieder den nächsten Mist bauen müssen. Frustrierend."

„Ja, so kann man das sehen. Aber wir müssen natürlich zugestehen, dass wir Fritsch aus unserer heutigen Sicht beurteilen.

Was damals genau ablief, werden wir wohl nie erfahren. Ich weiß nur, dass es ziemlich schnell nach seiner Berufung Ärger mit ihm gab. Er war geschickt genug – oder die Uni blöd genug – dass er einen sehr hoch dotierten Vertrag mit einer C4-Stelle bekommen hat, das war die eine Seite der Medaille. Und die andere waren ständige Querelen. Zum Beispiel verschwanden die Schädel, von denen ich dir gerade erzählt habe, und es spricht einiges dafür, dass Fritsch dafür verantwortlich war. Aber nachweisen konnte ihm das keiner – er wird wohl alles auf seinen Vorgänger geschoben haben, der ja theoretisch ebenfalls gute Gründe hatte, das Material verschwinden zu lassen. Geklärt wurde das meines Wissens nach nie. Die Dias aber, die wurden gefunden, als die Studenten Anfang der 1980er Jahre noch einmal Druck machten, sprich, als diese Flugblätter hier entstanden. Das spricht eher dafür, dass Fritsch sowohl die Schädel als auch die Dias besaß, als er die Institutsleitung bekam. Fleischhacker hätte bestimmt beides verschwinden lassen, wenn er gekonnt hätte. – So, nun weißt du eigentlich alles, was ich über die Frühphase von Fritsch mal erfahren habe. Was davon präzise überliefert ist und was nicht, das kann ich dir natürlich nicht genau sagen. Aber diese Flugblätter und dieser FAZ-Artikel passen, wie du merkst, ziemlich gut in die Reihe."

Adrian tat es ein wenig leid, dass Jens all die massiven Enttäuschungen, die diese Geschichten einst für ihn bedeutet haben mochten, erneut ausbreiten und somit auch ein wenig neu durchleben musste. Deshalb entschloss er sich, zum Ausgleich hierfür doch noch seinen persönlichen Intimfeind anzusprechen:

„Weißt du, von Professor Wägerich am Klinikum kenne ich einige der Züge, die ich jetzt auch bei Fritsch wiederfinde. Vor allem diese vordergründig einnehmende Art, hinter der sich in Wahrheit aber ein ganz anderer Typ Mensch verbirgt. Für Wägerich ist charakteristisch, dass er sein wahres Gesicht bei gewissen Alphamännchen-Anfällen zeigt. Ich habe Fritsch noch nicht so erlebt, aber ich wette, dass er diese Seite auch hat, oder? Und bestimmt nicht nur bei diesem ehemaligen Zögling von ihm, den er nach dem Totalzerwürfnis von den Postern entfernt hat, sondern öfter – viel öfter, habe ich recht?"

„Ich fürchte, das siehst du richtig", bestätigte Jens. „Es kommt wie aus dem Nichts – da legt er plötzlich seine Maske ab, sein joviales Verhalten, und offenbart einfach nur seine schlechte Seite. Gut, die haben wir alle in uns, deshalb könnte man sich übermäßiges Gerede darüber auch sparen. Aber ich habe kürzlich wieder eine Nummer erlebt – ach, ich mag es gar nicht erzählen. Da hat er einer Studentin, die gerade in der Auffahrt zum Institut vom Fahrrad abgestiegen und seiner Ansicht nach seinem Auto im Wege war, im Vorbeifahren zugerufen, dass sie *»steatopyg«* sei, und dass sie mal nachschlagen solle, was das bedeutet."

„»Stea« – ich ahne es", sagte Adrian. „Irgendetwas mit »Fett«. Und »pyg« – Pygidium, ja?"

„So ist es – Fettsteißbildung. Mit anderen Worten, der Herr Professor hat sie wissen lassen, dass sie einen dicken Hintern hat – weil er mit seinem Auto nicht schnell genug vorbeifahren konnte. – Peinlich ohne Ende. Aber in diesem Fall kein Bericht aus zweiter oder dritter Hand – ich habe die Nummer selbst miterlebt. Leider."

Jens winkte frustriert ab. Er fragte sich, ob er die Sache mit der Schimpansenschädelsammlung erwähnen sollte – die »AFvB«-Signaturen auf den Schädeln, die ihn damals gestört hatten, da er eher Signaturen des Vorbesitzers als solche von Fritsch erwartet hätte. Aber irgendetwas hielt ihn davon ab – er hatte das Gefühl, Adrian schon mehr als genug gesagt zu haben. Was sollte auch dabei herauskommen? Adrian hatte zweifellos recht mit der instinktiven Ablehnung, die er angesichts der Adelstitel-Kapriolen und der zweiten Doktorarbeit von Fritsch empfand. Das alles waren klar erkennbare und durchaus befremdliche Symptome von Egomanie – aber an dieser Krankheit litten bekanntlich nicht gerade wenige Menschen. Adrian, so befand Jens, hatte genug gehört, um selbst zu entscheiden, ob er seine Dissertationsschrift am Franz Weidenreich-Institut beenden wollte oder nicht. Es bedurfte keiner weiteren abwertenden

Statements zu Professor Fritsch von Blücher mehr. Es war für heute genug.

„Wir leben vielleicht in besseren Zeiten als vor 1968", sinnierte Jens, „aber trotzdem kann man nicht ewig von solchen Kurskorrekturen zehren. Die Uhren ticken mit jeder Fehlberufung wieder rückwärts, und die Studenten müssen sich dann eben etwas einfallen lassen, wenn sie sich für ihre Ausbildungsstätten nicht schämen wollen. Es gibt so viele Dinge, über die man einfach nur abkotzen möchte ... Wie zum Beispiel über diesen professoralen Propagandagockel, der vorletztes Jahr davon gefaselt hat, der Irak könne Deutschland mit Massenvernichtungswaffen angreifen. Dieses wahnwitzige Gequatsche dient einfach nur dazu, den Leuten einen Ressourcenkrieg schmackhaft zu machen, bei dem mal eben Zehntausende von Menschen abgeschlachtet werden. – Kann eine Hochschule tiefer sinken, als mit so einem Klabautermann an Bord? Wo, zum Teufel, leben wir?"

„Man müsste Anti-Auszeichnungen für besonders widerliche Professoren vergeben", schlug Adrian vor. „Am besten mit Shortlistverfahren. Vielleicht wäre das ein Anfang, um gewissen Formen akademischer Kulturentleerung etwas entgegenzusetzen."

„Gute Idee", lächelte Jens grimmig. „Vielleicht ja »Hochschulentleerer des Jahres«. Aber so wie ich unsere Unileithammel kenne, werden sie wieder mal nur das genaue Gegenteil hinkriegen."

20

Die Deutsche Nationalbibliothek an der Kreuzung Adickesallee/ Eckenheimer Landstraße hielt, was sie versprach: Adrian bekam die ziemlich genau 200-seitige Dissertationsschrift ausgehändigt, die gestern von ihm bestellt worden war. Zwar hatte es ihn geärgert, eine Saalbenutzungsgebühr entrichten zu müssen, aber das war ihm jetzt egal. Er hatte heute früh darauf geachtet, genügend Kleingeld mitzunehmen, um alles ihm merkwürdig erscheinende aus jener Doktorarbeit kopieren zu können, die mit *»Morphologische Untersuchungen eines Adapis-Calvariums aus dem Eozän und seine Bedeutung innerhalb der Adapiformes«* betitelt war. Schon auf dem Weg in den Lesesaal fiel ihm auf, dass Professor Fritsch, wie auch in seinem Artikel zur *Adapis*-Erstbeschreibung, von seinen angeblichen drei Vornamen keinen Gebrauch gemacht hatte: Statt der dümmlichen Triade »Anton August Adalbert« war nur der erste Name angegeben, sodass der Verfasser sich »Anton Fritsch von Blücher« las.

    Adrian hatte in der Nacht schlecht geschlafen. Den ganzen Abend und bis weit nach Mitternacht waren ihm die grauenvollen Dinge im Kopf herumgegangen, von denen Jens Bischwiller ihm berichtet hatte, und irgendwann zwischendurch schrieb er Jana eine SMS, wann sie demnächst Zeit für ein Treffen hätte – er wollte ihr so bald wie möglich alles erzählen. Jana hatte geantwortet, dass sie an diesem Morgen um halb elf am Klinikum sein würde, für einen Termin beim großen Boss Wägerich höchstpersönlich: Es ging wieder mal um jenen 3D-Modellierer, mit dem die Vorgängergruppe von Jana und Paul nicht zurechtgekommen war. Offenbar gab es hier unerwartete Neuigkeiten, und Jana hatte Adrian vorgeschlagen, sich irgendwann danach zu treffen, sobald sie und Paul bei der Modellierergeschichte auf dem neuesten Stand waren.

    Durch sein Schlafdefizit fühlte Adrian sich müde – viel zu müde, um die ihm gerade ausgehändigte Arbeit wirklich aufmerksam durchgehen zu können. In erster Linie wollte er herausfinden, ob genaueres zur Provenienz des *Adapis*-Schädels angegeben war als in jenem wirren und seltsamen Artikel, dessen Ungereimtheiten ihn erst auf die Spur gebracht hatten. Vielleicht, so überlegte er, sollte er die Arbeit einfach komplett kopieren, um sie dann irgendwann später durchzusehen – also in einem besseren geistigen Zustand als seinem jetzigen. Für eine elend-stumpfsinnige Tätigkeit wie das Kopieren eines zweihundert Seiten-Werkes war er momentan noch in der Lage, für kritisches Lesen eher weniger. Doch als Adrian einen freien Tisch gefunden, sich hingesetzt und die erste Seite der Dissertationsschrift aufgeschlagen hatte, erstarrte er wie vom Blitz getroffen.

Er glaubte, seinen Augen nicht trauen zu dürfen, und musterte sekundenlang jenen ihm so wohlbekannten, achtbuchstabigen Namen, den er an dieser Stelle nicht erwartet hätte. Dann lief in seinem Kopf eine Kette von Schlussfolgerungen ab, welche teilweise die Vergangenheit, teilweise aber auch die Gegenwart und die Zukunft betrafen. Am Ende kreisten alle diese Schlussfolgerungen in rasender Geschwindigkeit um eine Person, nämlich um Jana.

Adrian sprang so heftig auf, dass er beinahe den Stuhl umgerissen und ungebührlichen Lärm verursacht hätte. Im ersten Impuls wollte er sofort aus dem Saal hinauslaufen, doch konnte er die entliehene Arbeit schlecht auf dem Tisch liegen lassen. Er musste sie also erst wieder mitnehmen und abgeben, bevor er sein Handy aus dem Schließfach holen und Jana anrufen konnte.

Am Entleih- und Rückgabetresen angekommen merkte er, dass er Pech hatte – vor ihm an der Reihe waren zwei Leute, wobei der eine einen ganzen Stapel von Büchern abzugeben und zu allem Übel bei einigen von diesen auch noch Diskussionsbedarf hatte.

»Verdammt!«, schoss es Adrian durch den Kopf. Er sah hinauf zur Wanduhr, die in dem Vorraum angebracht war – wann hatte Jana ihren Termin bei Wägerich? Um halb elf, wenn er sich richtig erinnerte. Das waren nur noch zehn Minuten.

»Ich Dummkopf«, verfluchte sich Adrian. »Ich hätte diese blöde Arbeit irgendwo im Saal hinter einem Regal verstecken und rausrennen sollen, dann könnte ich jetzt schon mit Jana telefonieren. Aber ich braver Trottel muss ja ganz nach Vorschrift handeln ... Ich mache das jetzt einfach, ich gehe zurück in den Lesebereich und deponiere die Diss, und dann nichts wie raus ...«

Ein lautes „Bitteschön" veranlasste ihn, sich wieder zum Entleihtresen umzudrehen. Eine zweite Bibliothekskraft war dazugekommen und hatte die Studentin, die vor Adrian stand, gerade abgefertigt. Adrian stürzte an den Tresen, legte die entliehene Doktorarbeit mit einem kurzen „hier, bitte" vor der Mitarbeiterin ab und stürmte davon, ohne sich zu einer gewünschten Rückgabe oder weiteren Aufbewahrung des Titels zu äußern.

Die Aktivierung seines Handys schien länger zu dauern als sonst – die Uhr zeigte 10:25. Wahrscheinlich war Jana schon im Vorzimmer von Wägerich, bei der Sekretärin. Trotzdem war noch etwas zu machen, sofern sie ihr Handy nicht ausgeschaltet hatte. Durch Adrians Kopf rasten verschiedene Möglichkeiten, wie er seine dringende Bitte so kurz und so überzeugend wie möglich vorbringen konnte. Vom anderen Ende der Verbindung erklang der Klingelton, einmal, zweimal, dreimal, und Adrian hoffte inständig, dass jetzt nicht die Anrufbeantworterfunktion aktiviert werden würde. Er ballte seine Rechte vor Freude und machte eine uppercutartige Schlagbewegung, als Jana nach dem vierten Klingeln abnahm.

„Hey Adrian, was gibt's?"

„Jana, Mensch – gut dass ich dich erreiche! Du hast doch gleich deinen Termin bei dem Arschloch Wägerich."

„In ziemlich genau einer Viertelstunde – darf man fragen was los ist?"

„In einer Viertelstunde erst? Ich dachte, um halb elf."

„Nein, viertel vor elf."

„Sehr gut! Sehr schön, dann hör jetzt genau zu, bitte. – Ich brauche unbedingt ein Foto von Wägerichs Büro – nicht von dem Vorzimmer, hörst du, sondern von *seinem* Zimmer. Und zwar so etwas wie einen *total shot*, in dem man seinen Schreibtisch und möglichst noch viel vom ganzen Raum erkennen kann, hast du verstanden?"

„Und wer soll das Foto machen?", fragte Jana irritiert.

„Na, du natürlich! Mit deinem Handy!"

„Adrian, ganz ehrlich – du redest wie ein Irrer. Soll ich Wägerich nach einem Erinnerungsfoto an meine schöne Studentenzeit fragen, oder was?"

„Nein, natürlich nicht – du wartest, bis die Arschgeige nicht hinsieht, und kannst dann ganz einfach auf den Auslöser drücken. Am besten machst du es gleich, wenn er dich reinbittet, da ist Professor Wichtig ja meist noch demonstrativ mit irgendwelchem Schreibkram beschäftigt. Ob er auf dem Foto drauf ist oder nicht, ist völlig egal. Einfach unauffällig den Raum knipsen, und gut!"

„Hier ist gar nichts gut", kam es leise und scharf von Jana zurück. „Ich bin schon auf dem Gang zum Sekretariat, und was du da verlangst, ist ein wenig sehr durchgedreht, oder? Ich kann ..."

„Jana, ich weiß, das kommt jetzt etwas plötzlich, aber ich habe gerade herausgefunden, dass Wägerich wirklich Mist baut, *enormen Mist*, und ich glaube, ich kann's auch beweisen, wenn ich ein Foto von seinem Büro hätte – aber *ich* kann's nicht machen, worin wir uns wohl einig sind, also bitte ich *dich*, das für mich zu erledigen! Es ist sehr, sehr wichtig, hörst du?"

Am anderen Ende herrschte Schweigen – Adrian hörte nur das Echo von Schritten, wie von hochhackigen Schuhen. Er sah Jana vor sich; sie schien sich für den Termin zurechtgemacht zu haben – eine Vorstellung, die ihn ärgerte. Plötzlich verstummten die Schrittgeräusche, als sei Jana stehengeblieben. Ihre Stimme klang ruhig und hatte etwas Resignatives.

„Ich hab's gehört, Adrian. Aber ich sehe nicht ein, warum ich mit so einer Aktion meinen Ruf gefährden sollte."

„Du sollst dich ja nicht gefährden, das verlange ich doch gar nicht – du sollst es nur *versuchen*, weil ich weiß, dass du das *kannst*. Falls er die ganze Zeit dicht bei dir stehen oder dich durchgehend anschauen sollte, dann ist natürlich nichts zu machen, und dann mache ich dir auch keinen Vorwurf. Aber das dumme Arschgesicht hockt doch immer so an seinem Rechner, zum Fenster hin, und schaut einen erst mal nicht an – genau dann kannst du das Foto machen, ganz am Anfang, noch vom Eingang aus, und vollkommen unauffällig!"

„Ja, *kann* ich vielleicht, aber ich weiß nicht, warum ich diesen Quatsch machen *soll*. Lass uns dieses Gespräch jetzt bitte beenden."

Adrian spürte wie aus dem Nichts eine kochende Wut in sich aufsteigen.

„Jana, warum du es machen *sollst*, habe ich dir gerade erklärt, oder? Kann es sein, dass ich in den letzten Jahren auch alles Mögliche für dich getan habe? Da habe ich mein *Sollen* auch nicht groß in Frage gestellt, und wenn ich es getan hätte, hättest du es bestimmt ziemlich *scheiße* von mir gefunden, oder?"

Die Verbindung brach ab. Adrian spürte, wie sein Herz bis zum Hals schlug und er vor Ärger und Frustration heftig zitterte. Er hätte sich diesen letzten Ausbruch besser sparen sollen, aber nun war nichts mehr zu machen. Es war zu spät.

21

Hany Bouhired saß sehr entspannt im Büro seines Chefs Arnaud Vergès, nachdem er über all jene Erkenntnisse seiner Forschungsaufenthalte in Paris, London und Frankfurt berichtet hatte, welche er in der wechselseitigen Mailkorrespondenz nicht detailliert hatte ausbreiten können. Vergès wiederum registrierte, dass Hany nach anfänglich etwas nervösem Beginn immer selbstsicherer in seinen Schilderungen geworden war. Dies und die Tatsache, dass er sich die Erwähnung jener nachträglichen Streichungen im gemeinsamen Manuskript, die *Adapis wegneri* betrafen, bis zuletzt aufgespart hatte, weckte ein gewisses Misstrauen in ihm. Hany machte gerade eine längere Pause und blätterte mit hochgezogenen Augenbrauen in seinen Kladden, sodass Vergès den Punkt Manuskriptänderung schließlich selbst ansprach. Er versuchte dabei so autoritär und streng zu wirken, wie es sein gutes Verhältnis zu den Bouhired-Brüdern gerade noch zuließ:

„Gut, Hany. Ich bin im wesentlichen zufrieden, sehr zufrieden sogar. Aber mich hat gestört, dass du in unserer Korrespondenz nicht mehr auf die von dir gewünschte Streichung des *Adapis wegneri* eingegangen bist. Du hast mir etwas von einem Splitting-Artefakt angedeutet, und du weißt, dass ich solche Argumente ernst zu nehmen pflege – ich habe etwas gegen überflüssige neue Arten, die nichts als unnötige Verwirrung stiften. Ich habe Textpassagen und den Adapidenabzweig in unserem Stammbaum kurzfristig ändern lassen, wie von dir erbeten, aber entgegen deiner Ankündigung habe ich dann nichts mehr zu dem Thema gehört. Ich hoffe, dass du mir jetzt eine gute Begründung nennen kannst – zu welcher Art soll der *wegneri* deinen Erkenntnissen nach gehören, wenn seine Einordnung als neue Spezies zweifelhaft ist?"

Hany führte seine linke Faust an die Lippen und räusperte sich, schien seine Lockerheit aber nicht zu verlieren.

„Sorry, Arnaud – ich hätte dir das natürlich noch schreiben müssen, aber ich hatte mir am Ende in Frankfurt viel zu viel vorgenommen. Ich hab's in meiner letzten Mail einfach verschlafen, den Punkt zu erwähnen, aber ich denke, es ist sogar besser, wenn wir das jetzt direkt besprechen können. Also, um es gleich vorweg zu sagen: ich kann auf meinem jetzigen Wissensstand keine Alternativeinordnung des *wegneri* angeben."

Vergès zog die Augenbrauen zusammen – eine mimische Reaktion, die Hany nur zu gut kannte. Er musste jetzt vorsichtig sein, um seinen Chef nicht gegen sich aufzubringen.

„Das mit dem möglicherweise unberechtigten Splitting hat sich aus Diskussionen mit zwei Doktoranden ergeben, die ich am Institut geführt habe", fuhr Hany in nüchternem Tonfall fort. „Der eine von ihnen war jedoch nur als Gast da und schien mir jener Erstbeschreibung des *wegneri*, wie sie Professor Fritsch von Blücher vorgenommen hatte, äußerst kritisch gegenüberzustehen. Ich habe aber schlicht nicht richtig verstanden, was er bei unserem ersten Gespräch meinte – die Deutschen sprechen ja manchmal ein sehr komisches Englisch. Nun, kommen wir erst mal zur Quelle: Es ist ein Artikel in der Zeitschrift »Beiträge zur Archäozoologie und Prähistorischen Anthropologie«, verfasst in Deutsch, ohne englische oder französische Zusammenfassung. Hier, das ist meine Fotokopie davon. Ich werde die genauen Angaben demnächst in unser System einpflegen."

„Sehr gut", nickte Vergès, schaute aber nach wie vor irritiert drein. „Und wo liegt jetzt das Problem bei der Erstbeschreibung?"

„Das Hauptproblem ist eindeutig die unklare Provenienz des Fundes. Behauptet wird, dass er aus Egerkingen in der Schweiz käme, aus Schichten des Mittleren Bartonium. Das ist jedoch nur indirekt erschlossen worden – Professor von Blücher hat den Schädel keineswegs dort gefunden, sondern ihn aus einer Sammlung erhalten."

„Aus welcher Sammlung?"

„Genau das ist das Eigenartige – der Artikel macht dazu keine nachvollziehbaren Angaben. Der Schädel soll die Signatur »P.C.« plus Jahreszahl 1880 tragen, woraus Professor von Blücher schließt, dass er »vermutlich« aus der Sammlung von »Pfarrer Cartier« stammt – wie gesagt eine bloße *Vermutung*, so steht es im Text. Ich habe mir das von dem betreffenden Gast-Doktoranden ausdrücklich versichern lassen – hier, auch mit Seitenangabe: Es steht so auf Seite 173. Der Schädel soll dann von einem »Herrn Wegner« aufgekauft worden sein – ein genauerer Name ist eigenartigerweise nicht angegeben. Das ist wirklich sehr seltsam, denn weiter heißt es im Text, dass das Fossil »über zwei Generationen in der Familie aufbewahrt« worden sei. Also, es ist doch kaum vorstellbar, dass diese Familie des Herrn Wegner dann den Vornamen eines eigenen Familienmitgliedes nicht mitteilen kann, oder? Endgültig unklar wird die Sache dadurch, dass von Blücher nirgendwo explizit schreibt, den Schädel von der Familie des Herrn Wegner auch erhalten zu haben – er schreibt im ersten Satz des Artikels lediglich, ihm sei »ein gut erhaltenes Calvarium als Leihgabe übergeben« worden, aber er schreibt nicht, dass dies aus dem Kreis der Familie Wegner geschah, geschweige denn, woher sonst. Ebenfalls völlig unverständlich ist, dass er ganz am Anfang den »Holotypus *Adapis wegneri*, n. sp.« einführt, aber, entgegen allen Gepflogenheiten, die Vergabe des Artnamens überhaupt nicht erläutert. Er benennt die Art also einfach nach einem »Herrn Wegner« oder einer »Familie« Wegner, verzichtet aber darauf zu erwähnen, ob er den Fund aus diesen Kreisen erhalten hat, und falls nicht, wer ihn über diese vorherigen Besitzverhältnisse informierte. Stattdessen gibt er als Locus typicus Egerkingen in der Schweiz an, und als Stratum typicum das Mittlere Bartonium von Egerkingen, nur um dann im Haupttext zu schreiben, dass es sich um eine bloße *Vermutung* handelt, dass der Schädel irgendwann im 19. Jahrhundert einmal in Egerkingen gefunden wurde."

Arnaud Vergès hatte Mühe gehabt, seinen strengen Gesichtsausdruck aufrecht zu erhalten, während Hany in seiner Kladde blätterte und seine Notizen wiedergab. Er spürte eine totale innerliche Verblüffung – so hatte er Hany noch nie erlebt. Er wusste, dass sein Schüler zu strukturiertem und logischem Vorgehen befähigt war, aber er kannte es nicht in dieser außerordentlich akribischen Form.

Hany hob den Blick nicht, sondern ließ ihn sinnierend auf seiner Kladde verweilen – so, als hätte er noch weitere interessante Dinge vor Augen. Professor Vergès fühlte sich durch dieses Verhalten durchaus provoziert:

„Hany, ich fürchte, ich du hast bei deinen interessanten Ausführungen etwas Grundlegendes übersehen. Mir ist der Pfarrer Cartier, den du ganz zu Anfang erwähnt hast, nämlich durchaus ein Begriff. Wie damals so mancher Geistlicher, der in seinem Beruf viel Zeit hatte und materiell abgesichert war, konnte der Mann umfassende Naturforschungen betreiben: Er war ein äußerst erfolgreicher Fossiliensammler. Unter anderem beutete er die mitteleozänen Spaltenfüllungen von Egerkingen im Schweizer Jura aus, was jedem Experten für diese Periode bekannt ist. Kurz, wenn Pfarrer Cartiers Signatur auf diesem *Adapis*-Schädel vermerkt ist, dann ist die Vermutung von Professor von Blücher, dass der Schädel aus Egerkingen stammen könnte, alles andere als haltlos."

Hany zuckte mit den Schultern.

„Mir war dieser Pfarrer Cartier bislang nicht bekannt, wie ich zugeben muss. Aber besagte, völlig unklare Angaben, wie der Schädel von ihm zu einem nicht mit vollem Namen genannten »Herrn Wegner« gekommen sein soll, und von dort aus zu Professor von Blücher, der dann eine neue Art *»wegneri«* aus der Taufe hob, empfand ich als ebenso störend wie der Doktorand, der mich auf diese Punkte aufmerksam gemacht hat. Das ging mir noch einige Zeit im Kopf herum, und ich wollte natürlich gerne wissen, wer eigentlich dieser Pfarrer Cartier war – denn auch dazu macht von Blüchers Text überhaupt keine Angaben."

„Einem Experten sagt dieser Name etwas", entgegnete Vergès unwirsch. „Ich verstehe wirklich nicht, wie du daraus ein solches Problem machen kannst. Das soll der Grund sein, warum ich unser Manuskript ändern musste?"

„Ich fürchte, ja", entgegnete Hany seelenruhig. „Ich habe es extra herausgesucht – das war übrigens auch einer der Gründe, warum ich dir nicht mehr ausführlich antworten konnte, denn diese nicht eingeplanten Recherchen waren etwas aufwendiger. Also, was ich herausbekommen habe: Der Pfarrer Cartier hieß Robert Cartier. Offenbar genau so, also ohne weitere Vornamen."

„Na und?"

„Von Blücher schreibt, die Signatur auf dem Schädel würde »P.C.« lauten. Sie müsste aber doch eigentlich »R.C.« lauten, wenn der Finder und erste Besitzer Robert Cartier hieß, oder? Mir ist jedenfalls nicht bekannt, dass ein Pasteur, zu Deutsch also ein »Pfarrer«, seine Berufsbezeichnung für seine Initialen verwendet."

Vergès schwieg verblüfft. Die Sache wurde ihm langsam unheimlich, sodass er sich schnellstens bemühte, argumentativ weiter Contra zu geben:

„Hany, hast du dabei auch an die Möglichkeit eines simplen Druckfehlers gedacht? Wahrscheinlich wollte von Blücher korrekt »*R.C.*« schreiben und hat versehentlich »*P.C.*« zu Papier gebracht – so etwas kommt vor."

»In diesem Fall kann ich mir das nicht vorstellen. Er erwähnt dieses Kürzel im Text nämlich dreimal, zweimal auf Seite 173 und einmal auf Seite 176, und zwar immer als »*P.C.*«. Bemerkenswert ist höchstens, dass er es in sehr widersprüchlicher Manier tut. Beim ersten Mal ist nicht erkennbar, ob die Signatur wirklich auf dem Schädel zu finden sein soll. Ich habe mir den Satz übersetzen lassen, er lautet: »*Die Bezeichnung AFEger. P.C.–AE (1880) weist ohne Zweifel auf die Lokation Egerkingen in der Schweiz hin*«. Drei Seiten später scheint der Autor diese zweifellose Schlussfolgerung aber völlig vergessen zu haben, indem er schreibt: »*In der Apertura nasalis befand sich ursprünglich (…) eine Substanz, vermutlich Schellack, auf dem die Buchstaben >Eger, P.C. 80< standen, möglicherweise ein Hinweis auf die Fundstelle Egerkingen*«. – Also, du siehst: diese beiden Angaben über die Signatur passen inhaltlich nicht zusammen, und die beiden unterschiedlich gewichteten Schlussfolgerungen – erst ein »*zweifellos*«, dann ein »*möglicherweise*« – sind erst recht völlig unerklärlich."

Arnaud Vergès waren für Sekunden die Gesichtszüge entglitten, dann setzte er seine gestrenge Miene wieder auf, um Hany seine grenzenlose Überraschung nicht spüren zu lassen. Wenn alles stimmte, was er gerade gehört hatte, dann musste es sich bei dem von Blücher-Artikel um eine wirklich hundsmiserable Erstbeschreibung handeln. Das wiederum bedeutete, dass Hany absolut im Recht war, diese erst einmal nicht zu berücksichtigen, bevor klare und nachvollziehbarere Angaben zu den fraglichen Punkten vorlagen. Die Konsequenz, mit der sein Schüler vorgegangen war, imponierte ihm.

„Nun gut, Hany", sagte er schließlich. „Ich sehe, du hast dort äußerst präzise fachliche Diskussionen geführt. So schlecht, wie man anhand der Inkonsistenzen in diesem Artikel vermuten könnte, kann es an diesem Institut also nicht zugehen."

„Oh nein, wahrhaftig nicht – ich habe viel gelernt. Ich denke, all diese Unklarheiten werden mit den bereits angekündigten Nachfolgepublikationen ausgeräumt werden. Aber ich musste daran denken, was du Mahdi und mir schon eingeschärft hast, als wir praktisch noch Kinder waren: Ein Fossilfund ohne klare Ortszuschreibung ist nichts wert. Ich hatte keine Lust darauf, dass unser Manuskript durch eventuelle Anfängerfehler belastet wird. Wir sollten diesen *Adapis*-Schädel erst dann in unsere Analysen einbeziehen, wenn zu seiner Provenienz einigermaßen belastbare Aussagen vorliegen."

„Nun – ich denke, du hast recht. Es freut mich zu sehen, dass du meine Prinzipien diesmal so konsequent angewendet hast, auch wenn es letztendlich vielleicht übertriebene Vorsicht war. Aber ich kann dir nach allem, was du sagst, keinen Vorwurf machen. Wir werden von Blüchers Text ins Französische übersetzen lassen und ansonsten weitere Publikationen zum Thema abwarten."

„Genau das sollten wir tun."

„Gut – ich danke dir. Alles weitere dann morgen, wenn es um die Vorbereitungen für Fayyum geht."

„Ja. – Bis morgen, Chef."

Hany stand auf, gab Arnaud die Hand und verließ den Raum. Das kurze Dankesgebet, das er zum Himmel schickte, konnte sein Mentor nicht mehr sehen.

22

Adrian saß mit einem unguten Gefühl im Bauch in der Cafeteria des Uni-Klinikums und starrte auf den dampfenden Inhalt seines Kaffeebechers. Eigentlich hatte er sich einen besseren Ort für sein Versöhnungsgespräch mit Jana gewünscht, aber nachdem er sein Anliegen per SMS losgeworden war, hatte Jana ihn kurz und bündig darauf verwiesen, dass sie ein Treffen auf dem Klinikumsgelände wünsche, da es so für sie am einfachsten sei.

„Hey, Alter!"

Adrian blickte überrascht auf. Es war Paul, der sich gerade ebenfalls einen Kaffee geholt hatte und sich nun zu ihm setzte.

„Hi, Paul."

„Jana hat mich vorgeschickt", sagte Paul mit einem leicht ironischen Lächeln. „Aber keine Sorge, sie kommt gleich – ich soll dir die Verspätung ausrichten. Sie ist noch oben, um diese unendliche Geschichte mit dem Modellierer zu regeln."

„Was ist denn los mit dem Ding?"

„Tja, das haben sich hier zuletzt so einige gefragt. Die Zweiergruppe vor uns hatte ja ein Problem nach dem anderen und stand schon als ziemliches Versagerduo da. Jetzt hat sich aber herausgestellt, dass sie keineswegs die Alleinschuldigen sind – dieser Modellierer macht auch bei Arbeitsgruppen an anderen Unis Schwierigkeiten. Offenbar ein Wartungsproblem, der Hersteller hat ungenaue Reinigungsangaben gemacht. Wägerich war darüber so wütend, dass er auf der Stelle einen Mitarbeiter von denen zwangsverpflichtet hat, hier einen Kurs zu geben, bei dem alle, die das Ding demnächst benutzen, mitmachen müssen. Der soll uns nun zeigen, wie es richtig geht, und falls das nicht klappen sollte, kriegt er beziehungsweise seine Firma ziemlichen Ärger. Das wird man von deren Seite natürlich vermeiden wollen."

„Könnt ihr nun vorher gar nicht mit dem Kasten arbeiten?"

„Doch, schon – wenn auch nicht ganz so, wie vorgesehen. Ist aber kein Problem. Wägerich hat der Firma offenbar Druck ohne Ende gemacht, das heißt, dieser Kurs wird schon nächste oder übernächste Woche stattfinden. Allzu viel Zeit verlieren wir also nicht, und besser als bei unserer Vorgängergruppe sollte es dann auf jeden Fall laufen."

„Na, dann habt ihr ja Glück. Ich wette, auf diese Idee hätte man schon Wochen vorher kommen können. Aber dieser Vollidiot muss natürlich erst die falschen Leute zusammenschreien, bevor er mal merkt, was los ist."

Paul lachte wissend.

„Jana hat mir schon zart angedeutet, dass deine Wut auf ihn langsam maßlos wird. Pass bloß auf, was du tust. Und lass uns bitte noch in Ruhe zu Ende promovieren, bevor du hier irgendwann das ganze Gebäude napalmierst."

Adrian war nicht in der Stimmung für Selbstironie. Ein wenig vor sich hin sinnierend trank er von seinem Kaffee, dann sah er Paul an.

„Es ist nicht nur Wägerich, vergiss den mal für einen Moment. Ich habe gerade auch ein Problem an dem Anthropologischen Institut, an dem ich gelandet bin. Ich bin seit nicht mal drei Wochen da, aber was ich in der Zeit alles über den dortigen Chef herausbekommen habe, das wird mir langsam zu viel. Es könnte sein, dass dieser Typ sich ziemlich dreiste wissenschaftliche Fälschungen erlaubt – oder sogar, im schlimmsten denkbaren Szenario, ein totaler Betrüger ist."

„Was denn für Fälschungen?", fragte Paul überrascht.

Adrian berichtete ihm von der eigenartigen Erstbeschreibung des *Adapis wegneri*, die als Grundlage für den zweiten Doktortitel von Professor »von Blücher« diente, und von Hanys noch eigenartigerem Bericht, welcher so gut zu Adrians Verwunderung über die Fehler und Inkonsistenzen in dem betreffenden Artikel passte. Schließlich erwähnte er, dass er die Kontaktdaten einer bei SIPUNC beschäftigten Frau besäße, die bereits in den frühen 1980er Jahren Fälschungsvorwürfe gegen den damals noch schlicht »Fritsch« heißenden Professor lanciert hatte.

„Das ist ja ein Ding", murmelte Paul. „Weißt du, du hattest Jana ja schon per SMS angedeutet, dass du in einer etwas komischen Umgebung gelandet bist – irgendwie hatte ich da schon geahnt, dass es auf so etwas wie Verstöße gegen gute Wissenschaft hinauslaufen könnte. Aber in dieser extremen Form hätte ich das natürlich niemals gedacht. – Mal angenommen, diese Frau von SIPUNC kann dir nicht nur genaueres sagen, sondern würde dir wirklich so etwas wie Beweise liefern – wie würdest du weiter vorgehen? Erst fertig promovieren, und dann Ärger machen?"

„Ich glaube kaum, dass ich bei so einem so lange zurückliegenden Fall noch mit Beweisen rechnen kann, aber neugierig auf die Geschichte dieser Frau bin ich schon. Die Uni muss sie damals ziemlich im Regen stehen gelassen haben. – Wie auch immer: Ich würde keinen Wert darauf legen, an einem sogenannten wissenschaftlichen Institut zu promovieren, an dem in Wahrheit massiv gefälscht wird."

Paul überlegte und rieb sich das Kinn.

„Wo du das gerade sagst ... Ich habe in meiner Zeit in Heidelberg einen ehemaligen Sportmediziner kennengelernt, der mir haarsträubende Dinge von seiner Alma Mater erzählt hat. Interessanterweise waren das aber keine Sachen, auf die er selbst gestoßen ist – darauf aufmerksam gemacht hat ihn ein Außenstehender, nämlich so eine Art privat agierender Experte in Sachen Wissenschaftsbetrug. Und zwar ein ehemaliger Post-Doc, in dessen Arbeitsgruppe der leitende Professor ein richtiges Dauer-Fälschungssystem aufgebaut haben soll. Als das aufflog, hat er gegen besagten Prof ausgesagt, aber irgendwie lief nicht alles wie erhofft – die Arbeitsgruppe wurde aufgelöst, aber dem Prof gelang es, sich aus dem ganzen Schlamassel rauszureden und die Schuld auf seine engsten Mitarbeiter zu schieben. Ich habe diesen Post-Doc kennengelernt und mehrfach getroffen, er heißt Karsten Litmanowicz. Den muss die Geschichte damals ziemlich mitgenommen haben. Er hat der Uni den Rücken gekehrt und ist bei irgendeiner kleinen Biotech-Firma untergekommen. Privat beschäftigt er sich aber intensiv mit den Tricks betrügender Naturwissenschaftler und hat sich so den Ruf eines Beraters für Studenten erworben, die über ähnliche Verdachtsfälle stolpern – inoffiziell, wohlgemerkt, aber er kennt sich da ganz enorm aus. Wenn du willst, kann ich dir seine Nummer geben. Er kommt oft ziemlich verbittert rüber, aber grüß ihn einfach von mir, dann kannst du dich bestimmt mal länger mit ihm unterhalten. Er ist eigentlich ganz nett."

„Das klingt interessant", sagte Adrian und zog sein Handy. „Karsten – wie?"

„Litmanowicz, mit »c-z« am Ende, kein »t-z«. Er wohnt in Heidelberg, in einer WG. Hier, das sind Adresse und Rufnummer."

Adrian tippte die Angaben ab, die Paul ihm auf dem Display seines Handys hinhielt. Als er fertig war und wieder aufblickte, sah er zu seiner Überraschung Jana neben Paul stehen – sie musste sich in ziemlich katzenhafter Manier angeschlichen haben, oder er war so abgelenkt gewesen, dass er um sich herum nichts mehr wahrgenommen hatte. Janas etwas fragender Gesichtsausdruck schien auf letzteres hinzudeuten.

„Ich lass euch besser mal allein", sagte Paul lächelnd und stand auf. „Wir sehen uns."

„Bis bald", erwiderte Adrian, während Paul die Cafeteria verließ und stattdessen Jana am Tisch Platz nahm. Sie brachte kein Lächeln zustande, was Adrian kaum anders als eine Aufforderung wahrnehmen konnte, sich nochmals zu entschuldigen, obwohl er das bereits in seiner SMS an sie getan hatte.

„Hi Jana. Und, habt ihr euren Modellierer jetzt im Griff?"

„Noch nicht richtig, aber dafür ist gesorgt. Paul hat dir wohl schon erzählt, dass Wägerich so eine Art Reinigungs-Kursus mit der Herstellerfirma anberaumt hat."

„Ja, das hat er. – Wobei wir auch schon beim Thema wären. Dass ich neulich so durchgedreht bin am Telefon, tut mir wirklich leid. Ich hätte dich nicht so anfahren dürfen. Aber du hast es ja gemerkt, ich war kurz vorm Platzen. Dass Wägerich nichts anderes als ein hobbymäßig herumposierender Scheißtyp ist, darüber brauche ich mit niemandem mehr zu diskutieren, das steht für mich längst fest. Aber an dem Tag, als du deinen Termin bei ihm hattest, hat er sogar mich noch einmal überrascht – und das will, wie du sicher zugeben wirst, schon was heißen."

„Womit hat er dich überrascht?", fragte Jana, ohne dass ihre Miene besonderes Interesse verriet.

„Ich war in der Deutschen Nationalbibliothek, um mal einen Blick in die Dissertationsschrift zu werfen, mit der Herr Fritsch von Blücher seinen zweiten Doktortitel erworben hat. Einfach aus Neugier, weil die Erstbeschreibung dieses *Adapis*-Schädels, um den es da geht, vor Seltsamkeiten ja nur so wimmelt. Und als ich die erste Seite aufgeschlagen habe, da kam mir gleich eine weitere Seltsamkeit entgegen, mit der ich wirklich nicht gerechnet hatte. Die Arbeit hat zwei Gutachter, was normal ist – aber einer von denen ist tatsächlich unser allseits geliebter Prof. Dr. Dr. Johannes Wägerich. Und das fand ich dann doch etwas unnormal."

Jana zog überrascht die Augenbrauen hoch, hatte dann aber schnell eine Erklärung parat:

„Ich weiß nicht genau, was Wägerich außer Zahnmedizin noch studiert hat – aber wenn es irgendetwas auf biologischem Gebiet war, dann wäre formal wahrscheinlich nichts dagegen einzuwenden, dass er für Fritsch den Zweitgutachter gemacht hat."

„Nein, formal wohl nicht. Aber ansonsten hätte ich kiloweise Einwände, und zwar im Wortsinne. Ich bin nämlich vor ein paar Jahren mal kurz in Wägerichs Zimmer gewesen, und du ja neulich auch. Dieses Zimmer habe ich schlaglichtartig vor mir gesehen, als die Doktorarbeit von Fritsch vor mir lag und ich gleich auf der ersten Seite, bei der Angabe zu den Gutachtern, auf den Namen Wägerich gestoßen bin. In dem Moment bin ich auch schon aus der Bibliothek rausgerannt, weil ich wusste, dass du in wenigen Minuten deinen Termin bei ihm hast. Diese Chance, sein Zimmer zu fotografieren, wollte ich unbedingt genutzt wissen. So oft kommt unsereins da ja nicht rein."

„Ich fand dich am Telefon ziemlich wirr – und auch jetzt finde ich dich offen gestanden nicht viel klarer. Was bitte ist so wichtig an Wägerichs Zimmer?"

„Das will ich dir sagen. Ich habe ihn vor mir gesehen, wie er da sitzt, an seinem Rechner, seinem ganzen Hightech, seinen vielen schlauen Büchern – und seinen ganzen Zähnen und Knochen. Mir ist schlagartig klar geworden, woher ich die kenne. Zum Beispiel dieser unübersehbare Säbelzahntiger – der steht genau so auch im Büro von Herrn Professor Fritsch. Den und einige andere Schädel konnte ich damals durch die halb offenstehende Tür erkennen, als ich bei der Vorzimmerdame die Genehmigung für die externe Dissertation abgeholt habe."

Jana schwieg eine Weile, dann nickte sie.

„Gut – so langsam verstehe ich. Du denkst, er hat all das Fossilzeug von Fritsch? Kleine Geschenke unter Freunden?"

„So ziemlich *alles*, was Wägerich in seinem Büro an Fossilabgüssen beziehungsweise Rezentkram hat, dürfte er von Fritsch erhalten haben – ich bin mir nicht nur bei dem Säbelzahntiger sicher, sondern auch bei dem Gorillaschädel und außerdem einem Schädel von *Australopithecus africanus*. Die habe ich jedenfalls genau so am Anthropologischen Institut gesehen, denn da steht in offen einsehbaren Vitrinen alles Mögliche herum. Jetzt könnte man sagen »klar, warum auch nicht« – die beiden kennen sich schon lange, Wägerich schickt Fritsch seit zehn oder zwanzig Jahren Zahnmediziner zum Promovieren rüber. Das ist ja auch alles schön und gut. Aber dass Wägerich als Gutachter für Fritsch auftreten darf, obwohl er vorher jede Menge Geschenke von ihm empfangen hat – das halte ich für eindeutig ungesetzlich. All diese Sachen haben einen Wert, der die erlaubten Zuwendungen für einen Beamten ganz gewiss überschreitet."

„Moment, Moment", unterbrach Jana. „Dir ist klar, dass wir in diesem Punkt nur spekulieren, ja? Es ist immerhin denkbar, dass Wägerich die Sachen nicht geschenkt bekommen, sondern sie Fritsch abgekauft hat."

„Dann hat er sie eben gekauft, was ändert das? Er steht dann in einer geschäftlichen Beziehung zu Fritsch, und wahrscheinlich geht es dann um nicht gerade geringe Geldsummen. Ob geschenkt bekommen oder gekauft, die Folgen sind immer dieselben: Die Benotung der Arbeit wird dadurch zu einer Farce, und ich vermute, sie ist auch rein inhaltlich genau das – eine Farce. Weißt du, was ich neulich erfahren habe? Dieser fossile Halbaffenschädel, den Fritsch in dieser Doktorarbeit beschreibt, hat möglicherweise eine ganz andere Herkunft als von ihm angegeben. Soll heißen, er hat die wahre Herkunft verschleiert, um mit absichtlich falschen Angaben seinen Lesern eine neue Halbaffenart vorspiegeln zu können. Du weißt, was das bedeuten würde, wenn es stimmt. Und dann würde ich gerne mal Wägerich sehen, wie er plötzlich dasteht, wenn er Fritsch bei dieser unglaublichen Nummer als williger Gutachter unterstützt hat. Das wäre der Super-GAU für diesen blasierten Vollidioten, und ich habe das Gefühl, wir stehen ganz kurz davor."

Jana beobachtete aufmerksam Adrians Augenausdruck und erkannte wieder diesen funkenstiebenden hasserfüllten Blick, den sie in letzter Zeit öfter zu sehen bekommen hatte, als ihr lieb war. Trotzdem versuchte sie kühl zu bleiben und griff Adrians Argumentation umgehend an der offensichtlichen Schwachstelle an:

„Und wer bitteschön hat dir diese Fälschungs-Story erzählt? – Sag bloß Alexander von Korf."

„Nein, der war es ausnahmsweise mal nicht. Es war ein algerischer Gaststudent, der einige Wochen an dem Anthropologischen Institut zugebracht hat. Seinem Bericht zufolge stammt dieser Halbaffenschädel nicht aus der Schweiz, wie von Fritsch behauptet, sondern aus Frankreich – Fritsch hätte ihn in Paris gekauft. Es gäbe dafür einen verlässlichen Zeugen."

„Aber beweisbar ist dieser Vorwurf nicht?"

„Noch nicht. Wenn Fritsch den Schädel aus den Händen geben würde, soll heißen, in die Begutachtung durch einen Fachmann, dann würde der Schwindel wahrscheinlich schnell auffliegen."

„Adrian, wie soll ich mir das vorstellen: Du hockst da an diesem Anthropologischen Institut mit einem algerischen Gaststudenten zusammen, und er erzählt ausgerechnet *dir* diese Story? Warum erzählt er sie nicht einem Anthropologen oder Paläontologen oder sonst irgendeinem Experten, der etwas bewirken kann? Bist du jetzt etwa der Einzige, der außer diesem Algerier und seinem verlässlichen Informanten von der Sache weiß?"

„Ich denke schon. Hany, so heißt er, hat diese Information erst mal zurückgehalten – der Informant ist sein eigener Bruder, der in Paris lebt. Er wollte mir diese Story eigentlich nicht erzählen, aber wir haben uns am Abend vor seiner Abreise noch in einer Shisha-Bar getroffen. Da ist es dann in einem bestimmten

Moment aus ihm herausgeplatzt. Die Sache hat ihn offenbar belastet, und bei mir konnte er sie loswerden."

Jana lehnte sich langsam in ihrem Stuhl zurück. Das Lächeln, das sie in diesem Moment zeigte, gefiel Adrian überhaupt nicht – es hatte etwas Spöttisches, und ihm schien sogar etwas Verächtliches.

„In einer Shisha-Bar, ja?", fragte sie unverhohlen ironisch.

Adrian wusste einige Sekunden lang nicht, wie er reagieren sollte, hielt es dann aber für das beste, nicht zu defensiv rüberzukommen. Er war es nicht gewohnt, von Jana verspottet zu werden, und wollte dies gar nicht erst zur Normalität werden lassen.

„Jana, denk von mir aus, was du willst", sagte er in einem leisen, aber bestimmten Tonfall. „Und weißt du was: Vergiss auch gleich den Fälschungsvorwurf wieder. Darum werde ich mich kümmern, sobald ich die Gelegenheit dazu bekomme. Aber sogar wenn es nicht so extrem sein sollte, wie gerade angedeutet, dann habe ich immer noch genügend konkrete Anhaltspunkte zu glauben, dass diese sogenannte Doktorarbeit im Grunde nur irgendein hochstilisierter Mist ist, den Fritsch sich mal so eben zwischen zwei Frühstücksbrötchen zusammengetippt hat. Es ging ihm bei dieser Sache einzig und allein darum, sich mit einem zweiten Doktortitel schmücken zu können, und mit Wägerich als Vorbild und Gutachter in einer Person konnte er dieses Ziel am bequemsten erreichen. Man müsste wohl eher sagen, er war auf Wägerich angewiesen, um ganz sicher zu sein, dass er bei dem Verfahren problemlos durchkommt. – Aber jetzt stell dir einfach mal vor, ich würde diesen Verdacht öffentlich machen, also besonders den Vorwurf von unerlaubten oder zumindest moralisch fragwürdigen Sachzuwendungen an den Zweitgutachter – was würde dann wohl passieren? Richtig, Wägerich würde das ganze Zeug einfach wegräumen, schnellstens irgendwelche anderen Schädel und Knochen in seinem Büro platzieren und dann sagen, ich hätte mich da böswilliger Weise verguckt, als ich vor zwei Jahren mal kurz in seinen hochherrschaftlichen Räumlichkeiten gewesen bin. Dieses Manöver wollte ich natürlich verhindern. Deshalb hätte nur ein Beweisfoto von seinem Büro geholfen. Damit hätte man verhindern können, dass er sich einfach aus der Nummer rauslügt, wie er's garantiert tun würde, sobald er davon Wind bekommt, dass jemand gerade etwas genauer nachfragt."

„Tja", murmelte Jana tonlos. „Dann habe ich da wohl ziemlich versagt."

„Unsinn – du hast doch nicht »versagt«, wie kommst du darauf? Ich hatte mir derartig einen abgehetzt, mein Handy rechtzeitig aus dem Schließfach zu bekommen, um dich vor deinem Termin noch zu erreichen, dass ich die ganze Sache einfach nur arg verkürzt rüberbringen konnte. Zuerst wollte ich dir sagen »fotografier die Scheiß-Fossilien, am besten den Säbelzahntiger«. Dann ist mir aber siedend heiß eingefallen, dass so ein Foto aus der Nähe nichts bringt, wenn man nicht gleichzeitig sehen kann, an welchem Ort es aufgenommen wurde. Deshalb habe ich angefangen, einfach nur »mach einen *total shot* von seinem Zimmer« zu sagen, um ganz sicher zu gehen, dass sein Zimmer an erster Stelle erkennbar ist – die überall rumstehenden Fossilien sollten ja trotzdem unübersehbar und auch identifizierbar sein. Aber für dich muss das alles nur wirr geklungen haben – das war mir später natürlich auch klar."

„Der Witz ist, dass ich noch ziemlich viel Zeit hatte, über deinen Anruf nachzudenken", antwortete Jana mit ernster Miene. „Wägerich hat mich warten lassen, etwa fünfzehn oder zwanzig Minuten lang. Mich hat das irgendwann angefangen zu ärgern. Na ja, und dann ..."

Sie holte ihr Handy hervor und schob es Adrian über die Tischplatte hin. Auf dem Display war ein Foto von Professor Wägerichs Büro zu sehen, und auch der Benutzer selbst war auszumachen, an seinem Rechner sitzend. Es gab nur ein Problem: Das Foto war viel zu schwach belichtet. Zwar waren um Wägerichs Schreibtisch herum die Umrisse aller möglichen Gegenstände zu erkennen, aber nur als dunkle, nicht besonders scharf konturierte Einheiten. Kein einziges Fossil auf dieser

Aufnahme wäre einer zweifelsfreien Identifikation zugänglich gewesen.

Adrian sah Jana erstaunt an.

„Ich hab im Grunde getan, was du gesagt hast", erklärte sie. „Als ich sein Zimmer betreten habe, hatte ich das Handy in der Hand und hab irgendwie »Entschuldigung, ich muss gerade noch mein Telefon ausschalten« gemurmelt. Er hat nicht mal aufgeblickt von seinem Rechner, also konnte ich knipsen. Nur gab es da leider ein kleines Problem – mir ist nämlich glücklicherweise noch aufgefallen, dass die Fotofunktion auf Blitzlicht geschaltet hatte. Die Beleuchtung in seinem Zimmer reichte nicht aus – das wäre um ein Haar ein schöner Flash geworden, und dann hätte ich ziemlich dumm dagestanden. Aber so ... nun ja. Ich hatte Nerven genug, die Blitzfunktion rauszunehmen und dann das Foto zu schießen. Aber direkt danach musste ich das Handy natürlich ausschalten, um nicht weiter aufzufallen."

„Oh Mann ... Jana, ich weiß gar nicht, was ich sagen soll. Danke, dass du das für mich getan hast. Damit hätte ich nach diesem – nun, nach diesem unglücklichen Telefonat nicht gerechnet. Es ist natürlich ärgerlich, dass man auf dem Foto leider nichts Entscheidendes erkennen kann, aber ..."

„Sieh es bitte realistisch, also so, wie ich's dir gerade erzählt habe", unterbrach Jana Adrians Dankesrede. „Ich war wütend über dein Verhalten und hätte rein *gar nichts* in der Richtung getan, wenn Wägerich mich einigermaßen pünktlich reingebeten hätte, okay? Aber als er mich warten gelassen hat, habe ich irgendwann angefangen, mich zu ärgern – deine Wut auf ihn muss da wohl schleichend auf mich übergegangen sein, so dumm das auch klingen mag. Im Nachhinein habe ich mich noch mehr geärgert, nämlich über *mich* – es war völlig unvernünftig, was ich da getan habe. Grundlos zu riskieren, mich völlig zu blamieren, wenn der Blitz losgegangen wäre. Es hat nur eine Winzigkeit gefehlt, dann wäre das passiert. Ich bin nicht stolz auf all das hier. Es war eine unglaublich dumme Aktion, und es ärgert mich, dass ich mich von dir da habe hineindrängen lassen. So etwas wird garantiert nicht wieder vorkommen."

Adrian nickte stumm.

„Ich habe mit Paul über die Sache gesprochen", fuhr Jana fort. „Er meint, wir sollten uns einfach wieder beruhigen und uns auf unsere Doktorarbeiten konzentrieren. Was mich betrifft, so habe ich genau das vor. Du musst natürlich für dich selbst entscheiden, was du für richtig hältst, aber vielleicht solltest du dir diesen Vorschlag auch mal durch den Kopf gehen lassen."

Auf Janas Handy, das noch immer zwischen den beiden auf dem Tisch lag, wurde das Display schwarz – der Energiesparmodus war aktiviert. Sie nahm es wieder an sich und stand auf.

„Soll ich dir das Foto zuschicken?", fragte sie.

„Das wäre nett", antwortete Adrian. „Nochmal danke, dass du es gemacht hast."

Erneut wollte er sich bei ihr entschuldigen. Doch er zögerte kurz, ohne sie anzusehen, und als er wieder aufblickte, verließ Jana bereits die Cafeteria.

23

Für Arnaud Vergès gab es wieder einmal Gründe, sich zu wundern – noch mehr aber, sich zu ärgern. Er hatte die zwölfseitige Erstbeschreibung des *Adapis wegneri*, auf die Hany sich bei ihrem letzten Gespräch so ausführlich bezog, von einer elsässischen Studentin ins Französische übersetzen lassen. Gerade hatte er mit ihr telefoniert, um sich über einige Stellen Klarheit zu verschaffen, bei denen er die Möglichkeit einer möglicherweise ungenauen Übertragung ausschließen wollte. Als er diese Passagen nach erfolgter Rücksprache jetzt nochmals durchlas, musste er einsehen, dass Hanys Kritikpunkte genauestens den vorliegenden Sachverhalt erfassten. Professor von Blüchers Erstbeschreibung enthielt etliche Merkwürdigkeiten, angefangen mit dem seltsamen Verweis auf einen praktisch anonymen »Herrn Wegner« bis hin zu eklatanten inhaltlichen Widersprüchen. In der Summe reichten diese aus, um den gebotenen Inhalt des

Artikels mit Vorsicht zu genießen – oder eben, wie Hany und er es getan hatten, in ihrem eigenen Artikel zur frühen Evolution der Prosimier auf die Erwähnung der angeblich neuen *Adapis*-Art ganz zu verzichten.

Außerdem gab es noch weitere Textstellen, die Arnaud sofort aufgefallen waren, von Hanys Seite aber keine Erwähnung gefunden hatten. Vor allem war der Fundort des Schädels nicht nur aus einer Signatur abgeleitet worden, wie Hany es in ihrem Gespräch dargestellt hatte – vielmehr behauptete Professor von Blücher auch, dass der Schädel aufgrund eines teilweise anhaftenden kalk-, phosphat- und eisenhaltigen Belages recht eindeutig der Fundstelle Egerkingen in der Schweiz zuzuordnen sei. Genauer gesagt sollten »darin enthaltene Quarzkristalle« »typisch für die Egerkinger Lokation« sein – eine Aussage, die gleich doppelt merkwürdig war. Erstens vermisste Arnaud zu dieser Behauptung eine Quellenangabe; das Ganze klang also so, als hätte von Blücher persönlich festgestellt, dass diese Quarzkristalle allein »typisch« für Egerkingen seien, im Gegensatz zu – wie er explizit schrieb – anderen Adapiden-Fundorten wie Quercy. Wenn diese These aber wirklich auf von Blücher zurückging, dann hätte man, zweitens, erwarten müssen, dass der Kollege auch hinschreibt, was genau denn an diesen Quarzkristallen das besondere, das »typische« sei. Davon jedoch fand sich keine Silbe.

Vor allem aber war die evolutionsbiologische Einordnung des Fundes, wie sie am Ende des Artikels in einem kurzen Abschnitt präsentiert wurde, ein Witz. Von Blücher hatte seine neue Art zwischen zwei anderen *Adapis*-Formen eingeordnet, nämlich *Adapis ruetimeyeri* als angeblichem Vorläufer sowie *Adapis sudrei* als angeblichem Nachfolger. Diese Schlussfolgerung kam aber ziemlich aus heiterem Himmel, da der Schädel im ganzen vorangegangenen Text praktisch nur mit zwei anderen *Adapis*-Arten verglichen worden war, und zwar *Adapis magnus* sowie *Adapis parisiensis*. Der Anschluss an *Adapis sudrei* wurde kurz vor Schluss mit einem einzigen Satz hergestellt, nämlich »viele Merkmale weisen allerdings in Richtung *A. sudrei*« – ein erstaunlicher Gedankensprung, denn bei all den lang und breit durchgeführten Merkmalsanalysen, die der Text zuvor präsentiert hatte, war *Adapis sudrei* nur ein einziges Mal konkret herangezogen worden, und zwar auf der vorletzten Seite in einem kurzen und reichlich wirren Abschnitt zur »Evolutionstendenz der Zähne«. Dort wurde behauptet, dass *Adapis sudrei* keinen P1 mehr hätte, also keinen ersten Vorbackenzahn – doch nur eine Seite später, sprich im vorletzten Satz des Artikels, war dieser angeblich fehlende Zahn schon wieder da, als nämlich von einem »extrem verkleinerten« P1 bei *A. sudrei* die Rede war! Eine solche Mischung aus Oberflächlichkeit und Widersprüchlichkeit hätte Arnaud nicht einmal einem Erstsemesterstudenten durchgehen lassen, und genau deshalb hatte er extra nochmal seine Übersetzerin angerufen, um sich zu vergewissern, dass die betreffenden Passagen nicht etwa sinnentstellend wiedergegeben worden waren. Dies jedoch war, wie sich im Gespräch eindeutig hatte klären lassen, nicht der Fall, und so gesehen passte dieser katastrophale Abschluss des Artikels zum Anfang, wo Kollege von Blücher gleich auf der ersten Seite behauptete, dass die Gattung *Adapis* »zum ersten Mal von Delfortrie (1873) beschrieben« worden war – wo doch jeder Fachmann wusste, dass kein geringerer als der große Paläontologe Georges Cuvier diesen Gattungsnamen schon in den frühen 1820er Jahren eingeführt hatte. Von Blücher meinte mit seiner erstaunlich fehlerhaften Aussage wahrscheinlich, dass Cuvier seine Pariser *Adapis*-Fragmente noch nicht als Primaten erkannt hatte, und dies erst späteren Forschern – wie eben Delfortrie – vorbehalten war. Nur musste man dies dann eben auch so hinschreiben, statt seinen Lesern übermäßig verkürzte und inhaltlich falsche Behauptungen zu präsentieren. Arnaud fragte sich, ob dies für praktisch alle unklaren und fehlerhaften Passagen in diesem Aufsatz galt, sprich, ob der werte Kollege von Blücher an all diesen Stellen etwas anderes meinte, als er zu Papier gebracht hatte. In dieser Häufung freilich war Arnaud so etwas aus der Feder eines Professors noch nicht untergekommen.

Er legte seine ausgedruckte Übersetzung des Artikels zur Seite und dachte nach. Was mochte das für eine „Diskussion" an dem Frankfurter Institut gewesen sein, die Hany dazu gebracht hatte, sich so genau über den Inhalt eines deutschsprachigen Artikels zu informieren, um basierend auf dieser Quelle eine nachträgliche Korrektur ihres gemeinsamen Aufsatzes zu verlangen? Es musste dort ein außerordentlich präziser und hochgradig kritischer Gedankenaustausch stattgefunden haben. Arnaud fragte sich, ob sein bislang eher mittelmäßiger Schüler Hany doch noch eine Entwicklung nahm, die er in dieser Form eigentlich nicht mehr erwartet hatte. Dessen kleine Forschungs-Rundreise nach Paris, London und Frankfurt schien ihm jedenfalls sehr gut getan zu haben, und so hatte er sich für seine Teilnahme an der kommenden Fayyum-Expedition noch einmal nachdrücklich empfohlen.

Aber genau das war ja das Seltsame an Arnauds Situation: Er hätte Hany bisher einfach nur deshalb nach Fayyum mitgenommen, weil er der Bruder von Mahdi war, und nicht, weil er auf dem Gebiet der Paläoprimatologie besonders glänzte. Es war allein Mahdi, auf den es bei dieser Expedition ankam – auf dessen außerordentliche Begabung beim Aufspüren von Fossilien, auf dessen unerklärliches Gespür für »Erhaltungsinseln« innerhalb einer gegebenen Gesteinsformation. Wenn Arnaud es jedoch objektiv betrachtete, dann hatten sich die Verhältnisse gerade ein wenig umgekehrt – Hany hatte ihn in der Zeit seiner Abwesenheit positiv überrascht, während Mahdis Entsendung in die Pariser Fossiliensammlerszene sich leider zu einem Fehlschlag entwickelte, denn Brauchbares war von Hanys jüngerem Bruder bisher kaum gemeldet worden. Natürlich konnte man seine Aufgabe nicht gerade einfach nennen – vielleicht war sie für einen halben Analphabeten wie Mahdi auch schlicht unlösbar. Ein paar gute Hinweise auf halblegale und illegale Tauschbörsen hatte er zwar liefern können, mehr aber auch nicht, und schon gar keine spektakulären Fossilien. Arnaud war so optimistisch gewesen, etwas mehr zu erhoffen, denn seit Bushieboys Angriff auf den Irak waren ihm immer mehr Gerüchte darüber zu Ohren gekommen, dass in jener von Reichen beziehungsweise Superreichen frequentierten Freeport-Szene, in der vorwiegend mit Kunst und Raubantiken Geldwäsche betrieben wurde, neuerdings auch Fossilien eine Rolle spielten. Einen arabisch sprechenden Informanten in besagtes Milieu einzuschleusen war ihm recht sinnvoll erschienen, doch klare Einblicke in diese verborgene Welt hatten sich bisher nicht ergeben. Vielleicht aber war es auch besser so, wenn an all diesem Gerede aus Amateurkreisen nichts dran war – nahmen sich die Realitäten ja auch sonst schlimm genug aus.

Dieser Gedanke führte Arnaud in sein kleines Büro zurück. Seit Jahren musste er darum kämpfen, die Verhältnisse am Institut zum Besseren zu gestalten, und einer der Punkte, welche ihn persönlich am meisten schmerzten, war das nicht besonders umfangreiche osteologische Vergleichsmaterial – an Knochen von Affen heranzukommen, insbesondere von Menschenaffen, war aus naheliegenden Gründen nicht immer einfach. Auch in diesem Punkt hatte Mahdi ihm aus Paris leider nichts Verwertbares liefern können.

»Alles muss man selber machen«, ging es Vergès durch den Kopf. »Jeden Mist. Unsere Vergleichssammlung hat klaffende Lücken, und ich kriege sie nicht geschlossen – warum eigentlich nicht?« Das Halbaffenmaterial am Institut war in Ordnung, aber alles andere ließ teilweise erheblich zu wünschen übrig – es gab noch einiges für ihn zu tun, jedenfalls soweit seine begrenzten finanziellen Möglichkeiten es zuließen.

»Na, mal sehen, was sich Schönes auf dem Flohmarkt findet«, dachte Vergès übellaunig, loggte sich auf einer gerade boomenden Versteigerungsplattform ein und tippte die drei Suchbegriffe *ape monkey skull* in das Suchfeld.

24

Adrian hörte, wie sich eine noch recht jung klingende Frau am anderen Ende der Leitung meldete, und fragte sie, ob Karsten Litmanowicz zu sprechen sei. Die Frage wurde bejaht, und kurz darauf erklang ein nicht gerade freundlich klingendes „Hallo?"

„Guten Tag, Herr Litmanowicz", sagte Adrian mit etwas heiserer Stimme. „Mein Name ist Adrian Palmström, ich rufe aus Frankfurt an – ich bin ein Freund von Paul Bongartz."

„Von Paul?", kam es eine Spur wärmer zurück. „Worum geht es?"

„Paul hat mir die Empfehlung gegeben, vielleicht mal mit Ihnen zu sprechen. Er meinte, Sie seien eine Art Experte in Sachen Wissenschaftsfälschung."

„Das tut mir leid", wurde der überraschte Adrian sogleich in etwas unwilligem Tonfall belehrt. „Diese Aussage kann und möchte ich so nicht bestätigen."

„Oh, äh – wie schade", stammelte Adrian. „Ich hoffe es handelt sich nicht um ein Missverständnis. Ich hatte mich mit Paul kürzlich über dieses Thema unterhalten, da ich – nun, ich promoviere gerade, und an meinem Institut scheinen jede Menge eigenartige Dinge abzulaufen. Als ich Paul davon erzählt habe, hat er recht schnell Ihren Namen erwähnt und mir auch gleich die Telefonnummer gegeben. – Ach ja, grüßen soll ich Sie natürlich auch noch."

„Danke", kam es nach einigen Sekunden des Schweigens. „Sind Sie Zahnmediziner, oder kommen Sie aus dem biomedizinischen Bereich?"

„Ich bin Zahnmediziner, genau wie Paul. Das Institut, an dem ich gerade promoviere, gehört aber zu den Biowissenschaften. Genauer gesagt handelt es sich um ein Anthropologisches Institut, an dem in erster Linie physische Anthropologie betrieben wird."

„Anthropologie? Interessant – habe ich bei einem Zahnmediziner noch nicht gehört. Nun, wie gesagt, ich höre es nicht gerne, wenn man mich einen Experten für Wissenschaftsfälschung nennt. Leider habe ich mir diesen Ruf erworben, aber seien Sie versichert, dass es für eine telefonische Beratung nicht ausreicht. Paul hat Ihnen wahrscheinlich mitgeteilt, dass ich dann und wann mal Doktoranden ausgeholfen habe, die mir von Unregelmäßigkeiten berichtet haben und nicht wussten, wie sie damit umgehen sollten. Aber das waren direkte Besprechungen, und wenn Sie in Frankfurt wohnen, dann ist das eben nicht möglich. Glauben Sie mir, via Telefon oder Mail hätte das absolut keinen Sinn – ich will es auch gar nicht. Sie müssten schon persönlich vorbeikommen, und ich vermute, den Aufwand werden Sie nicht betreiben wollen."

„So groß wäre der Aufwand gar nicht", erwiderte Adrian, der aus Litmanowicz' letztem Satz doch noch so etwas wie grundsätzliche Gesprächsbereitschaft heraushörte. „Ich fahre demnächst auf einen kurzen Urlaub in die Schweiz, genauer gesagt von diesem Freitag an bis nächste Woche Mittwoch. Theoretisch wäre es mir möglich, auf der Hin- oder Rückfahrt in Heidelberg vorbeizuschauen. Paul hat mir Ihre Adresse gegeben – sofern diese sich nicht geändert hat."

„Hat sie nicht", kam es zurück. Es folgten einige Sekunden Schweigen, dann erklang ein gezwungen freundlich wirkendes „Ich kann Freitagvormittag ab 11 Uhr anbieten, sofern Sie da noch nicht in der Schweiz sein wollen."

„Nein, das würde passen", sagte Adrian beinahe erstaunt darüber, dass es nach diesem wenig verheißungsvollen Gesprächsbeginn doch zu einer Unterredung kommen sollte. „Geben Sie mir etwas Toleranz, dann versuche ich, um 11 Uhr bei Ihnen anzuklingeln."

„Gut, dann halte ich das so fest. Bringen Sie einfach alles mit, was Ihnen wichtig erscheint. Und grüßen Sie Paul von mir."

„Danke, richte ich aus. Bis Freitag dann."

„Bis Freitag. Auf Wiederhören."

»Na also«, dachte Adrian erfreut und sah auf die Uhr. Es wurde langsam Zeit, ans Institut aufzubrechen – er wollte einen letzten Kontrollblick auf seine Schädelkisten werfen und diese dann offiziell an Jens zurückgeben, da er der Ansicht war, alle relevanten Daten erhoben zu haben. In diesem Augenblick jedoch klingelte das Telefon, und Adrian sah, dass es Alexander von Korf sein musste, der ihn offenbar von zu Hause aus anrief. Sogleich hoffte Adrian, dass Alexander bei der Billigimplantataffäre ein Fortschritt gelungen war, und nahm eilig ab.

„Und, was läuft?", fragte Adrian hoffnungsfroh. Er hörte jedoch erst mal nichts, und je länger dies dauerte, desto klarer wurde ihm, was ihn jetzt erwartete.

„Ich hab's mal wieder verrissen, du", hörte er Alexander schließlich auf höchst betrübte, aber gleichzeitig auch auf eine höchst unehrlich wirkende Art jammern, die er leider nur allzu gut kannte. Damit stand es fest: Adrian war wieder einmal auserkoren, sich den allerneuesten Verliebtheitsmist anzuhören. Er merkte, wie er immer wütender wurde, während Alexander ihm davon erzählte, bei einem Diskothekenbesuch eine halbe Stunde lang direkt neben einer Frau gestanden zu haben, die mit ihrer Freundin da war und die ihm immer deutlichere Signale gegeben hätte, sie doch einmal anzusprechen. Er jedoch hätte sich dazu nicht überwinden können und sei irgendwann einfach gegangen, bis ihm am nächsten Tag klar geworden sei, dass er besagte Frau eigentlich doch ganz gerne wiedersehen würde – doch dafür sei es jetzt zu spät.

»Geh einfach in vier Wochen wieder hin, wenn sie wieder östrisch ist, *fucking idiot*«, hätte Adrian ihm am liebsten an den Kopf geknallt. Stattdessen beherrschte er sich und setzte Alexander sehr sachlich auseinander, dass er jetzt leider sofort ans Anthropologische Institut fahren müsse, um dort das Knochenmaterial, über das er promoviert hatte, offiziell wieder abzugeben, weil er unmittelbar danach einen Kurzurlaub in die Schweiz anzutreten beabsichtigte.

„Sorry, wenn ich es kurz machen muss, aber wir können ja nächste Woche darüber reden. Bis dahin geht's dir in der Sache vielleicht auch besser", schloss er seine diesbezüglichen Ausführungen.

„Glaub ich nicht, ehrlich nicht, du", quakte es vom anderen Ende der Leitung zurück.

„Und News in Sachen Implantate nehme ich gerne als Stimmungsaufheller an – hier, ich hab's eilig, bis nächste Woche, tschüss!", sagte Adrian und legte schnellstens auf. Kopfschüttelnd kamen ihm seine ersten Vermessungen und Statusbestimmungen der römischen Schädel in den Sinn – diese gut und gerne zwei Stunden, in denen er sich hoch konzentriert dem Zustand zweitausend Jahre alten Zahn- und Knochenmaterials gewidmet und darüber seine Umwelt praktisch vergessen hatte. Einen solch intensiven *flow* hatte er danach leider nicht wieder erlebt, wahrscheinlich, weil der Reiz des Neuen vergangen war und zu viele andere Dinge begonnen hatten, ihn zu stören und zu belasten. Eines jedoch wurde ihm klar, als er sich nun anzog und zu einem seiner letzten Besuche am Anthropologischen Institut aufbrach: Wissenschaft war nicht dazu da, alles andere um sich herum zu vergessen. Aber wissenschaftliche Betätigung konnte dazu dienen, penetrante Vollidioten wie Alexander von Korf mental auszublenden – und das allein, so wusste er jetzt, war bereits eine Menge wert.

*

„Ich denke, ich habe recht klare Ergebnisse", sagte Adrian und blickte zu Jens auf. Er hatte soeben seine letzten Notizen im Rucksack verstaut und sein Untersuchungsmaterial wieder in den drei Kartons einsortiert, an denen er während der letzten Wochen so manche Stunde verbracht hatte.

„Und?", fragte ihn Jens mit einem hintergründigen Lächeln. „Sind es wie immer die armen Leute, die am meisten leiden müssen?"

„Ausnahmsweise einmal nicht", antwortete Adrian mit großer Überzeugung. „Die Gruppe mit den Gräbern, deren sozialer Status nicht eindeutig zuzuordnen war, zeigt hinsichtlich der Abrasionsgrade ein sehr gemischtes Bild. Aber bei den beiden klar unterscheidbaren, also »arm« versus »reich«, sind es die Reichen, bei denen die Abrasion mit zunehmendem Alter stärker voranschreitet als in der sozial niedriger eingestuften Vergleichsgruppe."

„Bravo", gratulierte Jens, den dieses Ergebnis nicht zu überraschen schien. „Nun brauchst du nur noch eine gute Erklärung für dieses höchst kontraintuitive Resultat."

„So sieht's aus – glücklicherweise habe ich etwas anzubieten. Es ist die Sache mit dem unterschiedlich fein gemahlenen Getreide, habe ich recht?"

„Schade. Wie ich sehe, bist du gut informiert. Wir hatten Doktoranden hier, denen dieses Verteilungsmuster am Anfang Rätsel aufgegeben hat – ich fand's immer komisch, mir deren erste Erklärungsversuche anzuhören. Aber du hast es erfasst: Diejenigen, die damals das weicher gemahlene Brot essen durften, konsumierten eine durch den erhöhten Mühlsteinabrieb destruktivere Nahrungsquelle – ohne es zu wissen, natürlich, sonst hätten sie auf diesen Luxus wohl verzichtet. Die langfristige Abnutzung durch solche mineralischen Nanopartikel dürfte für die meisten eine recht schmerzhafte Angelegenheit geworden sein. – Vielleicht kommt daher ja der Spruch von Gottes Mühlen, die langsam, aber gerecht mahlen."

„Dann war's das hier wohl fürs erste", sagte Adrian und schob Jens die Kartons zu. „Entliehen habe ich nichts. Ich werde dann wohl nicht wiederkommen, sondern mich nur noch um die schriftliche Ausarbeitung kümmern."

„Zeit hast du ja noch jede Menge, oder?"

„Ich habe sogar noch so viel, dass ich in den nächsten Tagen ein wenig Urlaub im schönen Silvaplana machen werde. Ans Zusammenschreiben mache ich mich erst danach, wenn ich wieder erholt bin."

„Dann wünsche ich dir eine schöne Zeit da unten. Ich bin mit meiner Diplomarbeit übrigens formal auch durch. Das bedeutet, dass ich den Laden hier demnächst verlassen werde – ich habe mich in Darmstadt um eine Doktorandenstelle beworben, momentan sieht alles gut aus. Wenn das klappt, und du mit deiner

Arbeit hier auch fertig bist, können wir ja nochmal was trinken gehen."

„Sehr gerne", nickte Adrian und verabschiedete sich. Als er den Gang hinab schritt, überkam ihn das starke Gefühl, dieses Institut, an dem er so sonderbare Erfahrungen gemacht hatte, wohl zum letzten Mal von innen zu sehen. All die Jahre war es für ihn der Normalzustand gewesen, sein Studentendasein zu genießen, doch seine Konfrontation mit Wägerich am Klinikum und die bizarren Vorgänge an diesem Ort hier, der anfänglich doch als perfekte Fluchtmöglichkeit für ihn ausersehen war, hatten die Stimmung geändert. Es wurde wohl langsam Zeit, dies alles hinter sich zu lassen und etwas Neues zu beginnen. – Am besten freilich mit einem Knalleffekt, einem angemessenen Abschiedsgruß an die Achse Wägerich – Fritsch »von Blücher«.

Im Erdgeschoss angekommen erblickte Adrian mehrere ältere, südeuropäisch wirkende Reinemachefrauen, die gerade einen großen, schwer mit Putzzeug beladenen Rollwagen aus dem Lift schoben und dabei gewisse Mühe hatten. Adrian passierte sie, nachdem er sah, dass sie es ohne seine Hilfe schafften, und ging schon auf den Ausgang zu, als er von oben aus dem Treppenhaus eine schrille Stimme rufen hörte – eine, die er mittlerweile eindeutig zuzuordnen vermochte:

„Nicht immer den Lift blockieren da unten! Mal ein bisschen schneller!"

Adrian, der die Flügeltür nach draußen schon halb geöffnet hatte, blickte einigermaßen fassungslos zurück. Die Putzfrauen jedoch schienen weitaus weniger überrascht zu sein als er. „*O louco*" murmelte eine von ihnen nur, und die anderen nickten zustimmend, während sie, den Rollwagen schiebend, langsam davongingen. Auch Adrian wandte sich zum Gehen und versuchte sogleich, das Gehörte zu übersetzen. In der Schule hatte er ein Jahr lang Spanisch gehabt, und recht schnell kam ihm die Assoziation *„el loco"*, was „der Verrückte" bedeuten würde. Er war sich recht sicher, dass er genau diese Klassifizierung des fragwürdigen Professors soeben vernommen hatte – wahrscheinlich auf Portugiesisch.

Auf seinem Fahrrad die Siesmayerstraße hinunter radelnd fragte er sich, ob ein paar ältliche portugiesische Putzfrauen die Welt klarer sehen könnten als zahlreiche im Vollbesitz ihrer Geisteskräfte stehende deutsche Akademiker.

25

Karsten Litmanowicz standen übermäßige seelische Belastungen, welche er im Laufe seines Lebens zu erdulden gehabt hatte, ins Gesicht geschrieben, eigentlich sogar in sein ganzes Erscheinungsbild. Er war hoch gewachsen, aber von schmächtiger, gebeugter Statur, und seine Haare waren deutlich ergraut. Auch die Art und Weise, wie er Adrian begrüßte und in seine Wohnung einließ, war nicht eben herzlich, sondern recht nüchtern – die gemeinsame Bekanntschaft mit Paul schien zunächst kein besonderer Bonus für Adrian zu sein. Trotzdem erkundigte sich Karsten bald nach Paul, während Adrian seine Sachen abstellte und Platz nahm, und nach einem kurzen Austausch bot er Adrian das „Du" an. Er setzte in der kleinen Küche der WG einen Kaffee auf, lauschte, während dieser blubbernd durchlief, sehr konzentriert einer ersten Übersichtsschilderung zu Adrians Fall, und kam dann recht schnell auf seinen eigenen Hintergrund zu sprechen.

„Ich war Post-Doc in einer biomedizinischen Forschungsgruppe, wie Paul dir vielleicht schon erzählt hat. Das war die schlimmste Erfahrung meines Lebens, deshalb rede ich auch nicht so gern darüber. Also, um es kurz zu machen: An meiner Arbeitsgruppe wurden Daten gefälscht, und zwar nicht nur mit Wissen, sondern unter planmäßiger Anleitung des verantwortlichen Professors, der seinen Namen gar nicht oft genug auf Veröffentlichungen sehen konnte. Der Ausstoß an Artikeln und auch Forschungsanträgen war ungeheuer, eigentlich hätte schon dieser Punkt jeden, der sich mit den Laborrealitäten auskennt, stutzig machen müssen. Für diese Masse an Publikationen und das damit verbundene Prestige jedenfalls hat er jahrelang alles unternommen und mitgemacht, was man sich auf dem Gebiet nur vorstellen kann – unter anderem auch das Begutachtungssystem von Fachzeitschriften dazu genutzt, um Ideen von anderen Leuten klauen zu können. Mal hat er dann eilig was zusammenfälschen lassen, um zeitnah ähnliche Ergebnisse präsentieren zu können, mal hat er auch staatliche oder private Fördereinrichtungen mit besagten geklauten Ideen beglückt, um Forschungsgelder einzuwerben. Kurz: ein totales Charakterschwein, ein hochkriminell agierender Betrüger. Aber er ist ziemlich glimpflich davongekommen, einfach, indem er alles auf seine engsten Mitarbeiter geschoben hat. Die waren zwar tatsächlich völlig in seinem Geiste erzogen und haben jahrelang an ihren Rechnern Resultate erfundener Experimente zusammenmanipuliert, dass sich die Balken bogen – aber dass ausgerechnet ihr Chefinstruktor und eigentlicher Inspirator mit dieser Ausrede weitgehend ungeschoren aus der Affäre herauskam, ist wirklich ein Witz. Die Kommission, die den Fall damals untersuchen sollte, war mit der Sache letztendlich überfordert, die haben sich von außen zu sehr unter Druck setzen lassen und ihre Ermittlungen nicht so konsequent durchgezogen, wie sie's eigentlich hätten tun müssen. Mit ein paar anderen ehemaligen Arbeitsgruppenmitgliedern hab ich damals zwar alles ausgepackt, was wir nur irgendwie beisteuern konnten, aber es hat nicht viel geholfen, weil es ja immer an der Frage der Beweismöglichkeiten hing. Anders ausgedrückt: je weiter wir uns bei unseren Aussagen auf das Feld von nicht bewiesenen beziehungsweise nicht mehr beweisbaren Einzelheiten vorwagten, desto größer wurde für uns das Risiko, am Ende selbst wegen Verleumdung gerichtlich belangt zu werden. Das Ganze war so frustrierend, dass viele sich nach den ersten Gesprächen gar nicht erst drauf eingelassen haben, weil sie geahnt haben – leider zu Recht – das am Ende ja doch nichts herauskommt und uns die entscheidenden Mittel für eine umfassende Aufklärung fehlen. Obwohl eigentlich jeder auch nur einigermaßen fähige Gutachter, der sich die Mühe gemacht hätte, die Arbeitsgruppenstruktur und das vorliegende Publikationsmuster geistig nachzuvollziehen, unweigerlich zu dem Schluss hätte kommen müssen, dass der Herr Chef der Hauptverantwortliche war. Aber wie gesagt: Er hat's abgestritten und konnte insgesamt das Schlimmste für sich selbst abwenden. Für alle anderen, die mit drin hingen, obwohl sie selbst nicht gefälscht hatten, war das dagegen das Karriereende. Denn als Krönung seines ganzen Fälschungssystems standen wir teilweise auf Publikationen drauf, von denen wir gar nichts wussten – seine engsten Untergebenen haben sich diese ganzen Pseudodaten am Rechner zusammengebastelt, außer den eigenen Namen einfach weitere von anderen Arbeitsgruppenmitgliedern auf die eingereichten Manuskripte raufgepackt, damit es nach außen hin nach einer funktionalen Arbeitsgruppenstruktur aussah, und damit waren wir dann natürlich die Gearschten. Wir waren, ohne es zu wissen, Koautoren von Arbeiten, die massive Fälschungen enthielten, und folglich erledigt. An ein weiteres Vorankommen im Wissenschaftsbetrieb war realistischerweise nicht mehr zu denken."

„Unfassbar", murmelte Adrian schockiert. „Das klingt nach einem absoluten Alptraum."

„Genau das war es, und zwar einer ohne Ende. Ich habe es bis heute nicht verwunden, dass derjenige, der dieses betrügerische System in einer unglaublich frechen Weise errichtet hat, nicht angemessen dafür bestraft wurde, während die Lebensentwürfe einer ganzen Reihe von Nachwuchswissenschaftlern ihr Ende fanden. – Der Kaffee ist gerade durch, warte."

Karsten stand auf und begab sich in die Küche. Er kam mit der Kanne und zwei Tassen wieder und schenkte Adrian ein.

„Was mich betrifft, so hatte ich wenigstens ein bisschen Glück, denn ein ehemaliger Kommilitone von mir hatte zwischenzeitlich eine kleine Firma gegründet, sodass ich bei ihm eine halbe Stelle bekommen konnte – das ist besser als nichts", fuhr Karsten fort. „Ich hätte, wenn's ganz schlecht gelaufen wäre, auch für längere Zeit arbeitslos werden können, aber wenigstens das ist mir erspart geblieben. Wie dem auch sei, ich beschäftige mich aus privatem Interesse weiter mit dem Thema unsaubere Wissenschaft – objektiv betrachtet wohl aus therapeutischen Gründen, weil es doch die eigenen schlimmen Erlebnisse etwas relativiert, wenn man sieht, dass es woanders auch nicht viel besser zugeht. In der Biomedizin hat ja alleine schon die bloße Verfügbarkeit des Werkzeuges Photoshop zu einer regelrechten Fälschungswelle geführt, die bis heute anhält. Derselbe Bildmanipulations-Scheiß, der in unserer Arbeitsgruppe wie am Fließband praktiziert wurde, kommt bis heute immer wieder in die Fachzeitschriften, auch in sehr angesehene – das ist einfach nur absurd hoch zehn. Dadurch, dass ich die Szene weiterhin verfolge, habe ich mir bei manchen so eine Art Expertenruf erworben, den ich eigentlich gar nicht haben will. Paul scheint das ja ähnlich wahrgenommen zu haben, als er dich auf mich aufmerksam gemacht hat. Ich hoffe jedenfalls, dass du verstehst, wenn ich auf Anfragen wie deine erst einmal abweisend reagiere – ich will und kann kein genereller Berater zum Thema Umgang mit wissenschaftlichem Fehlverhalten sein."

„Das leuchtet mir natürlich ein", antwortete Adrian. „Ich habe dich auch nur kontaktiert, weil Paul mich so nachdrücklich dazu ermuntert hat."

„Ist schon okay", erwiderte Karsten. „Ich fand's zugegebenermaßen auch nicht ganz uninteressant. Von Biologen werden mir immer wieder Stories zugetragen, du bist da mit den Vorgängen an diesem Anthropologischen Institut nicht der erste. Das füllt schon einen ganzen Aktenordner, wie du siehst."

Karsten zog einen Sammelordner hervor, öffnete ihn und blätterte die obersten Seiten um.

„Das waren meine letzten Eingänge dazu", sinnierte er. „In Hannover scheint es vor einigen Jahren eine spektakuläre Fehlberufung gegeben zu haben – hm. Der Typ soll in seinen Forschungsanträgen ziemlich dummdreist lügen – wird von denen, die über ihn Bescheid wissen, einfach nur »Bullshitter« genannt. Klingt insgesamt so, als könnte man von dem Mann bald noch was hören, wenn er's übertreibt. – Und das hier sind Interna aus Kassel – da haben sie es offenbar ebenfalls geschafft, einen völlig niveaulosen Deppen zum C4-Professor zu ernennen. Man fragt sich wirklich, was in manchen Berufungskommissionen los ist. Hast du diesbezüglich irgendwelche Infos über deinen Mann – diesen pseudoadligen, doppeldoktorierten Herrn Fritsch von Blücher?"

Adrian ergänzte seine einleitende Schilderung des Falles mit jener Geschichte, die er von Jens erfahren hatte – das abrupte Ende der Lehrtätigkeit, wie sie im Jahr 1968 Hans Fleischhacker mit seinem aus dem KZ gesammelten Wissensfundus ereilt hatte, und die sich ergebende Lücke, in die Fritsch durch anfängliche Vertretungslehre hineingestoßen war, bevor er schließlich zum favorisierten Kandidaten bei der Neuausschreibung aufstieg. Anschließend zählte Adrian noch einmal alles auf, was in Sachen Fritsch für massive Fälschung wissenschaftlicher Ergebnisse sprach. Er versäumte auch nicht zu erwähnen, dass dessen dubiose zweite Doktorarbeit von einem Professor begutachtet worden war, der in den Jahren zuvor offenbar jede Menge Fossilien beziehungsweise Fossilabgüsse von Fritsch erhalten hatte, welche ihm aber lediglich zur Verzierung seines Arbeitszimmers dienten, so dass der Verdacht eines reinen Gefälligkeitsgutachtens nahelag.

„Ich fürchte, dass dieser Gaststudent aus Algerien den wohl einzigen zielführenden Gedanken hatte", meinte Karsten nach einigem Nachdenken. „Das einzige gute Beweisstück, das sich sozusagen in Reichweite befindet, ist dieser *Adapis*-Schädel – wenn irgendein Experte sich näher mit dem befassen würde, dann könnten solche Dinge wie eine absichtlich verschleierte Provenienz ans Licht kommen. Und da würde es dann wohl wirklich eng für den Herrn Fritsch werden, denn mit dieser Fälschung verfolgte er ja ganz offensichtlich das Ziel, sich einen weiteren Titel zu erschleichen. Das müsste bei jeder noch so korrumpierten und führungsschwachen Uni reichen, um seine Absetzung zu bewirken."

„Ich habe mir das schon x-mal vor und zurück durch den Kopf gehen lassen", antwortete Adrian. „Aber auch wenn es sicherlich die beste Möglichkeit ist, um etwas Konkretes zu erreichen, so ist dafür nicht mehr viel Zeit. In etwa zwei Jahren geht Fritsch in Rente. Und den Schädel wird er weder davor noch danach herausgeben, soviel steht fest."

„Mit den richtigen Verbündeten könnte es vielleicht doch klappen. Man bräuchte dazu natürlich sehr genaue Kenntnisse zu seinem Umfeld. So gesehen ist es sinnvoll, wenn du jetzt sehr bald diese Frau in der Schweiz kontaktierst. Sie wird dir zu dem, was sie selbst damals erlebt hat, sicherlich keine greifbaren Beweise mehr liefern können. Aber als Informationsquelle, aus der man mehr über die Geschichte von Fritsch und über dessen Kooperationen erfahren kann, könnte sie von großem Wert sein."

„Ich werde mich auf jeden Fall danach erkundigen."

„Gut. Ansonsten kann ich dir nur raten, bei allem, was du gegen Herrn Fritsch von Blücher unternehmen willst, immer mein warnendes Beispiel vor Augen zu haben. Ich bin damals, zusammen mit einigen anderen Leuten, gescheitert, als es darum ging, einen offenkundigen Wissenschaftsbetrüger in vollem Umfang dingfest zu machen. Man hat uns teilweise sehr deutlich spüren lassen, dass man uns nicht für voll nimmt, weil wir nicht der oberen Hierarchieebene angehören – so wie die Herren Entscheidungsträger. Und möglicherweise haben wir auch Fehler gemacht, die uns nicht bewusst und daher nur schwer zu vermeiden waren."

„Welche wären das?", fragte Adrian.

„Wenn wir unsere Motivation ernsthaft hinterfragen, dann müssen wir letztendlich feststellen, dass es sowohl eine sehr rationale als auch eine sehr emotionale Basis für unser Handeln gibt", erläuterte Karsten. „Die rationale ist klar: Es geht um saubere Wissenschaft. Das kann man öffentlich problemlos vertreten. Über die emotionale Basis dagegen spricht man nicht so gerne, weil es da um ein schlecht vorzeigbares Gefühl geht: um *Hass*. Das ist unser Schwachpunkt, den die Gegenseite versucht zu nutzen: indem sie zu unseren Hassgefühlen auf die Betrüger noch angeblichen Neid hinzudichtet. Wenn das funktioniert, stehen plötzlich *wir* als diejenigen da, bei denen alles auf niederster Motivation beruht, und nicht die Handlungen der Betrüger.

Leider funktioniert das sehr gut, weil wir unsere Hassgefühle schwerlich abstreiten können, ohne unehrlich zu werden."

„Wieso dann von Hass sprechen?", wandte Adrian ein. „Nimm ein anderes Wort wie Wut oder Zorn, und schon wird es deutlich vorzeigbarer."

„Genau darum geht es: Was ist vorzeigbar, was nicht? Welches Gefühl kann ich noch öffentlich vertreten, und ab wann kippt die Stimmung gegen mich, wenn ich ehrlich bleibe? Von Hass muss man ehrlicherweise schon deshalb reden, weil es einem nicht reichen würde, wenn irgend so ein dreister Fälscher von der Uni nur streng ermahnt wird und dann weitermachen darf. Nein, wir wollen, dass er rausgeschmissen, dass seine Karriere unwiderruflich beendet und das Konstrukt, das er errichtet hat und mit dem er sich auf Kosten anderer aufspielte, restlos vernichtet wird. Ich selber wollte mir anfangs meine Hassgefühle nicht eingestehen und bin schnell in einen inneren Konflikt geraten. – Nach meiner Erfahrung hilft es sehr, sich hierüber klar zu werden."

Karsten nahm einen marineblauen Einband aus dem Regal hinter ihm und zeigte Adrian den Buchrücken.

„Kennst du das hier zufällig?"

„Ich kenne den Autoren natürlich, hab das Buch aber nicht gelesen", antwortete Adrian, nachdem er den Titelaufdruck *Innenansichten eines Artgenossen* registriert hatte. „Ist seine Biografie, oder?"

„Kann man so sagen, ja. Kurz vor seinem Tod geschrieben, er war an Krebs erkrankt – so eine Art Lebensbilanz. Jedenfalls gibt es hier das Kapitel »Menschliches, Allzumenschliches«, und da rechnet er mit einem ehemaligen Chef ab, den er am Uniklinikum Würzburg ertragen musste. Als ich das gelesen habe, ist mir klar geworden, dass man weit über den Punkt »saubere Wissenschaft« hinaus denken muss, um sich über das eigene Handeln klar zu werden. Man darf da nicht stehenbleiben, sondern muss, soweit es geht, die menschliche Dimension mit einbeziehen. Die Unis dürfen das zum Beispiel nicht, wenn sie einem Fälschungsvorwurf nachgehen. Aber diejenigen, von denen die

Vorwürfe ausgehen, sind ja oft enge Mitarbeiter des Fälschers und wissen über die menschliche Dimension besser Bescheid, als ihnen lieb ist. Oft ist das bei Fälschungsgeschichten die erste Spur zum Anfangsverdacht – das sichere, natürliche Empfinden, es mit einem schlechten Menschen zu tun zu haben. Dieses asymmetrische Verhältnis erschwert die ganze Sache: Man hat es, auf gut Deutsch, mit einem verdammten Arschloch zu tun, soll das alles aber ausblenden und sich auf die beweisbaren Fakten konzentrieren."

Adrian schwieg, während Karsten in dem Buch herumblätterte und schließlich die Stelle fand, die er suchte.

„Es war übrigens nicht nur sein eigener Chef, von dem er in diesem Kapitel berichtet – es waren genügend andere, in derselben Stadt, die sich ganz ähnlich verhielten. Die Gründe dafür waren im wesentlichen systemisch: Das Wirtschaftswunder der fünfziger Jahre ging an den wissenschaftlichen Assistenten an den Unis vorbei, ihr Gehalt war gering, die Anzahl der Planstellen ebenso und Beschwerdeinstanzen gab es keine – man wäre, so heißt es hier, einfach gekündigt worden und hätte ohne jeden arbeitsrechtlichen Schutz auf der Straße gestanden. Die Chefs hatten also praktisch absolute Macht und konnten sich die schlimmsten Sachen erlauben, ohne irgendetwas befürchten zu müssen. Was dabei rauskommt ... nun ja. Er spricht von der »Selbstherrlichkeit kleiner Duodezfürsten«, die ihre Mitarbeiter wie Leibeigene behandelten. Und dabei ihren Spaß hatten: wie zum Beispiel der Chef der Würzburger Kinderklinik, der Staatsexamenskandidaten im öffentlichen Schwimmbad prüfte. Die durften im Anzug neben dem Schwimmbecken hergehen, in praller Sonne, während das Dreckschwein von Chef im Wasser seine Bahnen zog und die Prüfungsfragen rübergrunzte. Die wirtschafswundergemästeten Schwimmbadbesucher fanden das übrigens auch alle sehr komisch. Wenn du mich fragst, ist das ein hervorragendes Sinnbild, um zu illustrieren, warum solche Typen durchkommen: Sie haben oft viel mehr verkommenes Pack als potenzielle Unterstützer hinter sich, als man glauben möchte."

„Was für Arschlöcher", zürnte Adrian, und spürte dabei deutlich das Gefühl in sich aufsteigen, vor dem Karsten ihn gerade gewarnt hatte.

„Allerdings. Und sogar gegen beruflich bereits etablierte Leute konnte solch akademisches Chefgesindel erfolgreich vorgehen, wenn sie es geschickt genug anstellten. Er berichtet hier noch vom Würzburger Internisten, der den Oberarzt der Klinik erfolgreich rausmobbte. Und natürlich von seinem eigenen Chef, dem dasselbe sogar mit einem angesehenen Professorenkollegen gelang."

„Wie das?", fragte Adrian überrascht.

„Oh, es handelte sich um einen älteren, fachlich wohl hoch kompetenten Kollegen – einen Psychoanalytiker. Zuerst nutzte der Intrigant dessen Höflichkeit aus, indem er ihn mit Verweis auf die Raumnot an der Uniklinik dazu brachte, seine Therapiesitzungen in seinem Privatzimmer abzuhalten – aufgrund der damaligen Zerstörungen der deutschen Städte hatten viele Professoren Wohnrecht in den Kliniken. Der Betreffende empfing seine Patienten nun also in den Räumlichkeiten, in denen er auch übernachtete. Das nutzte der Intrigant dann aus, indem er da und dort immer mal wieder einen Witz darüber fallen ließ, was sein unliebsamer Kollege wohl in seinen Privaträumen mit den weiblichen Besuchern, also vornehmlich den attraktiven unter diesen, so alles anstellen würde. Das klappte wie vorgesehen – die ganze dumme Scheiße wurde fröhlich weitergeplappert, und irgendwann, als der Betroffene merkte, was los war, ging er von selbst. Man könnte also sagen, dass hier ein äußerst bösartiger Mensch die natürliche Bösartigkeit anderer Menschen sehr wirksam für seine Zwecke einspannte – denk wieder an das Bild von den amüsierten Schwimmbadbesuchern, die sich an der Nummer mit den vorgeführten Prüfungskandidaten erfreuen. Ganz genau das, diese pöbelmäßige Schlechtigkeit für sich zu nutzen, versucht der betreffende Menschenschlag für gewöhnlich auch, wenn er angegriffen wird und sich in instinktsicher konstruierten Gegenkampagnen in eine günstige Position bringen will: Ihre Kritiker sollen an einer Wand aus Unverständnis,

Unsensibilität und Wurschtigkeit scheitern. Das sind Dinge, die man genau einkalkulieren sollte, bevor man sich zum Angriff entschließt."

„Wie können aber relevante Entscheidungsträger an der Uni so eine Konstitution aufweisen – wie kann ihnen das alles egal sein, wenn sie mit schwerem Fehlverhalten konfrontiert werden?"

„Das ist ihnen vielleicht nicht ganz egal, aber ihr Standesbewusstsein kann sie von konsequentem Handeln abhalten. Ich fand es höchst spannend, mal zu recherchieren, was die Unis im Nachhinein zu diesen gänzlich verkommenen Individuen, die ich gerade aufgezählt habe, zu sagen hatten. Beispielsweise gibt es eine Anekdotensammlung aus der Uni Würzburg, in dem auch das betreffende kranke Chefschwein verzeichnet ist – aber keineswegs negativ, sofern man es nicht negativ findet, dass er es schaffte, sich mit einem ihm anvertrauten Alkoholiker Nächtens zu besaufen. Oder dass er die Antrittsrede seines Nachfolgers störte, indem er sich in die hinterste Reihe setzte und permanent mit seinem Schlüsselbund klapperte. Das alles wird schöngeredet, als lustige kleine Extravaganz verniedlicht. Und in seinem Nachruf steht dann, als offenbar schlimmstes, was man schicklicherweise noch formulieren darf: »Der Verstorbene hat, durch seine Eigenheiten, oft auch seine Freunde überrascht.« – Weißt du, ich könnte mir sehr gut vorstellen, dass die Uni Frankfurt über diesen Herrn Fritsch von Blücher später auch mal viele lustige Anekdoten erzählen wird, nach dem Motto »Hach, was war er doch für ein belebendes Element im grauen Uni-Alltag« – und das war's. Alles wird in eine große Verharmlosung überführt. Also, was soll man sagen? Für diejenigen, die sich um wissenschaftlichen und menschlichen Anstand bemühen, sind das alles klare Signale, ja keine übertriebenen Hoffnungen zu hegen. Generell darfst du davon ausgehen, dass dies auch in deinem Fall so ist. Wenn ja, dann kann ich dir nur raten: unternimm erst einmal nichts. Es hat keinen Sinn etwas zu wagen, wenn die Umstände nicht außerordentlich günstig sind. Das ist das, was ich gelernt habe, und was ich versuche als allererste Regel weiterzugeben."

„Ich werd versuchen, mich dran zu erinnern, wenn's drauf ankommt", erwiderte Adrian missmutig.

„Sei darauf gefasst, dass du erstmal nicht viel erreichen wirst. Aber du wirst möglicherweise etwas über Schwachstellen erfahren, die sich langfristig einmal nutzen lassen. Das ist übrigens für die Zukunft mein wichtigstes Vorhaben in dieser Richtung: an einer ganz basalen Schwachstelle ansetzen."

„An welcher?"

„An den Doktorarbeiten. Dein Fall zeigt es mir ja wieder mal: Dieser Fritsch hat sich offenbar mit unehrlichen Mitteln einen zweiten Doktortitel ergaunert, und wenn es wirklich so war, dann würde es mich nicht wundern, wenn es sich bei seiner ersten Doktorarbeit auch schon so verhielt. Angenommen, man würde an die herankommen und könnte ihm da schon massives Fehlverhalten nachweisen – dann wäre die Grundlage seiner ganzen weiteren Karriere pulverisiert. Ich glaube, das ist die einzige Möglichkeit, diese ganzen Betrügertypen in der Wissenschaft kurz zu halten: wenn man gleich bei der ersten richtigen Qualifikationsschrift ansetzt. Die Möglichkeiten dazu sind dank Internet so günstig wie nie – man müsste eine zentrale Homepage einrichten und auf dieser genau auflisten, welche Anteile in einer gegebenen, verdächtigen Doktorarbeit durch unehrliche Mittel zustande gekommen sind. Das hätte den Vorteil, dass man sich den frustrierenden Kontakt mit unfähigen Untersuchungskommissionen an den Unis ersparen könnte. Besonders über plagiierte Textstellen müsste man nicht lange debattieren. Man würde damit klare, öffentlich einsehbare Belege dafür liefern, dass die Regeln guter wissenschaftlicher Arbeit missachtet wurden. Je breiter man das Vorkommen unsauberen Arbeitens schon ab der ersten eigenständigen Qualifikationsschrift nachweisen könnte, desto größer wäre im Wissenschaftsbetrieb von Anfang an der Druck, erst gar nicht auf diese Idee zu kommen. Die Auswirkungen würden, verglichen mit der jetzigen Situation, sicherlich sehr positiv sein."

„Würde diese Webseite dann anonym betrieben werden?"

„Nach meinen Erfahrungen eindeutig ja. Einer könnte das ohnehin nicht leisten – es müssten sich viele Leute zusammentun, teilweise solche wie ich, die die Uni verlassen haben, teilweise aber auch die, die dort noch tätig sind und weiter vorankommen wollen. Besonders letztere hätten sofort Nachteile zu befürchten, wenn bekannt würde, dass sie sich aktiv um saubere Wissenschaft bemühen. Das ist ja das Verrückte an der ganzen Lage: Diejenigen, die um die Einhaltung wissenschaftlicher Grundstandards bemüht sind, laufen an den Unis Gefahr, sich ins Abseits zu manövrieren – denn da wollen die Leute aus der obersten Hierarchieebene die Entscheidungsgewalt darüber behalten, was richtig und was falsch ist, und diese oberste Ebene ist regelmäßig verseucht von intriganten und psychisch kranken Arschlöchern. Vor diesem Hintergrund würde so ein Projekt eindeutig nur mit anonymisierten Mitarbeitern funktionieren. Ich habe das schon mit einigen Gleichgesinnten besprochen und hoffe, dass wir damit in einigen Jahren an den Start gehen können. Das kommt für deinen Fall dann wohl etwas zu spät, aber vielleicht ist es ein realistischer Weg zu beweisen, dass dieser Typ von Anfang an unehrlich war und sich auf diese Weise Vorteile gegenüber seinen Konkurrenten verschaffte. Und wenn du an seine erste Doktorarbeit nicht herankommst, dann haben wir ja wenigstens noch die zweite zur Hand. Es könnte gut sein, dass er mit diesem Ding seinen entscheidenden Fehler gemacht hat."

„Okay", stimmte Adrian zu. „Dann lass uns so vorgehen. Ich werde sehen, was ich in der Schweiz erreichen kann, und je nachdem, was dabei herauskommt, sollten wir uns dann dem Thema Dissertationsschriften im Allgemeinen und *Adapis*-Schädel im Besonderen widmen."

„Viel Glück", sagte Karsten, stand ebenso wie Adrian auf und reichte ihm die Hand. „Und viel Geduld, denn in der Regel ist das wichtiger."

26

Adrian überquerte die Straße und betrat jenen Wanderweg, den er sich als »Via Chadaunchels« notiert hatte. Er sah die bewaldete Bergkette am Horizont, die Wolkenformationen, wie sie über deren Grate hinweg schwebten, und den großen, tiefblauen See, auf den er sich über den menschenleeren Pfad zubewegte.

This is what I ever wanted, ging es ihm durch den Kopf – kein übermäßig präziser Satz, denn es handelte sich hierbei um ein mentales Ritual, das sich im Laufe der Jahre bei seinen Urlauben fest etabliert hatte. Die Formel bezeichnete jenen glückhaften Moment, an dem das Gefühl des Reisestresses, das ihn stets quälte, plötzlich in sich zusammenbrach, und zwar meist dann, wenn er sich allein und ungestört auf das eigentliche Hauptziel seiner Erkundungen zubewegte. Beim Betreten der Via Chadaunchels war es wieder einmal soweit.

Adrian atmete tief, und jeder seiner Schritte schien ihn in eine neue Welt zu tragen. Rechter Hand, vor dem Silvaplanersee gelegen, wuchsen die Konturen des Castello Crap da Sass heran, doch er registrierte es nur beiläufig, ohne jedes Interesse. Das Telos seiner Sehnsüchte war ein anderes, und so passierte er die kleine Burg und bewegte sich weiter auf die Waldgebiete am See zu. Die Mittagssonne entwickelte eine größere Hitze, als er erwartet hatte, und er konnte es kaum erwarten, in die Schattenzone der Bäume zu gelangen. Irgendwo dort drinnen würde er es finden ... irgendwo dort drinnen.

Die Kühle des Waldes regulierte seine Euphorie langsam herunter. Adrian war froh, bis hierher gekommen zu sein. Alles andere wurde ihm egal – in ihm breitete sich das Gefühl aus, dass es für ihn nichts zu bedauern und auch nichts zu erstreben gäbe. Auf der Fahrt von Heidelberg Richtung Graubünden war dies noch anders gewesen; die Begegnung mit Karsten hatte eine Folge von Wut, Selbstverachtung und Verzweiflung in ihm auflodern lassen, teils aufgrund der aktuellen Ereignisse im letzten Abschnitt seines Studiums, teilweise aber auch weiter zurückliegender Dinge wegen, die bis in seine Schulzeit zurückgingen. Als

Schüler hatte es für ihn keineswegs festgestanden, dass er die Familientradition fortsetzen und Zahnmedizin studieren würde. Je deutlicher aber diese Möglichkeit eines Abweichens im Raum stand, um so unglücklicher machte dies seine Eltern, speziell seinen Vater, der auf zwei vorangegangene Generationen von Zahnärzten zurückblicken konnte und ihm einiges darüber mitgegeben hatte, wie dieser Beruf seiner Familie auch in welthistorisch bedingten Krisenzeiten immer wieder die Sicherung eines ansehnlichen Wohlstandes ermöglicht hatte. Am Ende lagen seine Karten offen auf dem Tisch; er hatte Adrian wissen lassen, dass ein Bruch mit der Tradition einen echten Neuanfang für ihn bedeuten müsse: ein Leben, das Adrian selbst zu finanzieren hätte, während er bei einem Studium der Zahnmedizin mit voller finanzieller Unterstützung der Eltern rechnen durfte. Ein Bedürfnis nach vertiefter Diskussion verspürten beide Seiten nach dieser Klarstellung nicht; sein Vater hatte betont, dass Adrian auf diese Weise lernen solle, wie sein aktuelles, gut situiertes Leben mit den beruflichen Bemühungen seiner Vorfahren zusammenhing, und der Angesprochene hatte dies ohne Widerworte zur Kenntnis genommen. Die väterlichen Darlegungen waren ihm in gewisser Weise tatsächlich egal gewesen, denn bevor er eine Entscheidung zu treffen hatte, stand noch die Ewigkeit von gut drei Jahren vor ihm.

Er hatte keineswegs vor, sich von den Bedingungen seines Vaters schrecken zu lassen, und wollte sich alle Möglichkeiten offenhalten, wie etwa ein Studium der Biologie. Dass der wahre Schrecken schließlich von einer ganz anderen Richtung kommen sollte, damit hatte er nicht gerechnet. Adrian war ein halbes Jahr vor dem Abitur in sein erstes ernsthaftes Verhältnis mit einem Mädchen hineingestolpert und in dieser Zeit eigentlich entschlossener denn je, seinen eigenen Neigungen zu folgen, als den Vorgaben, die sich irgendwelche Figuren in seiner Umwelt für ihn auszudenken beliebten. Doch dann ging alles schief. Ein falsches Wort hier, ein zu heftiges Gegenwort dort, und seine erste Liebe krachte mitten in der Abiturphase irreparabel auseinander. Adrian hasste sich dafür. Seine sofort nach den Abschlussprüfungen getroffene Entscheidung, ganz im Sinne seiner Eltern mit Zahnmedizin zu beginnen, entsprang einer Mischung aus Selbstbestrafung und tiefer Sehnsucht nach Rache. Dass er dieses Studium auch zu einem ordnungsgemäßen Ende bringen würde, hatte er schließlich niemandem versprochen. Stattdessen war er entschlossen, das verdammte elterliche Geld zu kassieren, mit dessen Besitz ihm die üblichen Späßchen des studentischen Überlebenskampfes erspart bleiben würden – er wollte seine Ruhe in einer anderen Stadt finden, und dann weitersehen. Für ihn war weiterhin alles möglich. Sogar eine Übertreibung, um nicht zu sagen absichtsvolle Pervertierung der Familientradition schien ihm eine angemessene Option zu sein, nämlich ein überraschender Schwenk in das Geldquellenland der sogenannten Schönheitschirurgie. Als sein Studienplatz in Frankfurt feststand, hieß es für ihn einfach nur abwarten, sein Seelenleben fünfhundert Kilometer von seiner Heimatstadt entfernt einen neuen Anfang nehmen lassen, um später eine Entscheidung über seine Zukunft zu treffen – ohne Rücksichten auf irgendwen.

Zwischen den Baumstämmen, vor dem Glitzern des Sees und dem leicht bewölkten Himmel kamen die Konturen des Verwandlungsfelsens in seinen Blick. Größer und größer wurde er, bis Adrian direkt vor ihm stand und zu diesem fremdartigen Boten aus einer anderen Zeit aufschaute. Freude und Traurigkeit hielten sich bei seinem Anblick die Waage, und wahrscheinlich musste dies auch so sein. Es kam auf jenes unbekannte Neue an, das daraus hervorging.

»Der kleine Zahnarzt kommt immer wieder«, dachte Adrian und lächelte bitter. Seine Bekanntschaft mit Jana und Paul hatte ihm geholfen, bald eine Art inneres Gleichgewicht zu finden, und so hatte er sein Studium ohne echte Hingabe, aber eben auch ohne Mühe fast bis zum Ende geführt. – Warum? Warum hatte er nicht entschlossener auf einen zeitigen Ausbruch hingearbeitet und sich stattdessen einfach so dem Lauf der Dinge überlassen? Etwa wegen Jana? Hatte er wieder denselben dummen Fehler gemacht wie damals als Schüler?

„Wie soll das bloß enden?" murmelte er, streckte langsam die Hand vor und berührte den Stein. Er hatte in diesem Moment alles, was er für ein höheres Leben benötigte – nur wusste er davon nichts.

27

„Nein, Mahdi – ich habe *nein* gesagt, und dabei bleibt es!"
Hany vergrub seine Stirn in der rechten Hand, während er mit der linken das Telefon ans Ohr presste und Mahdis pflanzenhaft-rankenden Wortgebilden zuhörte – leider waren es recht dornige Ranken, und deren viel zu viele.
„Das habe ich dir doch schon erklärt!", fauchte er. „Adrian war der Einzige an diesem verfluchten Institut, der etwas gemerkt hat. Aber er gehörte eigentlich nicht dazu – so wie ich, verstehst du? Ich konnte sicher sein, dass er mich nicht verrät, und dass er die Sache für sich behält. Wir haben immer noch volle Kontrolle über alles. Es ist ganz ausgeschlossen, dass Arnaud von ihm irgendetwas erfahren wird!"
Mahdi ließ diesen Punkt unkommentiert und Hany nunmehr, wie eigentlich schon das ganze Telefonat über, wissen, dass er sich darauf gefreut hatte, Arnaud von dem Pariser *Adapis*-Schädel und dessen eigenartiger Geschichte zu erzählen – was durchaus nachvollziehbar war, wenn man bedachte, dass Mahdi von Kindesbeinen an eine unendliche Freude daran empfand, Arnaud mit besonderen Fossilien zu beglücken. Dass sein älterer Bruder ihm diesen Spaß verbieten wollte, bedeutete für ihn eine schwere Enttäuschung.
„Du hast keine Vorstellung, was ich uns für einen Ärger erspart habe", fasste Hany seinen Standpunkt zusammen. „Du hast keine Vorstellung, wie knapp es war, dann hätte mein und Arnauds Name über einem Artikel gestanden, der dieses Scheißding enthält. Aber du kannst dich hoffentlich daran erinnern, wie sehr Arnaud von manchen Leuten gehasst wird, ja? Denk

einfach immer daran, denk an alles, was wir erlebt haben, und dann weißt du, wie sehr wir Arnaud nützen, wenn es so läuft, wie ich es sage – kein Wort von uns zu dieser Geschichte, niemals! Stattdessen denk vor allem mal darüber nach, dass es diese schlechten Menschen, die Arnaud damals bei seinem Vortrag in Paris so beschimpft haben, auch bei uns gibt – und zwar noch hundertmal dümmer und schlechter. Dann verstehst du vielleicht, was ich dir sagen will: Ich habe für Arnaud das Beste getan, was ich für ihn tun konnte, und ich habe auch für *uns beide* das Beste getan. Bist du bereit, mir das zu glauben?"

Zu Hanys Erleichterung verfiel sein sprunghafter Bruder von seinen vorangegangenen Arabesken nunmehr in stenografische Kürze. Es war geschafft.

„Also, mein Lieber – dann danke ich dir. Der eigentliche Held bist du, und es ist schade, dass es nie jemand wissen wird. Du hast mir und Arnaud sehr geholfen und uns in einigen extrem wichtigen Dingen einen klaren Blick verschafft – für unsere Zukunft kann das Gold wert sein. Aber weißt du, manchmal ist es besser, wenn gerade solche Dinge für immer verborgen bleiben. Die Welt muss nicht alles erfahren, was sich unter dem Himmel abspielt. Wenn du Arnaud eine Freude machen willst, und unser aller Leben nochmals ein Stück besser: dann zeig uns in Fayyum, was du kannst, ja? – Danke, Mahdi. Auf bald."

Hany atmete tief durch, nachdem er aufgelegt hatte. War es jetzt endlich überstanden? Als er aufblickte, sah er sich in einem Wandspiegel – er sah seine Hände zittern.

Dieser Anblick überraschte ihn nicht. Während des Telefonates war ihm ein höchst unheimlicher Traum wieder eingefallen, der ihn vor vielen Jahren heimgesucht hatte, und zwar genau in der Nacht vor seinem ersten „offiziellen" Sucheinsatz für Arnaud – damals, nachdem er dem verblüfften Arnaud ein von Mahdi gefundenes Fossil nach dem anderen überbracht und der Franzose sie beide schließlich fest als Fossiliensucher engagiert hatte. Es war ein schrecklicher Alptraum gewesen, der emotional intensivste, den er je erlebte – aber einer, der im letzten Moment doch noch „umgekippt" war und den Hany nach seinem Erwachen als eine Art göttliches Zeichen empfand, für immer an die Richtigkeit seines Handelns zu glauben. In seinem Traum waren er und Mahdi ganz allein in der Wüste und gruben Fossilien aus, als sich eine Kolonne von Fahrzeugen näherte und einige bewaffnete Männer ausstiegen, um sie zu fragen, was sie täten. Die Frage war eigentlich überflüssig, denn Mahdi hatte gerade mehrere schöne Funde gemacht und hielt einen davon in der Hand. Einer der Männer richtete eine weitere Frage an Hany, und Hany wusste sofort, dass von der Antwort ihrer beider Leben abhing: Sie hatten es mit Mördern zu tun, die jeden Tag auf's Neue auf der Suche nach Opfern waren, um ihre schamlose Blutgier zu befriedigen. Gerade wollte er zu einer wohlformulierten Erwiderung ansetzen, als sein jüngerer Bruder neben ihm losprudelte und mit der Ehrlichkeit eines Kindes das sagte, was in diesem Moment nicht gesagt werden durfte. Der Mann vor ihnen entsicherte sein Gewehr, das Mündungsfeuer blitzte zweimal auf, und Hany spürte voller Entsetzen, wie die Druckwelle der eingeschlagenen Kugel seine Brust durchschoss und sein Körper dem Wüstensand entgegenfiel – einer goldgelb leuchtenden Sandfläche, auf der jedes einzelne Körnchen überdeutlich erkennbar war, ihn und seinen sterbenden Bruder in eine Art höhere Ordnung aufnehmend. Vor diesem geheimnisvollen Mosaik schienen sie beide zu erstarren, aus der Zeit genommen zu werden – ihre Schlächter waren nicht mehr da, nur noch die unendlichen Mysterien, die aus jedem der unzähligen Sandkörnern zu ihnen sprachen. Dann, irgendwann, merkte Hany, dass man sie betrachtete: ihn und seinen Bruder. Es schienen Menschen zu sein, aber irgendwie waren sie es auch wieder nicht. Viele von diesen kamen vorbei, einige sahen sie sehr ruhig und konzentriert an, andere waren fröhlich und lachten. – Was waren sie beide für diese Betrachter? Hany merkte mit unendlicher Verwunderung, dass sie *Tiere* waren – aber keineswegs in einem abwertenden Sinne. Nein, es war wirklich alles andere als das: Sie wurden bestaunt, und sie wurden geliebt.

28

Hinter Adrian lagen vier sehr gute Tage und zwei sehr gute, seinem Urlaubsort bestens angemessene Bücher. Er hatte es mühelos geschafft, all das zu vergessen, was ihn zuletzt in Frankfurt und nach dem Besuch bei Karsten Litmanowicz in Heidelberg so sehr beschäftigte. Nun aber stand seine Abreise aus Silvaplana bevor, und es gab da noch diese eine Sache, die zu erledigen war. In seiner momentanen Stimmung wollte er es durchaus *nicht* – es kam ihm unwichtig und aussichtslos vor. Aber er hatte es Karsten mit großer Entschiedenheit angekündigt, und so überwand sich Adrian, der gerade seinen Trolley gepackt hatte, jenen seit längerem geplanten Schritt zu erledigen. Ohnehin war das Ganze ja nur ein Würfelspiel: Die erhoffte Gesprächspartnerin konnte im Urlaub sein oder sonst wo. Nun, man würde es sehen, jetzt gleich.

Er tippte die Nummer und hörte, wie die Verbindung zustande kam.

„Oechsle", meldete sich eine tiefe, weibliche Stimme nach zweimaligem Klingeln.

„Guten Tag, Frau Oechsle", sagte Adrian und kam sich dabei beinahe etwas depersonalisiert vor. „Mein Name ist Adrian Palmström, ich bin Medizinstudent aus Deutschland. Ich möchte einige Fragen an Sie richten, die wir aber, wenn Ihnen das lieber ist, nicht unbedingt am Telefon besprechen müssen. Ich könnte Sie auch direkt aufsuchen, falls Sie das vorziehen, da ich mich momentan in der Schweiz aufhalte."

„Worum geht es denn, junger Mann?"

„Es geht darum, dass ich gerade meine Doktorarbeit im Fach Zahnmedizin mache, und zwar in Frankfurt am Main. Ich promoviere aber nicht am dortigen Uniklinikum, sondern am Franz Weidenreich-Institut für Anthropologie. Dort ist mir in den letzten Wochen bekannt geworden, dass der Institutsleiter, Herr Professor Fritsch von Blücher, eine in mancher Hinsicht umstrittene Person ist. Ich habe mich mit einigen Leuten unterhalten, die mir zur Geschichte des Institutes unter seiner Leitung

Verschiedenes erzählt haben, unter anderem auch, dass Sie bereits in den 1980er Jahren konkrete Fälschungsvorwürfe gegen ihn erhoben haben sollen. Das hat mich sehr beschäftigt, und deshalb habe ich mich letztendlich dazu entschlossen, Sie persönlich zu diesen Vorfällen zu kontaktieren."

Am anderen Ende der Leitung herrschte einige Sekunden Schweigen.

„Sie kommen extra aus Deutschland angereist, um mit mir zu sprechen?", fragte Frau Oechsle schließlich.

„Nein, ich hatte hier schon länger einen kurzen Erholungsurlaub gebucht. Nur, wie schon gesagt – die ganze Sache beschäftigt mich sehr. Sie müssen wissen, dass mir erst kürzlich an dem Institut von Herrn Fritsch ein neuer Fälschungsverdacht zugetragen wurde, nämlich seine Beschreibung einer angeblich neuen Halbaffenart, für die möglicherweise die wahre Herkunft eines fossilen Schädels verschleiert und stattdessen eine neue, erfundene Entdeckungsgeschichte fingiert wurde. Ganz allgemein ausgedrückt, wäre es mir sehr wichtig, wenn ich etwas Klarheit darüber erlangen würde, wo ich meine Doktorarbeit schreibe. Wenn an diesem Institut irgendwelche wissenschaftlich unsauberen Dinge laufen, dann würde ich meine Arbeit sofort abbrechen."

„Da können Sie ganz beruhigt sein, junger Mann. Ich kann dazu nämlich gar nichts sagen."

Nun war es an Adrian, für einige Sekunden verblüfft zu schweigen.

„Sind die Geschichten, die ich gehört habe, etwa falsch?", fragte er schließlich.

„Das weiß ich nicht. Ich weiß nicht, wovon Sie sprechen. Außerdem habe ich gerade eine Menge anderer Dinge zu tun. Es tut mir leid, aber ich muss das Gespräch hier beenden. Auf Wiederhören."

Die Verbindung brach ab. Adrian schaute auf sein Handy und musste registrieren, dass nicht nur dieses Telefonat, sondern auch sein Urlaub vorüber war. Auf ihn wartete wieder eine Welt, die er nicht verstand – und diese ihn offenbar ebenso wenig.

29

Jana vollführte einen kleinen Freudensprung, als ihre Gegnerin, eine hessische U 18-Kaderspielerin, den Ball aus einer »Elfmeter ohne Torwart«-Situation heraus ins Netz drosch. Statt Breakball gegen sich hatte sie jetzt ihren ersten Matchball, und das gegen eine unangenehme Opponentin, gegen die eine 1:3-Bilanz zu Buche stand: Die letzten drei Matches hatte Jana in jeweils zunehmender Deutlichkeit verloren. Diesmal jedoch hatte sie von Anfang an gemerkt, dass etwas drin war – ihre zuletzt so überlegene Widersacherin schien ein größeres Problem mit auf den Platz gebracht zu haben. Genauer gesagt, glaubte Jana an der Art und Weise, wie ihre Gegnerin sich unmittelbar nach den Ballwechseln bewegte, zu erkennen, dass diese von Unterleibsschmerzen geplagt wurde. Entweder war sie ganz zu Beginn des Matches von diesen Schwierigkeiten überrascht worden, oder aber sie war trotz suboptimaler körperlicher Verfassung gegen Jana angetreten, weil sie davon überzeugt war, ohnehin zu gewinnen. Nach eineinhalb Stunden zähesten Verlaufes, in denen Jana auch gegen ihr eigenes schlechtes Gewissen ankämpfen musste, einer möglicherweise gehandicapten Gegnerin einen für langsame Sandplätze typischen Abnutzungskampf aufzuzwingen, lautete das Zwischenergebnis 7:5 und 5:3 für Jana, die jetzt bei 40:30 nur noch einen Punkt benötigte, um den Außenseitersieg für ihre Mannschaft einzufahren.

Auf der anderen Seite haderte ihre Gegnerin immer noch mit dem verschlagenen letzten Ball, ging auf »unrunde« Weise langsam an die Grundlinie zurück und schien, als sie sich umdrehte und zum Retournieren bereit machte, vor Wut und Enttäuschung den Tränen nahe zu sein. Jana versuchte diesen Anblick zu ignorieren, aber beim Aufschlag erwischte sie den Ball nicht wie gewünscht, sodass er deutlich im Seitenaus landete. Leider war der nun erforderliche zweite Aufschlag die größte Schwäche in ihrem Spiel, denn ihre Mutter hatte ihr als Kind einen ziemlich lächerlichen Sicherheitsaufschlag für den »Zweiten« beigebracht, und auch wenn sie später natürlich umlernte, fühlte sie sich bis heute beim *second serve* latent unsicher. Als sie gerade zum Ballwurf ansetzen wollte, sah sie, wie ihre Gegnerin plötzlich den Arm hob, um ihr zu signalisieren, dass sie sich durch irgendetwas gestört fühlte und noch nicht bereit sei.

Von den Zuschauern kamen verhaltene Unmutsäußerungen, da diese hierin wohl einen unfairen Versuch sahen, Jana zu irritieren und einen Doppelfehler zu provozieren. Auch Jana hatte das Gefühl, dass ihre Gegnerin in ihrer Verzweiflung jetzt zu den allerletzten Mitteln griff, und ärgerte sich über die Unterbrechung. Für solche kritischen Situationen jedoch hatte sie ein mentales Ritual parat, das sie den »Konzentrationstunnel« nannte. Im Moment des Ballwurfes, wenn Jana nach oben schaute, imaginierte sie eine Art dunklen Gang mit einem Licht am Ende. Diese Übung half ihr dabei, Ärger und physische Erschöpfung auszublenden und den Ball möglichst gut zu treffen, sobald er sich vom höchsten Punkt der Wurflinie wieder absenkte.

Jana sammelte sich, ging in Position, warf den Ball nach oben und stellte sich gleichzeitig das von ihr eingeübte „Tunnelbild" vor. In diesem Moment jedoch geschah etwas Unerwartetes, denn das imaginierte Bild des dunklen Ganges erfuhr eine plötzliche Veränderung. Hierdurch überrascht, zögerte Jana eine Zehntelsekunde länger, als sie es sich eigentlich leisten konnte. Um den Ball doch noch wie erforderlich zu treffen, war sie nun gezwungen, die Schlagbewegung viel schneller und kräftiger auszuführen, als für ihren *second serve* eigentlich üblich. Ihr Schläger schoss nach vorn, erwischte den Ball optimal und hämmerte ihn präzise in das äußere Eck des Halbfeldes. Ihre gänzlich verblüffte Gegnerin machte keine Anstalten, den Aufschlag zu erreichen, und auch Jana merkte erst, als sie unter dem Applaus der Zuschauer nach vorne ans Netz ging, was gerade passiert war: Sie hatte, ohne es zu wollen, ihren sonst so langsamen »Zweiten« wie einen *first serve* gespielt und damit ein lupenreines As produziert.

Jana nahm die Gratulation ihrer Gegnerin entgegen, dann wurde sie auch schon von ihren herbeigeeilten Mannschaftskameradinnen umarmt und geherzt. Nachdem sie zum Handtuch gegriffen und etwas getrunken hatte, ging sie auf den abgegrenzten Bereich zu, an dem die Zuschauer standen und wo ihr jemand das erste Mal beim Spielen zusah, obwohl sie ihn schon seit einigen Jahren kannte: Paul.

„Machst du das immer so, dass du beim Matchpoint volles Risiko gehst?", lachte er, nachdem er Jana umarmt und auf die Wange geküsst hatte. „Ich dachte, so etwas darf man nur bei 40:0."

„Ach, der ist mir eher rausgerutscht", erwiderte Jana abwinkend. „Meine Ballkontrolle war die ganze Zeit viel zu unbeständig, und das war dann die Krönung. Zum Glück hat sie mir immer wieder Punkte geschenkt, sonst hätte ich das Ding verloren. – Du, ich muss zu meinen Mädels. Wir sehen uns heute Abend."

„Feiert schön, und bis später!", verabschiedete sich Paul und hob, während er sich abwandte, die Hände zum symbolischen Applaus. Jana indessen dachte, während sie zurückging und ihre Sporttasche packte, immer noch über das As nach, mit dem sie ihren Matchball verwandelt hatte. Der Konzentrationstunnel – irgendetwas hatte nicht gestimmt, und ihr dämmerte langsam, was. Dieser dunkle Gang, den sie immer imaginierte, war aus irgendeinem Grund zu dem Gang vor Professor Wägerichs Büro geworden. Und die ungeplant kraftvolle Aufschlagbewegung, mit der sie den Ball mit ihrer linken Schlaghand über das Netz gefeuert hatte, entsprach einer anderen, aus der Realität gespeisten Vorstellung: ihrem Handy in ihrer Linken, als sie gerade einen gewissen Anruf wütend beendete und es in ihre Gesäßtasche rammte.

30

Adrian wusste nicht, wo er war, als das Telefon klingelte. Die Anstrengungen der Rückreise hatten ihn tief schlafen lassen, sodass er erst einmal einordnen musste, ob er sich noch in der Schweiz oder schon wieder in Frankfurt befand. Dann fiel ihm das Telefonat mit Annett Oechsle und dessen unerfreuliches Ende ein, über das er Karsten Litmanowicz während seiner Rückreise nach Frankfurt bereits schriftlich Bericht erstattet hatte. Mit einem Ruck erhob er sich und nahm den Hörer ab. Er verstand zunächst nicht richtig, worum es ging – um einen Termin bei Professor Wägerich offenbar. Schließlich war er so weit zu begreifen, dass es sich um die Sekretärin von Wägerich handelte, und dass der Termin schon heute Vormittag sein sollte. Adrian bestätigte, dass er kommen würde, und fing erst dann an, klar zu denken, als die Frau aus dem Sekretariat schon wieder aufgelegt hatte.

Er war sozusagen einbestellt worden, für heute um halb elf. Das konnte wohl kaum etwas Gutes bedeuten – aber auf was genau diese Vorladung hinauslief, war ihm rätselhaft. Während Adrian duschte, beschloss er, zunächst einmal Paul und Jana anzurufen. Bei seiner Rückreise aus der Schweiz hatte er Paul kurz getextet, wie sein Treffen mit Karsten in Heidelberg gelaufen war, und Paul hatte in seiner Antwort erwähnt, dass Jana und er am heutigen Vormittag bis ungefähr elf Uhr an dem Reinigungskursus für den bockigen 3D-Modellierer teilnehmen würden. Adrian hoffte, dass der Kurs noch nicht begonnen hatte, sodass die beiden vielleicht noch etwas Zeit hatten, die Lage am Klinikum für ihn zu sondieren. Er versuchte es erst bei Paul, dann bei Jana, aber offenbar war es schon zu spät: Beide hatten ihre Handys ausgeschaltet.

Beim Frühstück wurde Adrian immer nervöser. Er wiederholte seine Versuche, Jana und Paul zu erreichen, aber ohne Erfolg. Redete er sich etwa nur ein, dass ihm bei Wägerich gewaltiger Ärger bevorstand? Möglicherweise ging es ja nur um eine Formalität, sein Promotionsverfahren betreffend. Aber für solche

Lappalien hätte Wägerich niemals einen direkten Termin vereinbart, sondern das Nötige einfach über sein Sekretariat abgewickelt. Nein, der Mann wollte ihn persönlich sprechen, und dies verhieß entschieden nichts Angenehmes.

Adrian sah auf die Uhr – wenn er es pünktlich schaffen wollte, blieb ihm weniger als eine Stunde. Er ging in seiner Wohnung auf und ab und merkte, dass er kaum einen klaren Gedanken fassen konnte. All die Ereignisse der letzten Wochen, sein Streit mit Jana, seine Gespräche mit Hany und Jens sowie das kurze Telefonat beziehungsweise das nicht zustande gekommene Treffen mit Frau Oechsle kreisten in seinem Kopf herum.

„Verdammt, ich Idiot!", rief er plötzlich aus und suchte in seinem Nummernverzeichnis nach Karstens Telefonnummer. Zu Adrians Erleichterung hob Karsten ab und meldete sich in seiner typisch abweisenden Art, indem er einfach nur „Hallo?" fragte.

„Guten Morgen Karsten, hier ist Adrian Palmström. Du, ich hatte gerade einen eigenartigen Anruf – ich bin bei Professor Wägerich einbestellt worden, gleich, um halb elf. Wägerich ist der, der diese dubiose zweite Doktorarbeit von Professor Fritsch begutachtet hat, und der schon seit Jahren von ihm erhaltene Fossilien als Deko für sein Arbeitszimmer benutzt, falls du dich erinnerst."

„Klar erinnere ich mich. Worum geht's – meinst du, dir steht Ärger bevor?"

„Ich fürchte ja, aber ich kann es mir nicht erklären. Ich könnte den Termin natürlich platzen lassen, aber ich bin schon ziemlich neugierig, warum Wägerich so dringenden Redebedarf hat. Ich kann mir beim besten Willen nicht vorstellen, woher der irgendwelche Informationen darüber haben soll, dass ich einen Zusammenhang zwischen seiner Gutachtertätigkeit für Fritsch und diesen Fossilgeschenken vermute. Ich habe das außer dir nur zwei absolut vertrauenswürdigen Leuten erzählt."

„Hm – und welche waren das, wenn ich fragen darf?"

„Paul, den du ja selbst gut kennst, und Jana, die gerade mit ihm zusammen am Klinikum promoviert. Die beiden würden das nie herumerzählen, zumal sie wissen, dass ich mit Wägerich nicht gut auskomme. Sag mal, du hast nichts weitergegeben, oder?"

„Nein, natürlich nicht. – Aber du hast doch auch dieser Frau in der Schweiz alles erzählt, stimmt's?"

„Nein, der Name Wägerich ist überhaupt nicht gefallen – ich habe den bei dem Telefonat mit keiner Silbe erwähnt, und auch sonst die Begutachtung dieser *Adapis*-Dissertation überhaupt nicht angesprochen! Ich habe lediglich erwähnt, dass ich massive Zweifel an der wissenschaftlich korrekten Beschreibung des Schädels habe, mehr nicht."

„Dann sag mir bitte noch einmal kurz, was du der Frau in der Schweiz mitgeteilt hast – wie hieß sie gleich?"

„Annett Oechsle. Ich hab sie auf den Ärger angesprochen, den sie in den 1980er Jahren mit Fritsch hatte – die von ihr ausgehenden Fälschungsvorwürfe. Sie hat zurückgefragt, warum ich extra deshalb aus Deutschland anreisen würde, und ich hab's ihr im wesentlichen erklärt: dass ich Doktorand bin, aber nicht an einem Institut meine Doktorarbeit schreiben will, an dem Verdacht auf massives wissenschaftliches Fehlverhalten besteht. Ich habe dabei zwar die *Adapis*-Arbeit erwähnt, und auch, dass ich grundsätzliche Zweifel an dieser habe, aber ich habe mit Sicherheit nicht erzählt, dass ich einen der Gutachter, nämlich Wägerich, kenne. Ich hab mich, wie gesagt, zum Punkt Begutachtung der Arbeit überhaupt nicht geäußert. Also kann sie unmöglich Wägerich etwas von meinem Anruf gesteckt haben."

„Nun, Wägerich vielleicht nicht. Aber sie könnte Fritsch verständigt haben."

„Das ergibt doch keinen Sinn. Die Frau hatte sich mit Fritsch doch völlig überworfen, hat wegen dem Typen damals die Uni verlassen und ist in die freie Wirtschaft gegangen – warum sollte sie den denn jetzt anrufen?"

„Also, du hast mir gestern geschrieben, dass sie dir gegenüber nichts sagen wollte und das Gespräch ganz plötzlich abgewürgt hat. Die Gründe dafür sind uns unbekannt. Aber nur mal als Denkmöglichkeit – vielleicht gab es ja damals zwischen ihr und

Fritsch einen Deal, nach dem Motto: Sie hört auf, ihn des Plagiates und der Fälschung zu bezichtigen, und er gibt ihr dafür irgendetwas, Geld oder vielleicht auch was anderes. Zum Beispiel Empfehlungen, also so etwas wie 'ne hochwirksame Vitamin-B-Spritze, damit sie am Ende einen tollen Job bei SIPUNC bekommt."

„Das ... also sorry, das kann ich mir nicht vorstellen. Fritsch soll sie damals gekauft haben, irgendwann vor zwanzig Jahren, und sie zeigt sich dafür solidarisch? Bis heute?"

„Wer weiß? Vielleicht zahlt Fritsch ja bis zum heutigen Tag, damit sie nichts sagt – und sie erweist ihm dafür ihrerseits Gefälligkeiten, zum Beispiel, ihn vor Typen wie dir zu warnen. Weißt du, nicht jeder Whistleblower hat hehre Motive. Es gibt welche, die gegen Geld und Karriere schweigen – das ist sicher nichts Ungewöhnliches. Und es würde auf jeden Fall erklären, warum sie am Telefon so getan hat, als wüsste sie von gar nichts. Also kurz und gut, wir können es nicht endgültig nachvollziehen, aber denkbar ist, dass sie Fritsch gemeldet hat, irgendein Typ hätte sie angerufen und ihr was von Fälschungsvorwürfen erzählt. Deinen Namen hattest du der Frau ja genannt. Dass Fritsch sich daraufhin bei Wägerich über dich beschwert, liegt nahe. Wenn es wirklich keine andere plausible Informationskette gibt, dann solltest du diese Möglichkeit ernsthaft einkalkulieren."

„Tja ... im Moment fällt mir auch nicht viel anderes ein. – Also wird Wägerich mich wohl auf den Fälschungsvorwurf gegen Fritsch ansprechen."

„Vielleicht kommt es so, vielleicht auch ganz anders. Wichtig ist, dass du kühlen Kopf behältst, egal was geschieht, okay? Lass dich nicht zu irgendwelchen Fehlern verleiten. Lass dich auf gar keinen Fall unter Druck setzen oder provozieren. Gib nichts zu, was dir nicht zweifelsfrei nachgewiesen werden kann. Und lass dich auch von Klagedrohungen und so nicht einschüchtern. Auf keinen Fall irgendetwas zugeben oder sagen, für das man dich gerichtlich belangen könnte. Wenn möglich, stell einen Freund als Zeugen für das Gespräch bereit, den du hinzu rufen kannst, besonders falls Wägerich ebenfalls mit einem Zeugen ins Gespräch gehen will oder mittendrin einen hinzu ruft. Eine andere Möglichkeit wäre, dass du das Gespräch heimlich aufzeichnest, aber das finde ich riskanter. Du musst selbst entscheiden, welche Variante besser ist."

„Gut. Alles klar. – Danke, Karsten. Ich nehme an, die ganze Nummer wird sowieso nicht lange dauern. Wahrscheinlich wird alles noch vor elf Uhr vorbei sein. Kann ich dich dann noch anrufen, bist du zu Hause?"

„Ich bin den ganzen Vormittag zu Hause. Vor zwölf Uhr erreichst du mich mit einiger Sicherheit."

„Okay, bis später dann. Und nochmals danke."

„Gern geschehen. – Bleib cool, dir passiert schon nichts. Bis später!"

Adrian dachte nach, dann sah er auf die Uhr. Er versuchte ein weiteres Mal, Paul und Jana zu erreichen, doch ihre Handys waren nach wie vor abgeschaltet, sodass kaum Zweifel daran bestand, dass sie schon längst mit ihrem Reinigungskurs beschäftigt waren. Die Zeit lief langsam ab, und schließlich verließ Adrian das Haus, um die Strecke ans Klinikum ohne Hast, in gemessenem Tempo mit seinem Rad zurücklegen zu können.

Die kühle Luft half ihm, seine Gedanken zu ordnen. Er dachte kurz daran, Alexander von Korf als möglichen Zeugen hinzuzuziehen, kam aber umgehend zu dem Schluss, dass dieser alles andere als eine gute Wahl war. Ein grundvernünftiger Typ wie Paul wäre perfekt gewesen, aber so einen konnte er jetzt auch nicht mehr aus der Hosentasche zaubern. Die Hosentaschenoption bestand höchstens in seinem Handy, genauer gesagt in dessen Sprachaufzeichnungsfunktion. Adrian beschloss, hier zweistufig vorzugehen und die Aufzeichnungsfunktion erst einmal nicht zu aktivieren. Falls Wägerich aber irgendein Gehampel mit einem Zeugen veranstalten sollte, so würde er als Antwort das Handy ziehen und im Gegenzug ganz offen verlangen, das Gespräch aufzeichnen zu dürfen.

Den Rest der Strecke fragte er sich, ob er und Karsten möglicherweise irgendwelche weiteren Informationskanäle übersahen. Jens Bischwiller gegenüber hatte er nichts vom Fälschungsverdacht in Sachen *Adapis wegneri* erzählt, und auch sonst war nicht vorstellbar, dass Jens Adrians Vorbehalte gegen von Blücher in unvorsichtiger Weise weitererzählt oder gar direkt an diesen weitergegeben haben könnte. Eher war schon denkbar, dass in Frankreich irgendetwas schiefgegangen war und Hanys Chef mittlerweile über die Einwände gegen die *Adapis*-Arbeit Bescheid wusste. Wenn sich so etwas dann unkontrolliert in der Anthropologenszene herumsprach, konnte es irgendwie bis zu von Blücher vorgedrungen sein. In diesem Szenario war aber kaum vorstellbar, dass Adrians Name eine Rolle spielen würde, denn die eigentliche Fälschungsbehauptung ging ja von Hanys Bruder aus. So blieb eigentlich nur noch eine realistische Möglichkeit, die wieder an seinem Gespräch mit Frau Oechsle hing: Denkbar war, dass diese Fritsch nicht direkt verständigt, sondern einfach nur mit irgendwelchen alten Bekannten aus der Frankfurter Zeit darüber gesprochen hatte, und unter diesen zufällig jemand war, der meinte, die Information ohne Frau Oechsles Wissen an Fritsch weitergeben zu müssen. Erstaunlich mutete dann aber an, wie schnell das alles gegangen war. Wenn man berücksichtigte, dass Adrian erst gestern Mittag mit Annett Oechsle telefoniert hatte, musste man doch eher davon ausgehen, dass keine mehrstufige „Stille Post" dazwischen geschaltet war und sie ihr Wissen direkt an Fritsch durchgesteckt hatte, also so, wie von Karsten vermutet. Die Art und Weise, wie sie das Telefonat beendet hatte, sprach sowieso gegen ihren Charakter.

„Na, ich werd's ja gleich merken", dachte sich Adrian, als das Gebäude des Klinikums allmählich sichtbar wurde. Er nahm sich vor, Karstens Ratschläge durchgehend im Hinterkopf zu behalten und jede Abweichung davon bewusst zu vermeiden, egal, was kommen sollte. Wägerich würde als erster die Karten auf den Tisch legen müssen. Das sollte er ruhig tun, befand Adrian – gerade auf die Eröffnungszüge war er ja am meisten gespannt.

Er schloss sein Fahrrad ab und ging langsam auf das Gebäude zu, in dem Wägerich im dritten Stock residierte. Da er ein bequemes Zeitpolster hatte, wartete er im Erdgeschoss noch ein wenig ab und versuchte erneut, Jana und Paul zu erreichen, eigentlich nur mehr in der Hoffnung, eine vertraute, ihn beruhigende Stimme zu hören, denn anders konnten ihm die beiden ohnehin nicht mehr helfen. Doch wie zu erwarten, kam keine Verbindung zustande – irgendwo in den oberen Stockwerken des Gebäudes waren die beiden anderweitig beschäftigt. Adrian sah auf die Uhr und atmete tief durch, dann betrat er den Lift, um den Zielort seines Besuches anzusteuern.

Die Sekretärin empfing ihn mit scheinbar neutraler Miene, aber Adrian meinte zu spüren, dass sie über die Besonderheit dieses Termins Bescheid wusste. Während er wartete, fragte er sich, ob die Frau irgendeine Möglichkeit hatte, das anstehende Gespräch vom Vorzimmer aus mitzuhören oder gar mitzuschneiden. Danach zu fragen war natürlich sinnlos; umso mehr war Adrian entschlossen, das ganze Theater möglichst schnell zu beenden und Karsten umgehend Bericht zu erstatten. Er entschied sich, dreist zu werden.

„Entschuldigen Sie", wandte er sich lächelnd an die Vorzimmerdame, „Sie haben mir bei unserem Telefonat vorhin leider nicht gesagt, wie viel Zeit ich mir für diesen kurzfristig anberaumten Termin nehmen soll. Falls Herr Wägerich mich ungebührlich lange warten lässt, könnte es sein, dass ich schon wieder fort bin, wenn er mich hereinbittet. Ich habe heute noch andere Verpflichtungen, müssen Sie wissen."

„Selbstverständlich", antwortete die Sekretärin überrascht. „Ich kann gerne noch einmal kurz nachfragen."

Sie erhob sich von ihrem Stuhl, klopfte an Wägerichs Tür und verschwand in dessen Raum. Adrian ging durch den Kopf, dass dies seine letzte Gelegenheit war, die Aufzeichnungsfunktion seines Handys zu aktivieren, doch er entschloss sich, bei seinem auf der Hinfahrt gefassten Plan zu bleiben. Viel Zeit wäre ihm ohnehin nicht geblieben, denn die Tür öffnete sich bereits wieder, und die Sekretärin bat ihn, Wägerichs Zimmer zu betreten. Adrian spürte, wie seine mühsam bezwungene Aufregung sich Bahn brach, eine Reaktion, über die er sich ärgerte. Seine Wut stieg weiter an, als er Wägerich so sah, wie er ihn bei seinem einzigen bisherigen Besuch in diesem Raum in Erinnerung hatte: umgeben von all dem Zahn- und Schädelmaterial, von dem er mittlerweile wusste, dass das meiste einer Quelle Namens Fritsch von Blücher entstammte. Der unübersehbare Zorn, mit dem Wägerich ihn anstarrte, war allerdings nicht minder groß. Adrian wandte den Kopf und blickte die Sekretärin an, die sofort hinausging und die Tür hinter sich schloss. Offenbar sollte es zunächst einmal ein Vieraugengespräch werden, keines vor Zeugen.

Wägerich hatte sich erhoben und bewegte sich zu Adrians Überraschung nicht auf ihn zu, sondern von ihm weg – in die am weitesten entfernte Ecke des Raumes. Dort drehte er sich um und sah seinen Besucher mit unverändert drohender Miene an:

„Herr Palmström – ich würde Ihnen empfehlen, von der Tür wegzugehen. Kommen Sie ruhig hier herüber. Ich weiß, wann ich laut werde, und ich weiß, wann man mich bis draußen auf den Gang hören kann – und wann nicht. In diesem Fall würde ich Ihnen raten, sich ein paar Schritte hierher zu bewegen. Es sei denn, Sie wollen unbedingt, dass draußen jeder Vorbeigehende mitbekommt, was ich Ihnen zu sagen habe. Das liegt ganz bei Ihnen, aber ich würde es Ihnen wirklich nicht nahelegen."

Adrian überlegte kurz, dann ging er schweigend auf Wägerich zu. Er versuchte, gleichgültig zu wirken, aber in seinem Körper hatten längst andere Instanzen entschieden, wie er sich zu fühlen hatte – sein Herz schlug heftig, und er spürte, wie ihm immer heißer wurde.

Auch Wägerich schien zu kochen, und Adrian merkte, dass er es mit einem echten Choleriker zu tun hatte, dessen wahrer Charakter in seinen Zornesausbrüchen zu Tage trat. Alles andere war nur professorale Fassade, eine Verkleidung. Aber die war jetzt nicht mehr nötig.

„Können Sie mir erklären, wie Sie dazu kommen, durch die Gegend zu rennen und zu behaupten, dass Professor von Blücher Datierungen und Fossilien fälscht?", brach es aus Wägerich hervor. Er bemühte sich sichtlich, nicht laut zu werden, aber besonders leise konnte man seine Stimme auch nicht nennen. Adrian jedoch kümmerte die Lautstärkefrage nur nachrangig – viel wichtiger war, dass er und Karsten offenbar richtig geraten hatten, was den Anlass und das Zustandekommen dieser Unterredung betraf. Es schien nur um die *Adapis*-Fälschung zu gehen, nicht aber um Wägerichs Gutachtertätigkeit für die betreffende Arbeit.

„Wer behauptet denn, dass ich das tue?", antwortete Adrian, wobei er sich größte Mühe geben musste, um kalt und besonnen zu klingen.

„Eine Person, die ich als absolut vertrauenswürdig einschätze!", rief Wägerich verärgert. „Also tun Sie hier nicht so, als ob Sie von nichts wüssten! Ich möchte von Ihnen auf der Stelle eine gute Begründung für Ihre unglaublichen Unterstellungen hören!"

„Und ich würde gerne hören, wer Ihre »absolut vertrauenswürdige Person« ist. Vorher können Sie von mir bestimmt keine Antwort erwarten – da kann ja jeder mit irgendwelchen Behauptungen kommen, oder?"

„Vertrauenswürdig ist vor allem Professor von Blücher, was Sie sich gut merken sollten!", rief Wägerich noch lauter als vorher. Adrian zweifelte nicht daran, dass die Stimme seines Gegenübers im Vorzimmer jetzt hörbar war, trotz des relativ weiten Abstandes zur Tür. Falls seine Sekretärin die Tür zum Gang aber geschlossen haben sollte, war sie sicherlich die Einzige, die mitbekam, dass es in diesem Raum gerade etwas offenherziger zuging.

„Und vertrauenswürdig ist auch eine Zeugin, die bestätigen *kann* und *wird*, dass Sie entsprechende Behauptungen über Professor von Blücher verbreitet haben!", fuhr Wägerich in unverringerter Heftigkeit fort. „Ich frage Sie jetzt ein letztes Mal: Haben Sie irgendeinen Beweis für Ihre Behauptung, dass der *Adapis*-Schädel von Professor von Blücher eine Fälschung sein soll?"

Adrian sog die Luft ein. Obwohl er auf den Gesprächsverlauf eingestellt war, saß er argumentativ in der Falle. Er musste zusehen, hier schnellstens herauszukommen, und sah nur einen Weg.

„Wissen Sie was? Wenn ausgerechnet *Sie* von »vertrauenswürdig« reden, könnte ich glatt kotzen. Seit Ihrem Loblied auf chinesische Billigimplantate wissen wir ja alle, was wir davon zu halten haben."

„Palmström, das reicht!!", brüllte Wägerich außer sich vor Zorn. „Das war's für Sie! Professor von Blücher hat Ihnen die Erlaubnis entzogen, am Franz Weidenreich-Institut zu promovieren, und diese Entscheidung werde ich nachdrücklich unterstützen! Sie können gehen!"

Adrian drehte sich um und strebte der Tür entgegen.

„Und vergessen Sie nicht, dass Sie für die Verbreitung solcher Verleumdungen gerichtlich belangt werden können!", zeterte Wägerich ihm hinterher. Adrian öffnete die Tür und wollte sich schnellstens aus dem Staub machen. Doch sogleich wurde der Impuls stärker, sich vom Objekt seiner Verachtung nicht einschüchtern zu lassen, sondern, hör- und sichtbar auch für dessen Sekretärin, das letzte Wort zu behalten. Er wandte sich um und zeigte auf Wägerich, mit Zeige- und Mittelfinger, sowie leicht angehobenem Daumen seiner rechten Hand – eine angedeutete, aber unübersehbare Pistolengeste.

„»Vergessen« ist das Stichwort. Professoren wie Sie kann man *wirklich vergessen.* Total!"

Adrian riss die Hand empor, eine Mischung aus Wegwerf- und Rückschlagbewegung, ließ die Tür offen und ging schnellen Schrittes aus dem Vorzimmer, ohne die erschrockene Sekretärin eines Blickes zu würdigen. Auf dem Gang zog er sein Handy und suchte, ohne sich dessen bewusst zu sein, die Rufnummer von Jana. Erst im Lift merkte er, was er tat. Da absehbar war, dass ein weiterer Anrufversuch bei ihr erfolglos bleiben würde, rief er stattdessen wie vereinbart Karsten an.

„Karsten", meldete sich Adrian, während er das Gebäude verließ. „Du hattest recht, die Sache war eindeutig. Wägerich wollte mich zusammenscheißen, weil ich unberechtigte Fälschungsvorwürfe gegen von Blücher verbreite. Eine Zeugin würde von Blücher bestätigen, dass ich das tue – damit kann nur die Oechsle gemeint gewesen sein. Diese verdammte Scheißkuh muss mich nach meinem Anruf tatsächlich verraten haben, und Fritsch hat dann Wägerich auf mich angesetzt."

„Hab ich's doch geahnt. Okay – was ist sonst noch passiert? Hast du alles abgestritten?"

„Nein, ich habe es weder bestätigt noch abgestritten. – Ich hab 'ne klassische Diversion angebracht und das Thema gewechselt, nämlich in Richtung eines Billigimplantatskandals, den Wägerich vor einiger Zeit bei einem Fernsehinterview verharmlosen wollte. Ich hab ihm damit voll vor's Schienbein getreten. Da hat der Idiot natürlich zu brüllen angefangen und mich sofort rausgeschmissen. Ach ja, freundlicherweise hat er mir noch auf den Weg gegeben, dass meine Doktorarbeit am Institut des ehrenwerten Herrn Fritsch beendet sei, und zwar auf dessen ausdrücklichen Wunsch. Außerdem könne ich für meine Verleumdungen gerichtlich belangt werden."

„Gut – oder eher, nicht gut. Das mit der geplatzten Doktorarbeit tut mir natürlich leid."

„Ach, weißt du – die hätte ich da doch sowieso nicht mit gutem Gewissen beenden können. Die Entscheidung ist mir jetzt abgenommen worden. Das Problem ist nur, dass in Frankfurt ohne das Arschgesicht Wägerich nicht viel läuft. Ich werd mich an 'ner anderen Uni nach Promotionsmöglichkeiten umsehen müssen."

„Was ja dann und wann mal vorkommt. Gut, das ist nicht so schlimm. Und wie schätzt du die Klagedrohung ein?"

„Schwer zu sagen. Klagen müsste ja von Blücher, und zwar aufgrund der Zeugenaussage von Madame Oechsle. Ich kann mir nicht vorstellen, dass er das tut. In dem Fall könnte er sicher sein, dass ich diese alte Geschichte mit der manipulierten Datierung wieder auf den Tisch bringe, die Madame Oechsle damals gegen ihn aufgebracht hat, und dass der damalige Streit zwischen den beiden in allen Details wieder aufgerollt wird. Das wird er bestimmt nicht haben wollen. – Wie auch immer, ich kann jedenfalls glaubwürdig darstellen, dass das der eigentliche Grund meines Anrufes bei dieser offenbar völlig charakteramputierten Dame war."

„Hm. Okay, wollen wir hoffen, dass du recht behältst. War sonst noch irgendetwas Ungewöhnliches?"

„Nein, es ging alles sehr schnell. Im Grunde genau so, wie von uns erwartet. Von Wägerichs Gutachtertätigkeit war nicht die Rede, ich denke, er hat keine Ahnung, dass ich darüber im Bilde bin. Es ging nur um den Punkt *Adapis*-Fälschung sowie gefälschte Datierungen."

„Gut das zu hören. Es dürfte die Möglichkeiten dessen, was da gelaufen ist, einigermaßen einschränken, wenn das wirklich alles ist, was dieser Wägerich weiß und nun gegen dich vorbringt. Wobei mir dazu noch eine Sache eingefallen ist, die ich loswerden möchte. Wir sind die ganze Zeit davon ausgegangen, dass diese Oechsle mal mit Fritsch verfeindet war, und das passte nicht dazu, dass sie dich jetzt verpfeift. Aber woher beziehen wir unser Wissen über eine einstige Fehde zwischen Fritsch und ihr? Doch nur von deinem Onkel, oder?"

„Zweifelst du etwa daran?", fragte Adrian verblüfft.

„Sagen wir so: Wir sollten daran zweifeln", erwiderte Karsten. „Bei solchen mündlich überlieferten Sachen, die zudem zwanzig Jahre her sind, muss man immer mit gravierenden Missverständnissen rechnen. Ich will damit gar nichts gegen deinen Onkel oder dessen Verlässlichkeit sagen, weißt du. Aber jeder gute Journalist zum Beispiel lernt, dass man in solchen Fällen immer noch eine zweite, unabhängige Quelle befragen sollte, um zu prüfen, ob die jeweiligen Schilderungen zusammenpassen. Stell dir bloß mal vor, dein Onkel hat damals durch ein Missverständnis etwas verwechselt, und diese Oechsle war gar nicht in der Rolle einer Fritsch-Gegnerin, sondern kannte lediglich diese Person, um die es da ging. Oder irgendeine andere Konstellation, in der sie vielleicht sogar zu den Verbündeten von Fritsch gehörte: Dann wäre uns plötzlich klar, warum sie dich sofort nach deinem Anruf verraten hat, oder?"

„Oh Mann ... ich mag es nicht glauben, aber das würde zu meinem Glück wirklich passen", stöhnte Adrian.
„Es ist jetzt auch egal, welche der beiden Versionen stimmt. Wir können in beiden Fällen davon ausgehen, dass sie dich verpfiffen hat, warum auch immer. Entscheidend ist, dass du ohne weiteren Ärger aus der Sache herauskommst."
„Ich will's hoffen. Danke für deinen Support. Ich melde mich, wenn's was Neues gibt. Bye-bye!"
Adrian war an seinem Fahrrad angekommen, schloss es auf und fuhr langsam Richtung Niederrad. Er fühlte sich ebenso belastet wie befreit und versuchte, beiden Gefühlen den richtigen Platz in seinem Inneren zuzuweisen. Dass er froh sein konnte, nicht mehr bei der verachtenswerten Achse Wägerich–von Blücher zu promovieren, stand für ihn fest, aber andererseits hatte sein bislang makelloser Studienverlauf gerade einen empfindlichen Kratzer abbekommen. Die erneute Aufnahme einer Promotion an einer anderen Uni würde einen Zeitverlust von mindestens einem Vierteljahr ergeben, abgesehen von dem Aufwand, den eventuell weiterer Ärger mit Wägerich oder gar von Blücher bedeuten mochte. Adrian fluchte bei dem Gedanken, dass ihm alle Chancen verbaut waren, die protzige Zahn- und Fossilienshow in Wägerichs Zimmer dokumentieren zu können, aber vielleicht, so kam es ihm in den Sinn, war das ja gar nicht so wichtig. Viel härter konnte er zurückschlagen, wenn er weitere Vergiftungsfälle durch die chinesischen Billigimplantate auftrieb – wahrscheinlich war es am besten, sich jetzt ganz dieser Sache zu widmen. Er würde seinen Eltern und auch Onkel Willy berichten müssen, was vorgefallen war, er würde den Abbruch seiner Promotion verteidigen müssen, aber er hatte mit der Implantatsgeschichte eine sehr gute Begründung parat, um das Totalzerwürfnis mit Wägerich nachvollziehbar zu erklären. Einen Vorwurf sollte man ihm eigentlich nicht machen können, denn moralisch war er hundertprozentig im Recht.

Einen Moment lang half ihm dieser Gedanke, der Enttäuschung und Wut, die er im Bauch verspürte, zu trotzen, doch dann schüttelte er außer sich vor Zorn den Kopf. Alles, aber auch alles war schiefgegangen. Mit Hany hatte ihm wahrscheinlich ein perfekter Belastungszeuge gegenübergesessen, aber leider auch einer, der alle Qualitäten einer Fata Morgana aufwies: die bloße Illusion einer belastbaren Aussage gegen von Blücher, nicht mit den Händen zu greifen und schlussendlich nutzlos. Mit Jana hatte er sich schlimm gekracht, und ihre heimliche Aufnahme von Wägerichs Arbeitszimmer, mit der sie ihm ihre bemerkenswerte Solidarität bewiesen hatte, war leider nichts geworden. Von Korf, der großspurig angekündigt hatte, ihn mit weiteren Implantatfällen zu versorgen, welche ihm gegen Wägerich so ungemein nützlich sein konnten, hatte nicht geliefert und verfiel stattdessen wieder in seine schlimmsten, unbrauchbarsten Verhaltensmuster. Als Krönung des Ganzen hatte sich dann auch noch diese seltsame Frau Oechsle als kompletter Bumerang erwiesen, da sie ihn sofort nach seinem Anruf denunziert haben musste. Besonders den letzten Punkt konnte Adrian kaum fassen, ebensowenig wie Karstens begründeten Hinweis, dass er sich viel zu naiv auf die Erinnerungen seines Onkels verlassen hatte. Er ließ sich noch einmal alles, was Onkel Willy ihm im direkten Kontakt und telefonisch mitgeteilt hatte, durch den Kopf gehen, und versuchte das Szenario zu retten, dass all diese Informationen korrekt gewesen waren und nicht auf einer Verwechslung beruhten. Wenn Fritsch der Oechsle damals wirklich zu Karriere und Geld verholfen hatte, im Gegenzug dafür, dass sie ihre Fälschungs- und Plagiatsvorwürfe nicht aufrechterhielt, dann hatte er damit jedenfalls sehr weitsichtig gehandelt. Adrian erinnerte sich an einen Bericht über Psychopathen in Chefpositionen, den er vor einiger Zeit gelesen hatte: Diese eigentlich schwer gestörten Menschen zeichneten sich oft dadurch aus, dass sie in Situationen, in denen ihnen für ihre Verfehlungen echte Gefahr drohte, plötzlich anfingen, überraschend rational zu handeln. Möglicherweise war genau so etwas damals passiert: Von Blücher hatte erkannt, es nicht mit einer ethisch motivierten Whistleblowerin, sondern mit einer korrumpierbaren Person zu tun zu haben, und auf dieser Ebene war es ihm in der Folge gelungen, einen Ausgleich mit Annett

Oechsle zu finden. – Einen Ausgleich, der so weit ging, dass die ehemaligen Gegner sich bis heute gegenseitig unterstützten. Für jeden normalen Menschen war so ein Szenario kaum begreifbar – aber unter hundertprozentigen Karrieristen war ein derartiger Vorgang wahrscheinlich nichts Ungewöhnliches.

„Verdammte Scheiße", murmelte Adrian. „Ausgerechnet an so eine muss ich geraten. Es ist doch einfach nur zum Kotzen."

Er fühlte sich elend bei dem Gedanken an das riesige Pech, welches er mit seiner Anrufaktion in der Schweiz gehabt hatte. Das Risiko, das er damit eingegangen war, hatte er – mit Ausnahme vielleicht der Überlegungen, die Karsten ihm gerade nachgeliefert hatte – unmöglich vorauskalkulieren können, und nun war es sowieso nicht mehr zu ändern. Mit dem heutigen Tag war er unerwartet unter schweren Beschuss geraten und musste ab sofort die richtige Mischung aus Rückzug und Zurückfeuern finden.

Die Tonfolge des SMS-Eingangssignals riss ihn aus seinen Grübeleien. Adrian zog sein Handy aus der Jackentasche und sah, dass Paul geschrieben hatte. Der Inhalt war sehr kurz und hatte alle Charakteristika eines Scherzes:

»*Palmström, das reicht!!!*« – *Gratulation!!!*

Adrian fühlte eine starke Irritation in sich aufsteigen und bremste. Er stieg vom Rad, starrte auf das Display seines Handys und fragte sich, wie diese Mitteilung zu deuten sei. Wägerich hatte ihn mit genau den Worten angeschrien, die Paul jetzt wie ein Zitat in Anführungszeichen gesetzt hatte – aber es war doch ganz unmöglich, dass Paul dies mitgehört haben konnte! Er müsste dann auf dem Gang neben dem Sekretariat gewesen sein, nur Sekunden, bevor Adrian wutentbrannt Wägerichs Zimmer verlassen hatte. Das aber war praktisch ausgeschlossen. Erstens musste Paul noch mit Jana bei dem Reinigungskurs beschäftigt gewesen sein, mehrere Etagen entfernt – und zweitens wusste er doch gar nichts von dem Termin, den Wägerich erst heute Morgen kurzfristig mit Adrian vereinbart hatte!

Was war hier los? Eigentlich gab es nur eine realistische Erklärung. Irgendwelche zufällig am Sekretariat vorbeigehenden Studenten, die Adrian namentlich kannten – oder aber irgendwelche Assistenten, die mit Wägerich assoziiert waren – mussten gehört haben, wie er im Chefbüro angebrüllt worden war. Diese Neuigkeit machte an den zahnärztlichen Instituten wahrscheinlich gerade die Runde – eine widerliche, auf reiner Klatschsucht basierende Indiskretion, von der man kaum sagen konnte, inwieweit Wägerich persönlich sie befeuerte – und war nach dem Stille-Post-Prinzip mittlerweile auch bei Paul und Jana angekommen. Aber was sollte dann dieses bloße Zitat, verbunden mit einer „Gratulation"? Zu gratulieren gab es hier eher nichts, zumindest wenn man bedachte, dass Adrian gerade von seinem Promotionsverfahren ausgeschlossen und mit gerichtlicher Verfolgung bedroht worden war.

Eine zweite SMS ging ein – diesmal von Jana. Ihre Wirkung war entschieden schlimmer als die der vorangegangenen Kurznachricht:

Hi Adrian, Paul und ich sind uns gerade einig: wir würden zu gerne Dein Gesicht sehen :-D

Adrian spürte, wie der Boden unter ihm zu schwanken begann. Sein Fahrrad wurde für ihn eine Art Stütze, eine Krücke. Er begann heftig zu zittern und brauchte eine ganze Minute, bevor er das Handy in kontrollierter Weise wieder in die Jackentasche stecken konnte. Langsam schritt er voran, die Hände an den Fahrradlenker geklammert, während ihm immer wieder nur ein Gedanke durch den Kopf raste: dass Jana und Paul sehr genau Bescheid wussten über das, was gerade in Wägerichs Zimmer vorgefallen war. Er hatte keine Idee, wie das sein konnte, aber eins wusste er ganz genau: Die Gründe dafür konnten keine guten sein. – Was waren das nur für Sätze, die sie ihm jetzt schickten? Sie klangen, als würde er nicht mehr zu ihnen gehören.

Alle Energien, die Adrian in den vergangenen Wochen vorwärts getrieben hatten, wandten sich nun gegen ihn. Er fühlte sich auf einen Schlag völlig entkräftet, und seine Brust begann zu schmerzen. Unwillkürlich dachte er an seine Abiturzeit, an seine erste Beziehung, die damals so unglücklich endete und von der er sich später immer wieder vorgestellt hatte, wie alles wohl einen besseren, vielleicht wirklich glücklichen Weg gegangen wäre, wenn nicht ein paar Kleinigkeiten den Lauf des Schicksals entscheidend verändert hätten. – Vielleicht passte dieser Vergleich. Vielleicht hatte ihn diese von seiner Seite aus manchmal etwas achtlos gehandhabte Freundschaft mit Jana und Paul an dem, was eigentlich für ihn das Beste gewesen wäre, langsam aber sicher vorbeigelotst. Vielleicht hätte er sich von Anfang an gegenüber Jana anders verhalten sollen, um ihrer bedingungslosen Unterstützung jederzeit sicher zu sein. Stattdessen hatte er sie voller Wut angegriffen, als sie sich weigerte, das Beweisfoto von Wägerichs Büro zu machen. Das war der Anfang vom Ende gewesen – einem schnellen und sehr bitteren Ende.

„Nein", keuchte Adrian. Er hatte die Kreuzung erreicht, an der sich das Café befand, in dem er sich vor einigen Wochen mit Jana getroffen hatte – damals, als er die Erlaubnis zur externen Promotion aus dem Anthropologischen Institut abgeholt hatte. Er sah Jana wieder vor sich, wie sie ihren Kopf zurückwarf und lachte, als er ihr von Fritschs dummer »Ich bin C4-Professor«-Angeberei erzählte. Sie sah sehr schön aus in diesem Moment – sie war eigentlich immer unglaublich schön, wenn sie von Herzen lachte. Aber Adrian schien es erst jetzt zu merken, und um so schlimmer quälte ihn seine Unwissenheit darüber, was sich hinter dieser Schönheit verbergen, oder dort in letzter Zeit entstanden sein mochte.

Ohne nachzudenken schob er sein Fahrrad an einen Fahrradständer heran, schloss es ab und ließ sich am nächstbesten Tisch in einen Stuhl sinken. Da die kühle Vormittagstemperatur trotz Sonnenschein nur langsam anstieg, war er der einzige Gast, der sich im Außenbereich des Cafés befand, aber die Bedienung war schnell zur Stelle. Adrian bestellte einen Kaffee und ein Wasser, während er in grenzenloser Verwirrung versuchte, sich auf die neue Situation einzustellen. Emotional war er schwer getroffen, und es würde lange dauern, diesen Schlag zu verwinden. Aber er begriff immer noch nicht, was genau hinter dem heutigen Ablauf der Ereignisse stecken mochte. Kurz nach dem Krach mit

Jana hatte Paul ihn auf Karsten Litmanowicz hingewiesen, was sich als recht guter Tipp herausstellte. Nur hatte dieser Hinweis Adrian auch abgelenkt, und möglicherweise hatte die Beziehung zwischen Paul und Jana während seiner Abwesenheit eine neue Qualität erreicht. Dass so etwas passieren könnte, war in den letzten Jahren nie ganz ausgeschlossen gewesen, aber gemessen an Janas Verhalten doch sehr unwahrscheinlich. Erst sein unbedachter Angriff auf sie, die kurze, aber heftige Auseinandersetzung während des Telefonates vor ihrem Termin bei Wägerich, musste die Dinge grundlegend verändert haben. Damit hatte er nicht gerechnet – oder besser gesagt, er war zu abgelenkt gewesen, um sich ernsthaft mit dieser Möglichkeit zu befassen. Hatte Paul diese sehr wirksame Ablenkung etwa absichtlich so eingerichtet – war das der eigentliche Grund gewesen, ihn auf die Adresse in Heidelberg hinzuweisen?

Die Bedienung brachte die Bestellung. Adrian stürzte das Wasser hinunter und begann, den Kaffee in kleinen, vorsichtigen Schlucken zu trinken. Die Ahnungen und Gedanken, die in ihm aufstiegen, wurden immer wahnwitziger. Es konnte einfach nicht sein, dass irgendwelche plappernden Studis oder Assistenten Jana und Paul etwas berichtet hatten, punktgenau zum Ende ihres Reinigungskurses, und beide ihm daraufhin solche Kurzmitteilungen schickten. Dieser Angriff, dieser brutale Schlag, musste länger geplant gewesen sein. Nur wie war das denkbar? Wie konnten sie wissen, mit welchen Worten Wägerich ihn aus dem Büro gejagt hatte?

Das Ganze war wie ein böser Traum. Adrian zog sein Handy hervor, um sich zu vergewissern, dass Jana ihm tatsächlich diese wenigen Worte geschickt hatte, die ihn so maßlos verletzten – es war keine Einbildung, sie standen dort noch so, wie er sie gelesen hatte: abgeschickt gegen elf Uhr, also zu einem Zeitpunkt, an dem ihr Kurs gerade beendet gewesen sein musste.

Er sah wieder Wägerichs gerötetes, wutverzerrtes Gesicht vor sich, sein auf maximale Einschüchterung abzielendes Auftreten, und hörte dessen Worte über »absolut vertrauenswürdige« Personen, die Adrian belasteten ... über den vertrauenswürdigen

Professor von Blücher ... und über eine vertrauenswürdige *Zeugin*, die bestätigen konnte, dass Adrian einen Fälschungsvorwurf gegen den Anthropologen verbreitete.

Diese Vorstellung war einfach nur der nackte Wahnsinn. War mit der „Zeugin" etwa Jana gemeint? War sie so wütend auf Adrian, dass sie komplett die Seiten gewechselt und Wägerich alles berichtet hatte? Und falls ja, was waren die Motive für einen derartig monströsen Verrat? Wollte sie sich bei Wägerich beliebt machen? Wollte sie Karriere machen? Wollte sie zusammen mit Paul die bestmöglichen Voraussetzungen für eine makellose Promotion schaffen – und war er, der Querulant Adrian, zum Störfaktor geworden, der diesem Ziel schon seit seinem ersten verbalen Angriff auf Wägerich potenziell im Weg gestanden hatte? Falls ja, dann war die Situation mit dem heutigen Tag genau im geplanten Sinne bereinigt worden: Er konnte sich als aus dem Institut entfernt betrachten, er gehörte nicht mehr dazu – und auch nicht mehr zu Jana und Paul.

„Das war's", flüsterte Adrian. Er dachte an die Personen, bei denen er in den letzten Wochen das Gefühl gehabt hatte, auf Verständnis für seine Handlungen gestoßen zu sein – an Jens, dem er aus Vorsicht nicht alles erzählt hatte, was er wusste, an Hany, mit dem er sehr offen reden konnte, aber nur deshalb, weil dieser im Begriff gewesen war, den Ort des Geschehens für immer zu verlassen, und schließlich an Karsten, der auf ihn von Anfang an einen traumatisierten Eindruck gemacht hatte. Mit ihm fühlte er sich jetzt am meisten seelenverwandt. Adrian fiel das Internetprojekt ein, das Karsten vorschwebte: dem aus schützender Anonymität heraus erfolgenden Abschuss all jener Arschlöcher, die sich im Wissenschaftsbetrieb durch massive Unehrlichkeit Vorteile verschaffen wollten. Wahrscheinlich ging es nicht anders. Wahrscheinlich lag Karsten richtig in der Annahme, dass man solche grotesken Witzfiguren wie von Blücher nur als gut verborgener Scharfschütze wirksam ausschalten konnte. Nach der bitteren Erfahrung, die er gerade gemacht hatte, lag all das jedenfalls auf der Hand, und Adrian nahm sich vor, Karsten in Zukunft bei seinem Vorhaben zu unterstützen.

Dann blickte er auf – und sah etwas, das ihn aufs Neue entsetzte. Etwa fünfzig Meter von ihm entfernt, auf der anderen Seite der Kreuzung, unterhielten sich Jana und Paul, die gerade von ihren Rädern abgestiegen waren. Unübersehbar bester Laune, lachten sie und schüttelten die Köpfe. – Es war nicht schwer zu erraten, über wen sie lachten.

Ein großer Lastwagen stoppte an der Ampel und nahm Adrian die Sicht auf seine Kondoktoranden. Die Seitenfläche des Fahrzeugs war mit der Aufschrift *Ihr Umzug – leicht gemacht!* versehen und wirkte wie eine Aufforderung; wie ein Wink mit dem Zaunpfahl. Alles, was Adrian gerade wollte, war, dieses verfluchte Frankfurt so schnell wie möglich zu verlassen. Er musste diesen Abschnitt seines Lebens beenden, auf der Stelle, und woanders etwas Neues beginnen. – Andere Uni, andere Stadt, andere Leute.

Der Lastwagen fuhr wieder an, und Adrian erkannte überrascht, dass Jana allein an der Kreuzung wartete. Erst mit einiger Verzögerung fiel ihm ein, dass dies nichts Ungewöhnliches war – Pauls Heimweg führte von genau diesem Punkt aus in eine andere Richtung, er musste sich gerade von Jana verabschiedet haben und in einer der Seitenstraßen verschwunden sein. Jana hingegen, die gerade Grün bekam, nahm ihren normalen Weg, und der führte über die Kreuzung direkt an den Cafétischen vorbei, an denen Adrian saß. Sie fuhr in gemächlichem Tempo, mit entspanntem Gesichtsausdruck. Als sie Adrian registrierte, bremste sie ab, stieg vom Rad und trat mit schwer zu deutender Miene an seinen Tisch heran, ohne etwas zu sagen.

Auch Adrian schwieg, bevor er schließlich ein verbittertes „Und? Wie gefällt dir mein Gesicht?" hervorbrachte.

Jana musterte ihn. Sie hatte ihn schon oft so angesehen – eine ernste Jana, die nicht aus Adrian schlau wurde und sich dadurch herausgefordert fühlte. Die Stirn leicht in Falten legend, schüttelte sie den Kopf.

„Adrian – was ist los mit dir?"

„Das habt ihr doch gehört, oder?"

„Ja – Paul hat dir geschrieben, dass wir es gehört haben. Hast du seine Nachricht gelesen? Er dachte, es sei eine gute Überraschung."

„Es war eine verdammt gute Überraschung, das kannst du ihm ausrichten. Die größte meines Lebens. Aber du hast ihn nochmal um den Faktor tausend übertroffen."

Jana straffte ihren Körper. Dann aber versuchte sie, Adrians gereiztem Verhalten etwas Beschwichtigendes entgegenzusetzen.

„Freust du dich nicht über das, was passiert ist?"

Ihre Stimme klang so sanft und so einfühlsam, dass Adrian seinen Ohren kaum traute.

„Wie kann ich mich freuen, wenn du ... wenn ihr ... *verdammt*, Jana! Woher wisst ihr, was dieses Arschloch Wägerich zu mir gesagt hat?"

Auf Janas Gesicht zeichnete sich ein verborgenes Lächeln ab, das Adrian noch stärker irritierte als alles, was bisher vorgefallen war. Es war klar, dass Jana gerne offen gelacht hätte, aber dass sie es vorzog, diese Reaktion nur anzudeuten. Ihre Stimmlage war sachlich, enthielt aber eine unüberhörbare Dosis provokativen Spottes, als sie antwortete:

„Es gab ein Chopperbecken in dem Raum. Ein paar andere Doktoranden, die an dem Ding schon mal gearbeitet hatten, haben uns das gleich zu Kursbeginn gesagt."

„Es gab ein – *was??*"

Zu Adrians Überraschung fing Jana jetzt doch an zu lachen. Sie legte ihren Rucksack ab und setzte sich zu ihm an den Tisch.

„Ein Chopperbecken. Eines, das Geräusche von sich gibt."

„Jana, ich begreife überhaupt nichts. Möglicherweise werde ich gerade verrückt, aber du redest eine Sprache, die ich beim besten Willen nicht verstehe."

„Hast du nie von »Chopper«, dem Geist in der Zahnarztpraxis, gehört? Ein kurioser Fall aus den frühen 1980er Jahren; irgendwo bei Regensburg war das. Eine Praxis, in der aus dem Beckenausguss am Behandlungsstuhl eine Stimme kam, die die Patienten anschrie und beleidigte. Das wurde sogar abends in der Tagesschau gezeigt, angeblich wochenlang. Mein Vater hat mir mal davon erzählt – er war damals beruflich im Regensburger Raum unterwegs, als die Fernsehteams diese Praxis belagerten. Am Ende soll alles nur ein Schwindel des Arztes und seiner beiden Gehilfen gewesen sein."

„Nein, von dem Quatsch habe ich noch nie ... Moment mal. – Willst du mir gerade sagen, dass ihr Wägerichs Stimme aus dem Ausguss eures Spülbeckens gehört habt?"

Jana lachte herzlich über Adrians Verwirrung und schickte sich an, das Rätsel aufzulösen.

„Genau so war's. Und wie gesagt, es wurde uns von einigen Leuten schon angekündigt, die den Effekt kannten. Wägerich ist manchmal klar und deutlich zu hören, aber nicht immer. Wahrscheinlich hängt es davon ab, wo er sich gerade in seinem Arbeitszimmer befindet."

Adrian griff sich an die Stirn. Janas Erklärung war dermaßen unglaublich, dass sie ihm nur begrenzt dabei half, die seltsamen Ereignisse der letzten Stunden einordnen zu können.

„Ihr habt gehört, wie er mich angeschrien hat – und mir das dann geschickt und mir dazu gratuliert?"

„Na dazu, dass er dich angeschrien hat, natürlich nicht. Sondern zu deinem schlagenden Erfolg – sein »Palmström, das reicht!« passte ja wirklich perfekt dazu. Mehr als heute kannst du wohl auch kaum noch erreichen, oder?"

Adrian blickte Jana schweigend an. Er fühlte, dass er gerade den ungewöhnlichsten, verrücktesten Tag seines Lebens durchmachte, aber er war durchaus noch nicht sicher, ob er ihn jemals in guter Erinnerung behalten würde. Das Schicksal veranstaltete ein Spiel mit ihm, welches er nicht verstand, nicht verstehen konnte. Bis auf einen einzigen Aspekt: nämlich, dass er alles, was ihm gerade an innerer Qual und seelischer Verwirrung widerfuhr, verdient hatte. Er war ein verdammter Idiot gewesen, eine so wunderbare Freundin wie Jana jahrelang auf Distanz zu halten und sich über ihre »typisch weiblichen« Reaktionen darauf einfach nur lustig zu machen.

„Jana", sagte er mühevoll. „Ich muss dir leider etwas gestehen. Du scheinst mich für irgendeinen »Erfolg« zu bestaunen, von dem ich gar nichts weiß. Du musst da etwas verwechseln. Ich hatte von Anfang an null Erfolg in dieser Sache, es ist alles schiefgegangen. Ich weiß nicht, ob ihr das auch hören konntet an eurem »Chopperbecken«, aber Wägerich hat mich darüber informiert, dass meine Doktorarbeit an den Anthropologischen Instituten beendet ist. Dieser Fritsch von Blücher hat Wind davon bekommen, dass ich ihn der Fälschung verdächtige. Er hat Wägerich informiert; der hat mich heute einbestellt und mir verkündet, dass Schluss ist mit Promovieren. Ich werde die Uni wechseln und irgendwo in einer anderen Stadt mein Studium beenden müssen. Das ist der »schlagende Erfolg«, von dem du gerade redest. Einen anderen habe ich nicht zu bieten. Ich hätte es wirklich gerne, aber da ist leider gar nichts."

Jana hatte sich, während Adrian sprach, millimeterweise zu ihm vorgebeugt. Ihr Gesicht verriet ungläubige Überraschung.

„Soll das heißen, dass du *nicht* weißt, was gerade an diesem Anthropologischen Institut los ist?"

„Was bitte soll denn los sein?"

„Ganz aktuelle Meldung, Paul hatte das auf dem Ticker, als wir die Handys nach dem Kurs wieder anschalten durften. Dieser Fritsch von Blücher hat versucht, eine Schimpansenschädelsammlung zu verkaufen, die eigentlich der Uni gehört. Auf ebay, wenn ich es richtig mitbekommen habe – 278 Schädel, für die er insgesamt 70.000 Dollar haben wollte. Jedenfalls ist er dafür wohl schon vor einigen Tagen angezeigt worden, und wurde mittlerweile vom Dienst suspendiert."

„Was?? Davon wusste ich rein gar nichts!"

„Wir waren uns vorhin *absolut sicher*, dass du über das alles Bescheid weißt! Zuerst haben wir uns natürlich fürchterlich erschrocken, als wir mitbekamen, wie Wägerich plötzlich deinen Namen schrie. Wir konnten uns denken, dass er entweder mit dir telefoniert oder du direkt bei ihm bist, aber wir wussten nicht warum. Du hättest Paul und mich mal sehen sollen, wie wir uns in dem Moment angeschaut haben. Aber als wir am Kursende unsere Handys wieder einschalten durften und dann die Meldung lasen, dass von Blücher als Betrüger dasteht, waren wir sicher, dass du das irgendwie mit aufgedeckt hast. Besonders, weil wir deine vielen Anrufsversuche von heute Morgen auf unseren Eingangsboxen gesehen haben. Wir dachten, du läufst gerade jubelnd durch die Gegend – und haben dir gratuliert."

„Oh verdammt!", stöhnte Adrian und vergrub sein Gesicht in den Händen. „Ich glaube das alles nicht mehr ... und ich Idiot hatte schon gedacht, du hättest ... oh Mann!"

Jana legte ihren Arm um seinen Rücken und streichelte seine Schulter.

„Hey, ist doch alles gut. Dann feiern wir eben jetzt ein wenig. – Soll ich Paul anrufen, dass er dazu kommt?"

„Ja, auf jeden Fall. Funk ihn an. Ich ..."

Ein neues Eingangssignal ertönte. Adrian zog mühsam sein Handy hervor.

„Zufällig Paul?", fragte Jana lachend.

„Nein", antwortete Adrian. „Aber sag ihm doch Bescheid, bitte."

Jana holte ihr Handy hervor, um Paul eine SMS zu schicken, während Adrian sich der Nachricht widmete, die ihn gerade erreicht hatte. Sie kam von Hany und war, ihrer üblichen Kommunikationsform entsprechend, auf Englisch abgefasst. Adrian las:

> *Lieber Freund,*
> *wie ich soeben erfahren habe, hat mein Chef Arnaud Vergès vor einigen Tagen eine Meldung nach Deutschland geschickt, deren Folgen Dich sicher freuen werden. Vielleicht hast Du schon davon erfahren – Herr von Blücher bekommt gerade den Ärger, den er sicherlich verdient. Übrigens wusste man in Frankfurt über alle Vorwürfe schon Bescheid, aber ein moralisch heruntergekommener Mensch – ein Biologie-Professor – hatte den Fall in der Schublade verschwinden lassen. Nach Arnauds Meldung jedoch muss der Druck zu groß geworden sein, sodass nun alles öffentlich ist.*
> *Du und mein Bruder Mahdi, ihr habt etwas gemeinsam: Ihr seht Dinge, die von anderen Leuten konsequent überse-*

ben werden. Arnaud hatte dafür immer eine spezielle Bezeichnung, er nannte es »ein geistiges Radar«. Vielleicht sagt man es im Deutschen ja auch so ähnlich.

Herzliche Grüße aus Bordeaux
Hany

Adrian lächelte und schüttelte den Kopf. Dann tippte er seine Antwort und schickte sie ab:

Lieber Hany,
ich habe es tatsächlich gerade erfahren – Fritsch von Blücher wurde vom Dienst suspendiert. Schreib mir bei Gelegenheit doch, wie Dein Chef vorgegangen ist, diese Einzelheiten würden mich sehr interessieren.

Schönen Gruß, Adrian

P.S.: In Deutschland sagt man: „Der Einäugige unter den Blinden."

Epilog

Adrian Palmström begann am Universitätsklinikum erneut eine zahnmedizinische Doktorarbeit, die er problemlos und in sehr kurzer Zeit fertigstellte. Unmittelbar davor hatte er Professor Wägerich angedroht, dessen Gutachtertätigkeit für die mittlerweile als Totalfälschung eingestufte *Adapis*-Arbeit des Professors Fritsch öffentlich zu machen, und zwar in Verbindung mit der Tatsache, dass Wägerich von Fritsch in großem Umfang mit Originalfossilien und Fossilabgüssen beschenkt worden war, welche seit Jahren Wägerichs Arbeitszimmer am Klinikum zierten. Zuvor war es Paul während eines Vorsprechens bei Wägerich gelungen, diese heimlich zu fotografieren, während Jens Bischwiller entsprechende Vergleichsaufnahmen aus dem Franz Weidenreich-Institut beisteuern konnte.

Adrian, Jana und Paul gründeten im Anschluss an ihre Promotionen eine Gemeinschaftspraxis in der Lüneburger Heide. Jana und Paul waren für den direkten Patientenkontakt zuständig, während Adrian sich auf Hilfen bei der Diagnosetätigkeit und auf die Verhandlungen mit zahnmedizinischen Dienstleistern beschränkte. Ansonsten ging er mit großem Elan seinem neuen Hobby nach, nämlich dem Erwerb und der minutiösen anatomischen Untersuchung fossiler Schädel.

Das Franz Weidenreich-Institut wurde ein Jahr nach der Strafanzeige gegen Professor Fritsch geschlossen. Nicht nur der Versuch, eine universitätseigene Schimpansenschädelsammlung im Ausland zu verkaufen, sondern auch zahlreiche weitere Vorwürfe, bei denen es unter anderem um gefälschte Datierungen von Fossilien ging, hatten zu einem baldigen Hausverbot für Fritsch geführt, dem schließlich ein förmliches Disziplinarverfahren und die Dienstenthebung folgten.

Vor dem Gerichtsverfahren gegen Fritsch behauptete dieser in einem Interview mit einer großen Tageszeitung, dass er die Gültigkeit seines Kaufvertrages für die Schimpansenschädelsammlung zweifelsfrei nachweisen könne. Die Untersuchung der Sachverständigen kam jedoch zu einem ganz anderen Ergebnis, nämlich dem einer dilettantisch ausgeführten Fälschung, bei der weder in der Wahl des Papiers noch der Ausführung der Unterschriften besondere technische Sorgfalt erkennbar war. Abgerundet wurde dieses Bild durch die großspurigen Angaben, die Fritsch zu seinem Lebenslauf machte, etwa, dass weltbekannte Forscher wie Louis Leakey oder der Nobelpreisträger Willard F. Libby Betreuer seines 1973 in den USA erworbenen PhD gewesen seien. Nicht nur der Erwerb dieses Titels, sondern sogar sein Abitur konnten im Laufe des Untersuchungsverfahrens nicht nachvollzogen werden. Auch der angebliche Adelstitel sowie die Namenserweiterung zu „von Blücher" entbehren offenbar jeglicher Grundlage.

Beim Prozess 2009 verurteilte ihn das Landgericht Frankfurt wegen mehrerer nachweisbarer Fälle von Unterschlagung und Urkundenfälschung zu einer Freiheitsstrafe von einem Jahr und sechs Monaten auf Bewährung. Sein wissenschaftliches Fehlverhalten wurde nicht thematisiert, stattdessen ließ Fritsch über seine Verteidiger ein Geständnis zu den Unterschlagungsvorwürfen formulieren, um im Gegenzug mit einer Bewährungsstrafe davonzukommen.

Das Versagen der wissenschaftlichen Kontrollinstanzen an der Universität Frankfurt wurde im 2005 vorgelegten Abschlussbericht einer hierfür eingesetzten Untersuchungskommission angesprochen. Die Kommission wählte hierbei die eigenartige Formulierung, dass es Professor Fritsch gelungen sei, an seinem Institut »Böhmische Dörfer« zu errichten.

Der zu einer Bewährungsstrafe verurteilte vorgebliche Anthropologe verließ Deutschland und bezog seinen neuen Wohnsitz in den USA. Auf der weltweit größten Internetplattform zum Aufbau und zur Pflege von Geschäftskontakten stellt er sich weiterhin als Professor mit zwei Doktortiteln dar. In seinem beruflichen Profil gibt er eine besondere forensische Expertise vor, indem er schreibt:

»I was the only one who actually did the analysis of the remains of Hitler and Eva Braun-Hitler. Also Josef Mengele and others.«